读懂投资 先知未来

大咖智慧
THE GREAT WISDOM IN TRADING

成长陪跑
THE PERMANENT SUPPORTS FROM US

复合增长
COMPOUND GROWTH IN WEALTH

一站式视频学习训练平台

高胜算形态交易

【美】蒂莫西·奈特 著

何瑞卿 译

山西出版传媒集团
山西人民出版社

图书在版编目(CIP)数据

高胜算形态交易 /（美）奈特著；何瑞卿译. --太原：山西人民出版社，2016.12（2023.8重印）
ISBN 978-7-203-09567-5

Ⅰ.①高… Ⅱ.①奈… ②何… Ⅲ.①金融交易-方法 Ⅳ.①F830.9

中国版本图书馆 CIP 数据核字（2016）第 086127 号
著作权合同登记号　图字:04-2016-009

高胜算形态交易

著　　者：（美）蒂莫西·奈特
译　　者：何瑞卿
责任编辑：赵晓丽
出 版 者：山西出版传媒集团·山西人民出版社
地　　址：太原市建设南路21号
邮　　编：030012
发行营销：0351-4922220　4955996　4956039　4922127（传真）
天猫官网：http://sxrmcbs.tmall.com　电话:0351-4922159
E-mail　：sxskcb@163.com　发行部
　　　　　sxskcb@126.com　总编室
网　　址：www.sxskcb.com
经 销 者：山西出版传媒集团·山西人民出版社
承 印 者：廊坊市祥丰印刷有限公司
开　　本：710mm×1000mm　1/16
印　　张：20.75
字　　数：300 千字
版　　次：2016 年 12 月　第 1 版
印　　次：2023 年 8 月　第 2 次印刷
书　　号：ISBN 978-7-203-09567-5
定　　价：56.00 元

如有印装质量问题请与本社联系调换

前　言

金融交易的一个关键环节就是从金融市场中识别出那些能够产生利润的市场情形——技术分析者通过观察市场历史价格变动所形成的各种形态实现这一目标，因为形态能够预测出市场下一步的价格走势。

在交易生涯中，图表和技术分析是可以作为投资决策基础的。现在，《高胜算形态交易》将向你展示如何取得这种成功。

本书内容丰富，共分为三篇，开篇部分纵览了图表形态的概念，并详细介绍了技术分析的原则和哲理。让你对这些基本问题有了坚实的理解之后，本书内容进入核心部分，即历史价格形态和它们各自的结果，以及形态之间的细微差别。

利用现实世界中的范例，本书详细解释了多种强有力的形态，这些生动的示例将会帮助你理解各种形态的行为表现，并把它们应用到你的日常交易中去。本书第二篇每一章的结构安排都是相同的——形态的介绍、形态的定义、形态背后的心理学、示例和总结——如果你对某个形态格外感兴趣，就能非常快捷地获得关于该形态有价值的知识点或灵感。该篇涉及一些形态：

1. 上升三角形和楔形
2. 钻石
3. 缺口
4. 斐波纳契扇形线

5. 三角旗

6. 头肩顶（底）

7. 通道

第三篇是实践指导，讨论并强调了一些在当今的交易中极为重要的交易准则，同时还分享了一些关于卖空的有价值的知识。

在市场中赚钱并不容易，但却是可能的。以《高胜算形态交易》作为指导，你将会走向更加有利可图的交易之路。

目 录

第一篇 总览 ... 1
- 第1章 图表分析入门 ... 2
- 第2章 我的个人交易历程 ... 16

第二篇 形态 ... 35
- 第3章 上升三角形 ... 36
- 第4章 上升楔形 ... 47
- 第5章 通道 ... 56
- 第6章 杯柄 ... 71
- 第7章 下降三角形 ... 82
- 第8章 下降楔形 ... 91
- 第9章 钻石 ... 103
- 第10章 斐波纳契扇形线 ... 111
- 第11章 斐波纳契回调 ... 127
- 第12章 旗形 ... 138
- 第13章 缺口 ... 152
- 第14章 头肩顶 ... 173
- 第15章 头肩底 ... 195
- 第16章 多重底 ... 210
- 第17章 多重顶 ... 224

第18章	三角旗	236
第19章	碟形	245
第20章	圆顶	257
第21章	支撑失效	268

第三篇 交易和你 ……… 289

第22章	设置止损	290
第23章	如何做空头	296
第24章	现实交易指导	312

第一篇　总览

第1章 图表分析入门

本书主要讲述图表组合以及如何利用图表组合从交易中获利。我已经从事证券交易将近四分之一个世纪了,几乎在这整个的交易时期内,我都把图表和技术分析作为投资决策的基础。本书致力于向读者展示最强有力的图表形态及其意义明确的、清晰的范例,从而让读者对这些图表形态及其重要作用铭记于心。

技术分析就是通过研究过去的价格变化以预测未来价格走势,如果运用得当,就能从交易中获得可观的收益。技术分析所研究的最典型的就是如股票、大宗商品和外币等金融工具的价格。但不管研究什么金融市场,基本原理是相同的,具体如下:

1. 对于任何的市场,价格图都是买方和卖方之间达成平衡的最好表述。

2. 价格往往倾向于按照一些趋势和形态变动,通过历史数据分析,可以掌握未来价格变动方向的可能性。

3. 对价格图表的熟练的审查可以帮助交易者知道何时参与交易以及何时应当退出。

不论你交易什么,技术分析都能使你成为一个更好的更有获利能力的交易者。价格图能始终如一地提供可交易对象的最真实的图景,因为任何可以公开获取或计算出的信息都已经被包含在图中。你永远不可能从经纪人、通讯作者或者分析师那里获得对股票(或其他任意可交易对象)如此纯粹完整的描述。图表本身是尽善尽美的,而一个图表能为你带来多少好处则取决于你自身的技能和客观分析能力。

多头 VS 空头

在我们深入学习价格图表之前（在本书中会涉及几百种价格图表），首先让我们了解一些关于价格图表构成的基础知识：卖方（供应）和买方（需求）。还有一开始要注意的一点就是本书中几乎所有的范例都是针对股票的，但是同样的规则和方法对于任何其他的金融产品都是适用的。

当买方的力量强过卖方时，价格上升。反之，当卖方力量比买方更为强大时，价格下降。可以用拉锯战来简单地形容这种情形。在一年的每一周中，这种拉锯战都在上万亿美元规模的交易背后发生着。买方力量代表着过剩的需求，通过简单的市场机制，它将会使价格水平上涨。

许多人往往会忽视的一个事实就是，在每次的交易中，每一方都相信自己是正确的而对方是错误的。当 A 从 B 那里购买股票时，A 相信股票价格将会上涨（意味着 B 卖的太便宜了），而 B 则坚信持有现金比持有股票更为明智（意味着 A 在购买一只估值过高的或者至少是估值充分的股票）。

对于任一个金融工具，那些相信价格将会上涨的人，作为一个群体，称之为多头。而相对的一个阵营，也就是认为这种金融工具的价格将会下跌的人们，称之为空头。多头和空头每天都会围绕着成千上万种股票、期权以及大宗商品展开激烈的价格拉锯战，而正是他们之间的这种分歧和战斗造成了金融工具价格的变动。运用技巧分析这种价格变动将会让你在市场交易中获得可观的收益。

本书没有用太多笔墨去讲解价格波动的含义。相反，本书通过现实生活中的实例致力于为读者阐述这些价格波动模式在实际交易中的作用。历史总是惊人的相似，掌握一个架构完整的模式的内涵，将会成为你交易生涯中一个重要的帮手。

为什么预测是有价值的

技术分析令人吃惊的地方不仅仅在于其强大的预测能力，更重要的是，在对未来一无所知的情况下，它仍然能够帮你找到一条清晰的思路以做出有意义的预测。许许多多的因素会对金融市场形成冲击——丑闻、战争、政局动荡、利率、恐怖袭击、超常收益、社会风气以及金融灾难等等。通过这一切，知识渊博的图表分析专家可以看到其他人所无法看到的东西，获得看起来无法获知的东西。

让我们看一个很长时间跨度的现实生活中的例子：道琼斯工业指数在一个多世纪的变化。图1-1描绘有两个斐波纳契扇形线（如果你对这个专用名词不熟悉，也不需要担心，本书后面的章节中会对其进行解释）。这些扇形线是从最低点到最高点之间画出来的。第一个斐波纳契扇形线是从1903年的低点（这一年也称之为"富人的恐慌"）到1929年的疯狂二十年代大牛市的顶峰。第二个扇形线是从1932年的大萧条的谷底到2000年元月的互联网泡沫的顶峰。

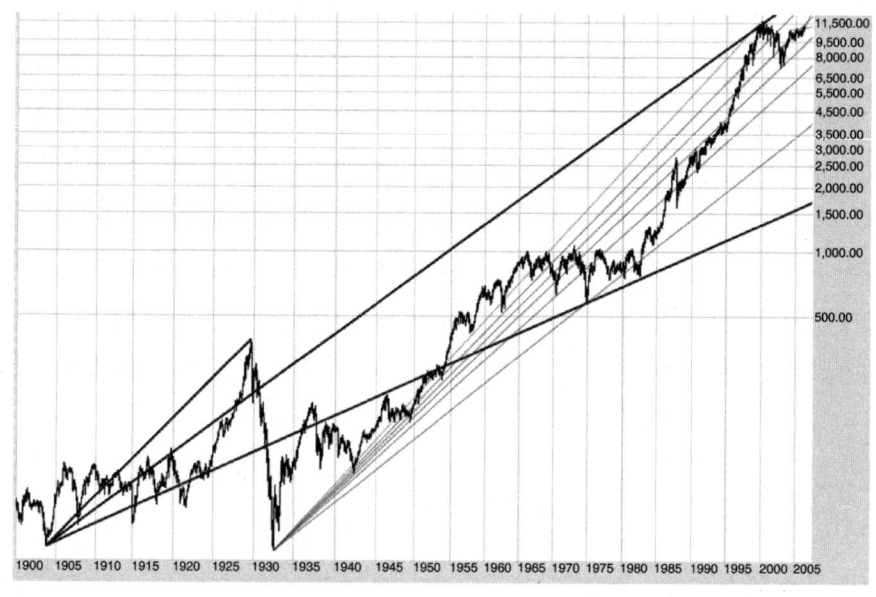

图1-1 道琼斯工业指数从1900年到2005年的两个斐波纳契扇形线

在这个图表中有一系列令人吃惊的东西需要注意：

1. 在1974年两条主线相交叉的点预示了1973—1974年大熊市的

底部。

2. 从 1990 年到 1995 年的稳定攀升势头受到两条扇形线的完美约束。

3. 最令人印象深刻的是，发生在 2000 年的最终的市场顶部是由第一个扇形线构造的（要记得，这个扇形线从 1997 年前就开始了）。

图 1-2　图中特别标注的是道琼斯指数线从一个世纪前形成的扇形线遇阻的四个情形

图 1-2 是 1999 年末到 2000 年初市场走势的一个特写镜头。你可以看到，形成于几乎一个世纪之前的扇形线在四个不同的时刻都构成了股价上升的重要阻力。如果我们在那个时候持有股票，这将是一个顶部形成的重要警告信号。

尽管这是一个极端的例子，但关键是我们通过这个例子可以知道，能够提前洞察特定价格的未来最可能走势，是交易获利的重要工具。这是一个不会运用图表分析的人所无法获得的优势。

"卖空"简介

在本书当中会多次提到卖空或看空某只特定的股票。理解"卖空"这个专有名词是很有价值的。我本人也对卖空股票情有独钟，所以本书后续章节中将会出现比你预想的更多的卖空组合的例子。

大多数参与市场的人是看多市场的。也就是说，他们往往持有证券并希望价格上升。比如，如果一个人以 250 美元/股的价格购买并持有 1000 股苹果电脑公司的股票，之后以 290 美元的价格出售，他会因为做多这只股票从而获得 40000 美元的利润（每股 40 美元收益乘以 1000 股）。

一个看空某只证券的人，他的操作是相反的：他首先以一定的价格出售他目前并不拥有的某只证券，并希望价格下跌。人们之所以能够出售他们并不拥有的股票（实质上就是给予他们数量为负值的股票），是因为他们的经纪人已经持有足够数量的这种股票，可以在交易者承诺在某个时间购回股票的情况下，将股票出售，相应的资金使用权归该交易者所有。

仍然拿苹果公司股票为例，某个人可以在 290 美元的价位卖空 1000 股该公司的股票。当股票跌到 250 美元时，该交易者轧平头寸（也就是购买 1000 股苹果公司的股票，归还经纪人，从而使经纪人的股票库存回归到原来水平），他将会获得 40000 美元的利润，就像前述的交易者一样，只不过他的操作方向相反。

做空市场的优势和不利之处将会在本书后面章节中的特定部分详细讨论。但是做空的主要好处就在于你可以从市场的下跌中获利，就像从市场上涨中获利一样。当你位于熊市的开端时，如果你只能购买股票，将会很难获得收益（反向 ETF 基金和看跌期权同样如此）。如果你能够在高价位卖空股票然后在低价位购回，那么不论市场上涨还是下跌，你都能获利。

卖空股票的关键缺陷是所有的大资金都是筹集起来做多的。卖空股票你可能获得的最大收益是100%（即当股票价格跌到0美元时，但这几乎是不可能发生的），然而做多股票所可能获得的收益是没有上限的。做空市场你肯定可以获得利润，但除非你是一个非常杰出的期权交易者，否则你永远不可能通过做空头（也就是赌市场将会下跌的人）而致富。

支撑与阻力

在许多人看来，技术分析的世界可能是烦冗复杂的。有几百种复杂的数学指标、专业研究、模式以及规则。但是没有理由认为好的图表分析一定是复杂的。交易者可以从支撑和阻力概念开始，将所有烦琐复杂的东西抛在一边，将关注点放在实质的基础上。

你会发现支撑与阻力的思想是本书中每一个单个图形或模式的支柱。要解释清楚这一点，我们可以回想一下小孩子在操场上玩的一个叫作Red Rover的经典游戏。在这个游戏中，小孩子们分成人数相等的两组，每组成员都手拉手，形成两条面对面站立的平行线，中间空出一段距离。然后一个小组大叫"Red rover, Red rover, 快将Skylar（或者其他一个小孩子的名字）送过来！"然后被叫到名字的小孩就迅速地冲向对方的人墙，并努力突破过去。如果她冲过了对方的防线，就可以从对方的小组中挑选一个人加入自己的小组。

这个游戏中的"突破"情形正是支撑和阻力概念的核心内容，因为在一个成熟的交易市场中，大量的证券购买者往往集中在某些特定的价格水平买入。当证券价格上升（在阻力的情形下）或价格下跌（在支撑情形下）时，证券持有者在那些价格水平上将会坚守防线。

我们假设一个简单的例子来进行说明。假如某一只给定的股票，其价格在过去的很多个月份都徘徊在$4.95~$5.05这个区间内。日复一日，这个价格箱体积累了大量的持股成本在$5左右的投资者。我们进一步假设该公司具有利好消息，股票价格上涨到了$6，但是随着这些投资者的获利抛售，股票价格将会重新跌下来。

在这种情形中，你可以确信该股票价格不太可能跌破 $5。因为在这个价格水平上有大量的股票持有者，他们不会抛售。恐惧和贪婪是所有市场的主要驱动力。而在此时贪婪占据主要地位（意味着股票持有者正在告诉市场"我不会在这个盈亏平衡点出售股票，我要的是利润"）。如果有异常事件发生导致股价下跌到 $4.5，恐惧开始占据主导位置（"我担心损失会进一步扩大，所以我要趁现在还有机会，立即出售持有的股票"），这意味着股票的抛售会进入一个恶性循环。

如果用经济学术语来表述的话，股票价格会在 $5 水平达到均衡，由此积累了大量的股票持有者。当股票价格重新挑战这一水平时，均衡会再一次守住这一价位，从而使股票价格保持稳定。持股成本在这个均衡价格水平的投资者形成了一股力量——当股票价格面临挑战时，他们的防线会很快稳固，除非一个强有力的冲击突破了它。

因此，支撑位是指股票价格下跌时会遇到强大支撑从而止跌企稳的价位水平。相应的，阻力位是指股票价格上升时可能遇到强大阻力从而回调的价位水平。所以我们可以预期，股票的价格涨跌在遇到某些价位水平时其上涨（或下跌）势头会被暂时遏制，直到该价位水平被突破为止，这时正是我们需要采取行动的关键时刻。

当价格突破时会发生什么

当股价突破支撑位或阻力位并强力爆发时，正是我们获取大量赢利的最佳时机。股价冲击某个价位水平的时间越长，当其成功突破时继续向前运动的势头越猛（再次想象一下我们前面讲到的 Red Rover 游戏，如果一个特别渴望冲过防线的小孩在之前已经尝试了十次，那么他这次突破防线的决心就更坚定）。

图 1-3 是很有说服力的一个例子。股票 ALVR 价格图表的前半部分表明该股票价格一直徘徊在 2.0 美元至 2.5 美元之间。好几个月以来该股票价格一直停滞不前，从而在这个价格区间积累了大量的股票购买者。股价有几次冲击阻力位（在图 1-3 中用水平线表示）的尝试，但

都没有成功，直到图表的中点也就是四月份时。

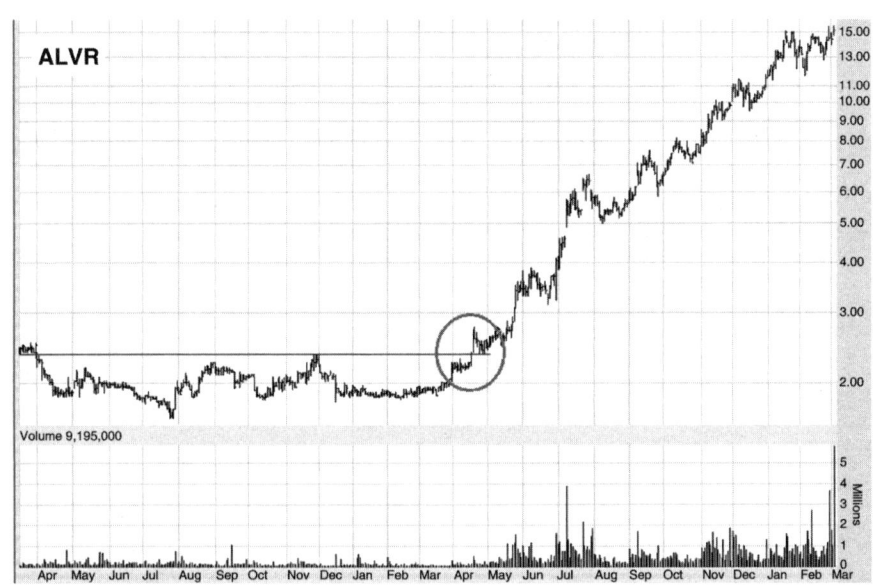

图 1-3　在突破了一个平台之后，ALVR 成交量明显增加，其股价在大约一年之内大幅上升了 500%

在那个突破点有三个重要的事情值得关注：（1）买方力量克服卖方力量，使得价格突破了阻力位；（2）成交量的增加是该股票的一个好现象；（3）当获利抛售行为发生时，股票价格虽有小幅回调但并没有回到原来的阻力位之下。从那个突破点开始，股价在一年时间内大幅上涨了 500%。

阻力位如何转变为支撑位（反之亦然）对于我们理解价格图表至关重要。任何一种线——不管是趋势线、轨道线还是水平线——都具有两面性：支撑和阻力。一旦价格跨过一条线，则这条线的本质就发生了转变（如从支撑位转变成阻力位，或相反）。

我们再通过另外一个阻力位的例子，来看下它如何帮助我们清晰地把握股价在某些价位水平的走势。图 1-4 是切萨皮克能源公司（Chesapeake Energy，代码 CHK）股票在某一个一年半时段内的价格图表。在早期，股价猛烈上涨创造新高，在随后的八月份又暴跌下来。股价在触底后重新向更高价位冲击，但在之前的高位处又遇到阻力并回调。两个多月之后股价又第三次上涨试图冲击 34 美元的阻力位，但又失败了。我们可以想象到，这只股票的持有者在看到他们的股票一次又一次从高价位跌落时是多么的恼火。

图 1-4　这种现象被称之为"三顶"，即股价连续三次冲击相同的高位但都没有突破。一旦对这一阻力位的多次冲击失败，股价就会崩溃

这意味着市场向这只股票的持有者发出了这样的信号："股价很有可能无法上涨了"。这只股票的供应形成了顶部阻力位。也许一些投资者早期在 34 美元价位买入了股票，他们下定决心一旦股价回归到盈亏临界点就全部卖出。也许大多数人感觉这只股票在 34 美元已经估值充分了。这些原因都无关紧要，事实是在过去的六个月内，在股价图上有

一条看不见的线让股价始终无法突破上去。

随后发生的事情非常有趣：股价不但没有向上突破 34 美元反而开始暴跌。如图 1-5 所示，CHK 的股价从 34 美元不断下跌到约 50 美分，几乎跌了 99%。很明显在"三顶"这一现象之外，这只股票存在着更严重的问题，但很重要的一点就是市场已经向股票的持有者发出了信号，"三顶"就是对投资者的一个警告：这只股票应当卖出，不能持有。

图 1-5　三顶之后，CHK 的股价暴跌了约 99%

历史总是惊人的相似

技术分析的另外一个信条就是：人类行为模式没有变，因此价格的行为模式也不变。如果某一种形态目前是可以预测的，那么它未来十年同样是可以预测的。

图1-6 该图是这一信条在单个图表上的最好阐述。该图描述的是小红帽（代码RHAT）在四年时段内的价格走势。在整个2002年以及2003年的大部分时间里，RHAT正在构筑一个大型的"杯柄"形态，如图中水平线所示。当股价向上突破这个形态之后，差不多翻了三倍

在股票价格达到高点后，RHAT在构筑另一个形态之前大约下跌了一年时间。如图1-6，RHAT在底部形成的两个"杯形"非常相似，只不过后者要小了一些。再一次，股价突破形态之后大幅上扬（这一次股价上涨到突破点的两倍，这是较小形态的典型特征）。

正如你所看到的，一旦你能够发现这些形态并且找到重要的价位点，你就可以充分利用这种可以预测的价格走势进行获利。

股票突破某种形态的推动力是由大量的因素共同构成的。其中之一就是形态本身，因为一些形态比其他形态更为有力和可靠。另外一个因素是伴随股价走势的成交量；一只上涨中成交量不断放大的股票远比一只价格同样上涨但成交并不活跃的股票更有吸引力。而另外一个因素是形态的时间跨度。与为期两周的微小"杯形"相比，从一个持续三年

的大"杯形"形态突破之后上涨力度要大得多。

图1-7描述了规模相同的形态重复发生的情形。这是美国罗素2000指数（代码 $RUT）的走势图。从这个图上可以看到，在一个较大的形态内包含了几个小的形态。通过两条近乎平行的线所表示的大形态是一个上升通道。该指数表现出了一系列较高的高点（向上冲击到上线），较高的低点（弹离下线）。因此指数总体上位于上升趋势中。

在这个通道形态里面，有三个小的形态，它们一个比一个逐渐缩小。如果你仔细观察水平线之下的价格图形，就会发现三个部分的价格走势几乎是完全相同的，尽管第二个形态比第一个小一些，而第三个形态更小一点。

这其中有趣的现象当然是股价突破每一个水平线之后的走势——股价上涨了。但我们除了发现股价上涨之外，同时能发现上涨的幅度一次比一次小。这个例子很好地说明了，股价向上推进的能量大小与突破之前形态的规模是紧密相关的。

图1-7 一个上升通道，如图中水平线所示，在其内部包含着三个几乎相同的形态

多个形态的共同作用

一个形态本身可能是预测未来价格走向的良好指标，但如果两个形态不约而同地指向相同的方向，那么预测的可靠性就会大大增加。

这些形态可能是相似的，也可能不是。例如，一个头肩顶形态的右肩本身可能是一个较小的头肩顶形态。或者你可能发现两个牛市形态（或熊市形态）出现在同一个图表的几乎同一个时期框架内。

图 1-8 是这种情形的一个示例。这只股票是厚德公用事业持股信托基金（代码 UTH）。在图中可以发现两个熊市形态：第一个是 UTH 向下打破了长期上升趋势线，这可能预示着从牛态向熊态的方向性转变。另外一个是股价在 2005 年末至 2006 年初的几个月内上下徘徊，形成了一个非常明显的头肩顶形态，而且股价向下刺穿了颈线。因为这两个形态都是看跌的，并且大致上发生在同一个时期，我们可以对 UTH 股价的未来走向做出更强的看跌判断。

图 1-8　本图表包含了两个形态在共同作用——一个被打破的上升趋势线和一个头肩顶形态

第1章 图表分析入门

怎样使用本书

本书有三个主要目标。

首先,是对技术分析的基本原理做一个全面的介绍。本章朝着这个目标迈进了一大步,另外在全书所有的章节中你会发现我们对所涉及的形态都进行了大量的背景知识介绍。

其次,本书还可以作为教学工具,它讲述了所有重要的技术分析形态,从而可以帮助你比较熟练地识别、解释以及讨论任何一种图表。阅读时,本书各篇的次序安排并不重要,因为各篇之间相互独立,都会对所讨论的某种形态有全面的概述。

第三,在你阅读完之后,本书也是你可以长期使用的参考工具。当你认为你从一个图表上识别出了某一个形态时,你可以拿出本书找到相应的章节。观察过去的例子,辨析它们与你所考虑的形态之间的相同与不同之处。回顾历史之后,你可以再决定是否采取行动。

很多年来我一直乐于绘制分析图表进行交易,我希望本书能够有助于丰富你的交易生涯,并在将来助你赢得利润。

第2章 我的个人交易历程

你可能会疑惑我个人的交易历史与这本关于交易策略的书会有什么关系？描述我自身的交易经历有三个目的：

1. 每个交易者都有一个故事，我想理解一个特定交易者的历程有助于更好地把握他们对市场的认识。

2. 我经历了金融史上几个最非同寻常的时期——互联网繁荣，dot-com公司的倒闭，房地产泡沫以及经济大衰退。

3. 那些年，有很多人曾经请我讲述Prophet网站的故事（我的一家以金融为导向的网络公司成立和发展的故事）。因为全世界有非常多的人使用Prophet图表，我相信有一些读者会有兴趣阅读该公司的历史。

最早对市场的兴趣

20世纪70年代后期，我在路易斯安那州的一个城镇郊区长大。在孩童时期，我从未接触过与股票图表类似的东西。我家里没有多余的钱涉及这方面的东西，而且70年代的萧条使得人们对股票已经绝望。人们把钱投资于石油和黄金，绝大多数人都认为股权已经毫无用处。甚至受人尊敬的商业周刊杂志也宣称"股权的死亡"。

然而回想起来，在那些日子里确实有几件事情与我后来对股票交易的兴趣产生了共鸣。其中一个是美国公共广播公司的节目"华尔街一周"，由Louis Rukeyser主持。作为一个孩子，这个节目吸引我的是它的开篇主题。音乐，到处都是委托单的地板上挤满交易者的画面，还有老式的股票价格收报机纸条飕飕声中的泛光，所有这些看起来是如此的令人兴奋，与潮湿慵懒的路易斯安那完全不同。

第二个相关的回忆是雨滴。尤其是童年时坐在汽车里，看着外面的雨滴在车窗玻璃上不断上下摆动。那时我总是试图猜测某一个雨滴在下一刻会流向哪里，不知不觉沉迷其中。这或许正是我喜爱实时流图的根源所在。你可以称之为混沌理论与远南地区降雨的相会。

在1979年夏天我们全家迁移到加利福尼亚，从而我也远离了那种雨季。尽管当时没有意识到，事实上我正在赶往一个个人计算机革命最早流行的地区。在数学课上，老师自豪地宣布我们就要拥有一批计算机了。几个月之后计算机终于到了——是为数不多的一些康懋达（Commodore）公司的PET机，它们看起来就像来自最初版本的星际旅行电视剧中。

1980年初，我说服父母购买了一台属于我个人的计算机——一台TRS-80 Model 1（Tandy公司1977年推出的个人电脑），配备有2级BASIC和一个巨大的16KB的内存。在随后的几年中，我致力于各种各样的计算机活动中：我学习了编程，写了一些文章和软件评论（对于年少的我来讲，这是个获得免费游戏的很好的途径，因为游戏开发商们都急于推广自己的产品），我还写了我的第一本书——《连接全世界》*The World Connection*——在我16岁时。这本书主题是讲，在未来我们每一个人怎样通过计算机电子化地互相联系起来，并且致力于通信、商业和信息交换——对于一个早在1983年的16岁的路易斯安那男孩来讲，这并不是一个糟糕的预测。

交易生涯在股市崩溃中起步

等我开始进入大学时，我已经写了十几本书，从而赚了足够的钱。除了付学费之外，我买了一辆很棒的跑车，租了一套公寓，还做了很多投资。在那时有限合伙风靡一时，我向一家在夏威夷培养室内植物的公司投资了5000美金（我真希望我是在胡编乱造，但我不是），并且向一家叫作天空科技（Sky Tech）的公司投资了10000美元，这家公司当时正致力于在飞机场安装平板显示屏（这个创意后来逐渐盛行，但在当时早了大约 15 年）。这两项投资后来清盘变得一文不值。

1987 年，股票市场不断上涨，因为在之前的五年中美国人又开始热衷于股权投资。我筹集了大量的资金投入股市，但最终经历暴跌。我虔诚地开了一个账户，将我的钱存了进去，并在 1987 年 10 月 19 日进行了第一次交易。可能你还没有注意到，这正是称之为"黑色星期一"的大崩溃的日子，道琼斯指数在那一天内跌了 500 多点（相当于今天的道琼斯指数跌了上千点）。我的第一次交易是苹果计算机公司的股票，当时我正就职于这家公司，我的成功的投资生涯迎来了一个并不吉利的开端。尽管交易的一个最基本的准则就是"不要平均买低法"（也就是说不要仅仅为了拉低平均持有成本而购买已经让你亏损了的股票），但我还是在 1987 年 12 月苹果股价更低时这样做了，最终我清仓获得了利润。

我被观察图表进行交易决策的想法所吸引，于是购买了三本让我后来深深着迷的书：《在牛市和熊市中获利的秘密》（Stan Weinstein 著），《如何在股市中赚钱》（William O'Neill 著），以及《股票趋势技术分析》（Edwards & McGee 著）。最后的第三本书，被公认为是技术分析的圣经，它甚至陪我度过了我的蜜月。几年之后一张我的小有名气的照片到处流传，照片中我睡在床上，胸口正是盖着这本书。

尽管计算机在当时开始流行，但很少有人会使用计算机进行绘图。作为一个知晓电脑的人，我订阅了每日图表服务，这是一本关于美国股市图表的打印版的书，由《投资者商业日报》（William O'Neill 的公司）每周发行一次。每逢周末我就迫不及待地浏览书中的图表并标记我发现的获利机会，当时的情形至今我仍然记忆犹新。

技术工具

在苹果公司工作几年之后，我加入了位于旧金山的蒙哥马利证券公司投资银行部。我进入该公司所做的业务与交易或股票没有任何关系——我负责管理一款称之为 MarketMax 的产品，这是一种基于文件服务器的交易者工作站。我承认，当时看到交易大厅非常令人兴奋，但我本身的工作需要向那些交易者提供技术支持，而自身并不是交易者。

在 1990 年时，MarketMax 是一个非常强大的系统。它具有流组合页面、最新新闻、流图表，还有很多其他的先进特征。唯一的问题是在华尔街几乎没有人使用苹果机。那时苹果机往往被认为是汇稿员或桌面排版员的专用工具，如果你在华尔街，你会选择使用 Sun 工作站（或彭博终端、Quotron，或者其他没有苹果标志的计算机）。

因此，MarketMax 系统的销售情况并不好，大约一年之后我加入了一个由九个人组成的名为技术工具（Technical Tools）的团队，它位于洛斯拉图斯，由 Chris Cooper 负责运营。MarketMax 系统是针对机构交易者开发的昂贵的工作站，而 Technical Tools 的产品则是为散户群体专门设计的，它们出售的是数据，尽管听起来会很枯燥，却为投资者打开了一扇通往精彩天地的门户。

我了解到有一些产品可以供那些想要做技术分析的家庭交易者使用——MetaStock（由 Equis International 公司开发，目前路透社拥有）和 TradeStation（由 Omega Research 开发，该公司目前已经上市，代码为 TRAD）。而 Technical Tools 的业务就是为这些系统的使用者提供历史日数据、历史分笔（当日）数据以及每天通过调制解调器的数据更新。要知道当时是 1991 年，公共网络还没有出现，而 1200B 的调制解调器已经是最先进的技术了。

一天，有个人来到我们的小办公室购买了我们所出售的每一种产品。对这种小业务，大多数的销售价格都在 50 美元左右。这个人购买了我们整个的日数据库、分笔数据库以及其他的工具。这笔交易额达到几千美金，从而引起了我们的注意。

我后来才知道，那个来访者叫 Andy Bechtolsheim，是 Sun 微系统的创建者之一，他正在努力研究一个系统以便从股票市场获利，因为他有大量个人财富需要管理（当然当他后来成为 Google 的第一个投资者时，其财富更为庞大）。

先知（Prophet）公司的起步

早在1992年，因为Technical Tools管理层的变化，我离开了这家公司并在考虑接下来做什么。我在内心深处是一个创业者，我想创建一个同Technical Tools相似的公司，但我没有足够的启动资金。

不知什么原因，我也不太确定Andy怎么知道了我的梦想，他致电询问我是否愿意用他的资金进行起步。我当然非常兴奋地开始认真准备商业计划，同时我也在仔细考虑公司的名称。我最终选定了先知（Prophet）这个名称，出于三个方面的考虑：首先，它暗示着财富；其次，它意味着透视未来；第三点就是这个名字包含着七个字母，而这是我的幸运数字。先知作为一家公司于1992年7月1日成立了，它的目的是向个人投资者出售历史数据并提供每日更新。

像大多数小企业一样，开业的兴奋很快让位于公司的缓慢成长，顾客在不断增加。一年之后，情况逐渐趋好，我们积累了足够的资金搬进了更好的办公室。但之后不久我们遇到了盗窃。所有的东西——计算机、调制解调器以及备份磁带等——这些我们花费了一年时间建立起来的东西都被偷走了。这比回到起点更为糟糕。

我们花费了几个月时间才从那场灾难中恢复过来，在这期间，我做了大量的编程工作以维持公司业务的运转。令人难以置信的是，在这种状况下我们竟然还做成了第一笔商业买卖。美国在线对我们的数据和每日更新服务进行了免费认证，经过长期积累后达到了相当大的数据量，他们使用这个原始数据制作自己的图表出售给顾客。

互联网初现端倪

有一段时期先知公司资金短缺，我在Technical Tools时的老板联系到我，说他正在筹划一个新的公司称为Quote.com，因而需要一些办公场所。我把我们公司的办公室出租了一间给他，他一安顿下来就在他的电脑上向我展示，如何利用一个叫作浏览器的工具通过万维网（World

Wide Web）看到远在夏威夷的画面。

考虑到我的十年计算机生涯，以及我从1981年就开始使用调制解调器的实施，你一定猜想我会被他正在展示的网络技术所吸引，但我确实没有真正地对之感兴趣。毕竟，从其他人的电脑里看图片这种技术又能有什么大的商业机会呢？互联网要最终变得对我有意义可能还要好几年时间（我也应当注意到Chris在几年之后以八千万美元将Quote.com公司出售，这是时机加上才能的回报）。

同时，我把公司从原来的豪华办公室搬到了我家里的一个空闲房间，因为公司已经濒临破产了。公司的员工也缩减到我（在自己家里工作）和另外一个女性（在她自己家里工作），我们分别承担技术和客户服务工作。让人惊奇的是，这正是我们的业务真正做大的开始。客户们不知道（或关心）我们的办公室看起来是什么样子，而我们的办公费用则接近于零，很快我们的公司就开始大幅赢利了。

互联网通过杂志开始越来越受人关注，更随着1995年网景浏览器的面世而引起人们的沸腾。是时候让先知公司出现在网上了，因此我们构建了自己的网站称之为ProphetData.com，以便于向交易机构介绍我们公司的产品和服务。在1996年，我更进一步地开始编写自己的图表程序（由于我自身编程技术的限制，当时只能开发出ProphetCharts图表的雏形）。

在相邻的Menlo Park镇，有一家公司启动了一项通过互联网出售投资新闻资讯的业务。这家公司叫作Investools，他们购买了我们公司图表的授权。先知公司不断发展，1998年Investools公司的CEO准备收购我们。我比较乐意，但Andy Bechtolsheim看到我确实做了一番事业出来，他希望投入更多的资金扩大业务（再次应了那个谚语，无心插柳柳成荫）。

引进ALEX和JAVACHARTS

1999年初，先知再次需要寻找办公场所（把我的房子腾出来可以做更多的一般内部活动）以及真正的工程师（而不像我一样，虽然能够编程，但从来没有想过做一个工程师）。

我所雇佣的最早的工程师之一是来自乌克兰的一个合同工，叫作亚历山大·德布鲁沃斯基（Alexander Dobrovolski）。Alex 的英语非常有限，但是他的编程能力和精神敏锐度令人惊讶。我们两个都发现试图相互交谈非常麻烦，因此当我想要跟他说话时，我就打开一个 DOS 窗口向他打出一些句子，而他都能很好地回复。

在 Alex 搞清楚我们做的东西以后，他和其他几个工程师把我原来编的那些大杂烩的小程序集成一个完整的系统。他正致力于开发我们第一个图表应用程序，称之为 JavaCharts，正是这个产品最终让先知公司崭露头角。尽管在那时 SAAS（也就是软件作为一项服务）的概念还没有出现，先知公司事实上正在从一个数据提供商向 SAAS 公司转变。

直到《福布斯》在他们的交易者网站列表中把我们公司列为首位，我们才首次意识到我们正在获得一个重大的进步。一年之后，也就是 2002 年《巴伦周刊》给予我们公司一个相似的荣誉，把我们称为最好的技术分析网站。随后的几年，我们公司不断收到这种荣誉。

先知公司扩展到 15 名员工（其中几个如图 2-1 所示，这张图来自于我们的交易摊位），我们又需要寻找更大的办公场所了。那时，我们在一个发艺沙龙里找到了一个铺位，因为办公场所很难找到。当我们所有人都致力于改变金融数据和图表世界时，不到一周我们就发现除了偶尔一些人来想要做发型之外，没有人光顾我们。

后来因为房东想要重新开发他的房产，我们不得不再次迁移。然而在帕洛阿尔托实在找不到办公室，我们只好租了一个在商业应用区的房子。互联网泡沫已经破灭，但是房地产泡沫正在流行，因此我们在帕洛阿尔托镇花了每月 17000 美金才租到这个非常一般的百年老房子。

第 2 章 我的个人交易历程

图 2-1 先知公司的交易宣传册上印刷了一些我们早期的员工

《福布斯》和《巴伦周刊》给予的荣誉产生了免费的宣传效应，吸引了一些对收购这些业务感兴趣的公司。其中最令人感兴趣的是来自休斯敦的安然公司，他们想要收购我们作为他们自己的安然在线业务的一部分。令人欣慰的是，所有这些股票交易都没有成功。

当我们的小公司正在蒸蒸日上的发展之时，在 2002 年 11 月初悲剧降临到我们头上。Alex 像通常一样在周五晚上工作到很晚，那时 Java-Charts（代号 Kandinsky）已经就要开发成功了。早上 8 点，他最终决定回家见妻子和儿子。当时没人陪着他，出于对他的了解，我猜想他在穿过 Alma 大街上车时要么在阅读资料要么在思考，一辆汽车把他撞到了空中，结束了他的生命。那个肇事司机再也没有出现过，Alex——公司业务的最核心人物——去世了。

Kandinsky 项目

Alex 去世之后的几周，我们都在忙着寻找一个人来代替他留下的重要缺口。我们最终找到一个来自旧金山的人，他很优秀并且准备继续完成 Kandinsky 项目。先知公司也从原来的过于昂贵的房子里搬到了一个更大的更合适的办公室,因为公司员工扩张到了 20 人(现在公司改名为 Prophet.net),并且我们支付的价格更低、设施也更好。

ProphetCharts 在 2004 年诞生了,即便是它的最初版本,也相当了不起。它的用户界面更好,可扩展性也好的多,并且解决了很多 Java-Charts 用户面临的局限性。ProphetCharts 被称为先知公司和网站的皇冠宝石。

在 2004 年 2 月,我联系了我们的最大持证人——OXP 交易平台洽谈收购业务。他们非常感兴趣,在这项收购最终被放弃之前我们已经完成了收购程序的 90%。然后我又接触了另外一个持证人,Investools,他们同样有非常强烈的兴趣(这不是前面提到的那个 Investools 公司,而是另外一个位于犹他州的投资者教育公司,它在几年之前收购了 Menlo Park 公司及其名称)。

在 2005 年元月 26 日,Investools 收购了 Prophet 金融系统,13 年来我第一次在不属于自己的公司里工作。

我在 Investools 担任技术副总裁。我们的任务是根据草稿开发供几万名学生使用的新投资者工具箱。ProhetCharts 将是这个工具箱的核心,当然还包括我们在那几年中开发的很多其他的附属技术。

尽管管理这样一个大型项目花费了我大量精力,我仍然觉得需要独立地表达自己的观点,因此我在 2005 年 3 月开始写一个称之为 Technically Speaking 的博客。在博客里,我搞了很多自己感兴趣的图表快照,并且写了自己的观点。一开始,博客只有寥寥几个读者,我也仅仅把它视为个人交易日记。

几个月之后,Prohet 的创始人在写交易博客的消息散布了出去,这个站点吸引了更多的读者。我很惊讶和兴奋地发现,读者数量很快超过了一千。没有多久,我的博客在每个交易日点击量都达到了几万。

希望的沉沦

博客的成长非常迅速,我努力引导着在线文化以营造一个互相尊重和学习的氛围，使得交易者能够分享各自的观点，相反很多其他的交易博客像是动物屋（Animal House）和蝇王（Lord of the Flies）里的情形。

定期地更新博客让我发现自己其实非常享受写作的过程，因此我决定为交易者写一本如何使用ProphetCharts的书。世界上有非常多的人在使用ProphetCharts，但还没有一本介绍这个系统的书，因此我感觉编写这样的书是很有必要的。《描绘你的赢利之路》 *Chart Your Way to Profits* 在2007年通过John Wiley &Sons公司出版了，当时股市正处于历史最高点附近。

在我个人的交易中，我非常喜欢做空。也就是说我往往在下跌的（而不是上涨）市场中会做得游刃有余。我也不知道为什么会这样，但是经过很多年的交易后我才能肯定这只是一种巧合。在2003年至2007年期间，市场行情会让空头非常沮丧，然而到2007年末道琼斯指数突破14000点时，市场的崩盘就开始了。

第一次崩溃发生在道琼斯指数达到最高点之前。在2007年2月27日，中国股市剧烈下跌，道琼斯指数相应地暴跌了500点。我博客的读者们——此时我已经把博客名称改为希望的沉沦，以反映我的看空情绪——非常兴奋，因为市场终于开始转向下跌了。然而这次下跌只是暂时的，道琼斯指数在3月14日触底之后又攀升了超过2000点。

在2007年夏季市场又经历一次暴跌，然而即便道琼斯指数开始下滑，但它再一次努力回升并于10月11日创造了最终的历史高点。然而在这个时候还没人知道，道琼斯指数就要开始一波幅度超过一半的大跌。而2007年接下来金融世界发生的事情使得几乎所有市场观察者目瞪口呆难以置信。

接下来的16个月内，市场在剧烈动荡中大幅下跌。当然市场并非直线下降，因为有很多逆势回升的情形发生，但是作为一个空头，2008年秋季是我一生中最好的交易时期。我自己的账户上涨了百分之几百，而且这些收益的绝大部分都是在很短时间内实现的。

经验教训

由于交易非常活跃，我开始探索一些之前只是听说过的其他的准则和技术。其中一种是艾略特波浪理论（Elliott Wave），在熊市中，它看起来好像具有能够识别股价转点的神奇能力。遗憾的是，在市场开始走高之后我用这个方法进行的交易最终是亏损的。众所周知艾略特波浪倾向于主观的修正性解释说明，而在我自己的交易经历中，我逐渐发现它对我的交易没有任何预测价值。

我也被周期思想搞的异常疲惫，周期通常被描述为集中在转点附近的各种长度的正弦波，但这也只是一种美好的想象。像这种方法，如同笑话中讲的一样，可以预测出过去三个熊市中的170个。通过几个月或几年的时间去占卜整个市场的总体方向，对于绝大多数人来说是非常困难的，我也不例外。

然而在这期间，我也确实学习到了一些有价值的东西。其中之一就是不要与美联储对抗，另外一个就是百分比的重要性。

"不要对抗美联储"是每一个交易者的列表中都会存在的最普遍的准则之一。2009年和2010年当市场努力回升时，我认为美联储由于权限限制，其唯一真正的工具就是利率。就是说一旦他们把利率降到零，他们就会"弹尽粮绝"，而市场就会根据自己的走向自由发展。

随着量化宽松工具如QE2、POMO以及其他几万亿美元计划的出台，利率很明显成为美联储的众多工具之一。就像老生常谈的"不要对抗美联储"所说的一样，这是一个很好的建议，要始终留意这一点。

至于百分比，这是在长期中多头能跑赢空头的重要原因。一只股票最多只能下跌100%，而即便是最聪明的空头幸运的话也只是能卖空一只下跌25%的股票。另一方面，多头头寸有可能上涨百分之几百甚至几千。如果你在10美元卖空Pier One，股价可能跌到10美分，但是股价从10美分涨到10美元，其百分比要比下跌的幅度大得多。（Pier One，代码为PIR，股价在2009年的回升中走势差不多如此）。

由于市场在 2008 年末和 2009 年初崩盘下跌,一个人如果购买 1000 美元,其中每 50 美元随机选择一只股票,接下来的几个月他就会发现自己的财富大幅增长。即便这些股票当中有一些破产了(这种情形并不多见),其他很多股票提供的百分之几千的收益可以很容易弥补这些损失。在大跌之后大量买入股票,听起来很初级,但它的效果却非常好。

PROPHETCHARTS 的生命力

在 2010 年初,Prophet.net 网站被永久关闭了,之后不久 Palo Alto 办公室也关闭了。看到 Prophet 消失,我有些悲伤,但是我知道 ProphetCharts 这款软件仍然被广泛使用,因为我发现不管是在 thinkorswim 交易平台还是在 Investor Toolbox 网站都有很多人在提供这款软件。全世界每天都有成千上万的人在使用这款软件,照这个趋势,接下来的几年中会有几十万人使用它。

我自己的交易旅程每天都伴随着 ProphetCharts。在《描绘你的赢利之路》*Chart Your Way to Profits* 这本书出版三年之后,我的出版商又推出了该书的第二版,这一版中包含了很多新的内容。这些年当中我写过很多书,但从来没有出版过第二版的,这也是一个让我惊喜的成就。

现在你已经了解了一些我建设 Prophet 公司以及开发 ProphetCharts 产品的历程,现在让我们浏览一下我是如何开展日常交易的。

三个步骤

当我们创建 Prophet.net 网站时,主要围绕着三个成功的主题——浏览、分析和管理。也就是说,一个交易者首先通过浏览寻找机会,通过技术分析仔细检查这些想法,然后在真实的交易账户中采取行动管理自己的资金。下面的几块内容将分别介绍我在自己的交易中如何开展这些工作。

浏览

这是投资过程的第一步工作：找出符合特定规则的股票，把它们放入一个组织好的监视清单，在这个基础之上来建立一组精练的可执行的交易。这项工作在刚开始的时候是最困难的，因为你面对的是一片空白，但是随着交易的不断成熟，你将会逐渐建成一组可靠的行情代码的集合。它们就是你所使用的金融产品的来源。

交易的前提是你需要有一个地方去存放那些你决定跟踪的股票。换句话说，你要先能使用被称之为监视清单的东西。监视清单通常简称为清单，像文件夹一样，在那里你可以组织股票的行情代码。监视清单还有一些其他的名称，比如"动量股票"或者"生物工程"或者"卖空候选对象"等等。在经过一段时间之后你就会熟悉这些清单，并能利用它们找到你感兴趣的股票。

开始启动这项工作的一个很好的方法就是首先浏览主要指数构成的股票行情代码。例如，你可以打开 google 并输入"标准普尔 100 的构成"，你就会找到构成这个指数的 100 种股票的清单。纳斯达克 100 也是一个不错的选择，因为根据定义，它包含着一个交易很活跃的股票代码清单，该清单并不长很简洁。

另外一个产生想法的好的源头就是市场中股价变动幅度靠前的每日清单。你可以在大多数的金融网站或图表程序中找到这种前十名的股票清单。在 ProphetCharts 中，有一个模块叫作 Chart Toppers，它实时更新符合下列分类的股票清单：

1. 上涨百分比最多：上涨百分比最高的股票。
2. 上涨绝对值最多：按美元计算上涨最多的股票。
3. 创 52 周新高：在当天中股价创造最近一年新高的。
4. 下跌绝对值最多：股价绝对值下跌最多的股票。
5. 下跌百分比最多：下跌百分比最多的股票。
6. 最活跃股票：交易量最高的股票。

在每个交易日结束时看下这个清单，通常会为你带来一个或两个你之前没有跟踪的感兴趣的股票。当然每天浏览一打又一打的股票，尤其是它们每天都差不多没太大变化，是非常浪费时间的，因此使用过滤器会很有帮助。在 ProphetCharts 中，有一个手动的过滤器，可以让你设置最大价格、最小价格及成交量，更重要的是，可以让你把已经加入监视清单的股票代码排除掉。这意味着你会只看到那些与你的新想法最接近的候选股票。

随着不断完善你的监视清单，往里面添加更多股票代码的需求会不断减少，因为你已经有了足够多的备选股票了。事实上把那些你不再感兴趣的股票从中剔除也一样重要，因为按时浏览它们也是浪费时间。随着交易生涯的发展，你还会从经常浏览的金融类网站和博客中获得交易灵感。一些博客甚至会把它们的读者当天上传的最好的交易灵感 email 给你。你可能也会想要订阅这些免费的服务，以保证自己有源源不断的灵感。

建立一个监视清单库并不困难，因为有大量的免费或者非常便宜的资源可以利用。拥有一个精挑细选、组织良好的股票数据库是帮你抓住获利机会的关键。

分析

既然你已经有了一个股票数据库，那么接下来就是运用你的分析技巧的时候了。当然分析可以分为两大阵营：基本面分析（处理公司赢利、管理、资产负债表、现金流量表等等）和技术分析。因为本书的主要导向是图表形态，非常明显我们关注的是技术分析。

ProphetCharts 是我自己作分析的基础，尽管它内置有几百种技术研究功能，我在自己的决策中却更倾向于关注图表形态而不是技术指标。图表形态的话题是本书的基础，因此我们马上就会开始探索我最喜欢的图表形态。

对我来讲，ProphetCharts 在我的交易中扮演着两种主要角色：（1）

它提供了一个清晰的很容易修饰的图表，据此我可以做出交易决策（很重要的是止损水平）；(2) 它为我提供了一种把交易灵感组织起来的机制，这是很关键的一步，尤其是当你有大量头寸需要交易时。

监视清单是管理所有这些信息的一个纽带。我自己的监视清单具有如下文字描述的名称和功能。怎么组织清单，当然要根据你自己的需要来决定，但这会为你提供一些如何组织股票的灵感。

1. 估价1：这里存放的是各种主要指数，如工业指数（INDU）、标普500指数（SPX）、标普100指数（OEX）等等。同时也有一些重要的指标如$VIX等。

2. 估价2：这里是一些不如前面那么关键，但也比较重要的市场指标，如利率（$TNX），外汇汇率（EUR/USD，USD/JPY）以及一些主要的ETF基金（像EEM，IWM，和SPY等）。

3. 核心清单：这是最大的一个清单，包含了大约1000只股票。这个清单中的所有股票都是我需要跟踪但还没有密切关注的。我通常会每天浏览一遍，从中提取出候选股票。

4. 熊态股：这里集中的都是我正在考虑要卖空的股票。这些股票的价格与我期望的想要卖空的价位可能还有一些距离，但把股票放在这个清单中比放在核心清单里更能吸引我的关注。

5. 牛态股：这里是我正在考虑要买入的股票。

6. 卖空候选：当熊态股中的某些股票价格达到了我的期望值时，我就把它们挪到这个清单来。这里的成员都是我将要卖空的对象。

7. 买入候选：同样，当我实际想要买入某只股票时，就把它从牛态股中移到这里。

8. 多头头寸：当我确实在资产组合中买入了某只股票时，就把它的代码放到这里，一只股票同一时间只出现在一个清单中。

9. 卖空头寸：当我建立一个空头头寸之后，就把相应股票代码从卖空候选中移到这里。

10. ETF基金：我把160只交易所交易基金单独放到这个特殊的监

视清单中,把想要每天浏览的40几只基金做了标记。

经过这样的组织之后我的交易变得更为轻松,尤其是我的资产组合中任何时候都有超过100个处于活跃状态的头寸。你很可能不会建立这么多头寸,但是前述这种把股票代码从一个清单移到另一个清单的方法将会为你节省大量的时间,让你把精力集中在需要你关注的股票上面。

管理

对于你的头寸的管理主要是关注你资产组合中每个头寸的两种可能的产出:(1)赢利的前景,你必须要决定什么时候落袋为安;(2)亏损的或者是利润减少的前景,在什么程度会触及你的止损位。讲到赢利,决定在赢利达到多少时卖出头寸,很显然需要具体问题具体分析了。而谈到通过设置止损位控制损失(或保留赢利),在我看来这非常关键,你要把价格图上的最新信息考虑进去相对频繁地更新止损位。

我通常会每两到三天更新一次止损位,因为我希望尽可能地最小化风险并锁定利润。为此,我把所有的头寸集中到一张电子表格中以便于密切监控我的风险。当然,通过设置止损价管理风险并非是完美的,因为不能保证你的头寸不会发生超过止损价的缺口。比如,你正做多AAPL这只股票,你设置了止损价在300美元,然后某一天公司宣布了坏消息,然后股票在250美元价位开盘,事实上此时你设置的300美元的止损价并不会为你节省每股50美元。你只是会在当前的市场价止损退出。

尽管止损订单有这种瑕疵,然而大的缺口相对比较少见,通常只有当公司以过高的溢价被收购或者公司公布了意外的重大消息(不管是好还是坏)时才会发生。你可以跟我一样制作一个电子表格来管理你的头寸,而这样做对你自己也是很有益处的,因为它可以帮你更好地领会卓越的资产组合管理。当然你的电子表格不一定要跟我的一模一样,这里是我的头寸表格中的各个列的构成和含义,希望对你会有些启发:

(a)代码:交易行情代码。

(b) 止损价：某一个特定的价位，在这个价位上将会执行订单轧平头寸。对于多头头寸，止损价在当前市场价格之下，而对于空头头寸，止损价在当前价格之上。

(c) 最新价格：这是相应证券的最近价格。这里我们可以使用 excel 中的宏函数，它能为我们带来价格数据。如何把价格信息添加进你的电子表格就留给你来做了，因为这会根据你所使用的经纪人或数据服务提供商的不同而各不相同。最坏的情况，你还可以每天收工输入这些数据。

(d) 变动百分比：这是每天股价变动的百分比。

(e) 止损风险：对我来说，这是电子表格中最重要的一列数据了，因为它代表着证券当前市价与当前止损价之间的百分比差异。我希望看到的是比较小的数值，通常很少超过 5%。这里的数字在 2%~3% 是让我最舒服的。

(f) 买入价：买入头寸时的价格。

(g) 头寸类型：+1 表示多头头寸，-1 表示卖空头寸。

(h) 目标额度：这是一个手动输入的数据，表示我想要安排的头寸规模。

(i) 计算数量：这一列是用（h）中的数值除以当前价格（c），表示需要的股票数量。

(j) 目标头寸：这是一个手动输入的数字，表示我想要为某个头寸购买的股票数量。通常它会与（i）中的数字非常接近，但我会通过调整小数点设置让它更清楚一点（而不是 193 只股票、279 只股票等此类的头寸）。

(k) 活动头寸：这也是一个手动输入的数值，表示头寸中当前存在的股票数量。

(l) 头寸百分比：这个数值是用（k）除以（j）得到的，它通常等于 100%。然而如果你采用分批建仓的方式，你当前的活动头寸可能只是目标头寸的一定比例，这列数字可以让你跟踪哪个头寸还没有达到 100%。

（m）头寸：头寸的美元价值，等于（k）中的数字乘以（c）中的数字。

（n）净盈/亏：这一列是净利润或亏损，是用（k）中的数值乘以（f）和（c）之差。

（o）盈亏百分比：这是净盈亏的百分比，就是用（n）除以（m）。

（p）进入风险：这是基于进入价格的风险，也就是止损价（b）和进入价格（e）之间的差额百分比。

（q）真实风险：这是一个更为重要的风险值，是止损价（b）与当前市价（c）之间的差额百分比。

像你看到的一样，这个电子表格可以根据你的需要设置得非常复杂。当然，复杂本身不是目的。目标是让你对自己的头寸和风险状况有一个清晰的认识。在这个电子表格中还可能有很多其他的单元格，包括口头头寸和多头头寸的总数量、总体风险值、你的多空比率等等。在你开发出电子表格之后，它就有了自己的生命，你可能会发现你需要经常去调整它，以增加以前你从来没有考虑过的功能。

交易是一个非常个性化的事情，技术、工具、图表、监视清单还有你建立的电子表格，完全都是你自己设计的。不要被不确定性所吓倒，坚持完成这些任务不仅可以让你熟悉交易过程，而且可以帮你降低在金融市场中投机的总体风险。

现在我们把注意力转向本书的主要核心，也就是历史价格形态、它们的结果以及它们之间的细微差别。把以下各章内容作为参考，在你感兴趣的任何一个订单中尝试着使用它们。本书的定位是可以反复使用的参考书，书中每一部分的概念几乎不需要什么专业知识就可以理解。

第二篇 形态

第3章 上升三角形

当一只股票价格上升时,形成了一系列较高的低点(上升趋势线)和相同的高点(位于其上的水平线),股价处于整体上升趋势,那么就形成了上升三角形形态。该形态是一个持续的形态——也就是说,如果这个形态形成于上升趋势中,那么它是一个看涨形态。

形态定义

这一形态有几个判断标准,图3-1所示的TDG股票价格图是一个很好的例子。首先,你应当找到一条上升趋势线作为支撑;其次,你应当找到一条水平线代表股票在顶部的供应,而这个价位水平的供应被新来的购买者慢慢蚕食;最后,会有一个上涨突破水平线。

成交量也是一个重要的特征,尽管在这个例子中并没有表现出来。随着这种形态的推进成交量通常会萎缩,因为股价明显无法突破而只是处于缓慢积累过程中,从而使得交易者逐渐对这只股票失去兴趣。当股价突破时,成交量会突然大幅增长,因为顶部的供应(前面提到的水平线)已经耗尽,一大批新的购买者(或者重新看好股票的之前购买者)开始进场购买股票。

图3-1中股价在突破之后几经回撤最终攀升了62%。如果你想对目标股票突破上升三角形后的上涨目标做出估计,你可以首先测量三角形最高点和最低点之间的价格差,然后将其与水平线的价位相加。例如,如果最低价位是25美元(像本例中一样),高位是35美元,

那么目标价位将是45美元（也就是说，35美元加上35和25之差10美元，等于45美元）。

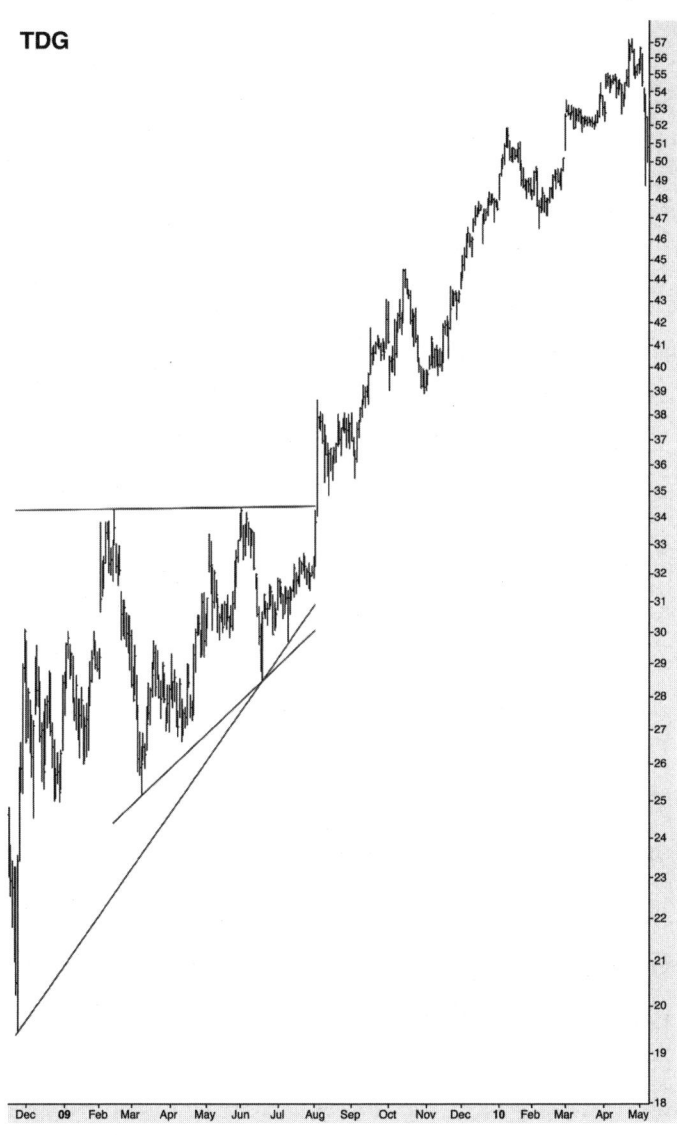

图3-1 这是Transdigm Group（代码TDG）公司股票的图表，股价在突破上升三角形后大幅上扬

这一形态发挥作用并不必然伴随着成交量的下降，但是上升趋势应当确立，因为这是一个整理形态而不是反转。

形态背后的心理

首先要牢记的是，作为一个整理形态，一个形成上升三角形的股票本身已经处于上升趋势中，总体上看该股票的持有者是一个相对比较开心的群体。

股票价格上涨了，达到某个价位水平后又回落下来。股价回落是因为出售者压制了购买者，因而股价难以再进一步。这些出售者可能是顶部供应（早先在这个价位水平的购买者想要退出），也可能是认为这个价位水平是这只股票在近期所能达到的最高位从而想要卖出。

股价又上涨了，达到相同的价位水平后，再次回落。股票持有者和新进入的购买者开始对这只不能让他们获利的股票有些厌倦，但是在一个比之前高一些的价位水平上卖方力量耗尽，形成一个较高的低点。

再一次，股票价格上涨到之前同一个价位，又有抛盘。成交量越来越小，因为对于一只看起来只能涨到一定价位而无法更高的股票，有兴趣参与的人越来越少。因此，又一个较高的低点产生了，而这是具有积极意义的。

在这只股票的第四次上涨中，它突破了前期的水平线，人们又兴奋了。既然股价最终有了令人感兴趣的表现，现有的股票持有者开始加仓，正在等待突破的观望者也突击入场。成交量再次大幅增加，股价一路高歌猛进，直到又一次遇到抛盘。股价由于抛售而下跌，在趋于稳定前，它下探到与水平线几乎相同的价格水平（如果没有比水平线低一点的话）。

既然阻力线没有转化为支撑线，在这个价位水平更多的购买者积累下来，股价推进到新高。现在这个形态最终完成了，那些想要抛售这只股票的人获得满意的结果，而股票当前的持有者也乐于看到他们的资产价值最终不断上升。

示例

下面是一些现实生活中上升三角形发生的例子。当你在自己的交易中遇到这种形态时,这些例子都可以作为有用的模板供你参考。

形态开始时间:2007年10月29日
突破价位:8.4美元
上涨幅度:134%
突破时间:2008年2月1日
最高价位:19.66美元

图3-2 XIDE 股价突破之后非常短暂的回调至顶部线之下,然后大幅上涨。在设置止损位时,一个适度的波动空间有时可能会让你保持有利的仓位,因为股价只徘徊了几天时间就开始持续上涨了

如图 3-2 所示，Exide（代码 XIDE）股价跳跃到 8.4 美元然后回落，之后又涨到同样的价位并再一次回落到一个较高的低点。在第三次上攻尝试中，股价突破了 8.4 美元的价格水平，但是很重要的一点，在随后的两天，它又回调到略低于这个水平的价位上，然后股价就一路上涨了 134%。

这个例子同时说明不要设置过于紧密的止损位，尤其是一个形态首次突破时。如果你在等待该股突破 8.4 美元，然后在 8.45 美元购买，你不必仅仅因为 8.39 美元刚好位于突破点之下就急于在此价位止损。相反，你可以设定一个适度的波动空间——例如，5% 的波动空间将允许股票下调至 7.98 美元而不会止损清仓。

图 3-3　水平线和上升趋势线与股价变动曲线的接触点数量不一定是相同的。在这个例子中，股价 4 次上攻 9 美元都失败了，但是在上升趋势线上只有两个接触点，只要形态本身仍然是一个三角形，那么接触点的数量并没有实质影响（当然，前提是至少要有两个接触点）

图 3-3 中我们也看到,像通常的情形一样,最初的突破之后伴随着一个刺入三角形内的下跌。只要价格没有实质地跌破上升趋势线,形态就仍然没有破坏。如果你的止损空间设置的太小,就会止损退出而丧失了大幅获利的机会。

公用事业公司的股票价格很少会有剧烈波动,但如图 3-4 所示,在短期内一个 34% 的上涨幅度仍然是令人印象深刻的。当 SBAC 从 22 美元上涨到 27 美元,5 美元的上涨目标的确实现了且翻了一倍。

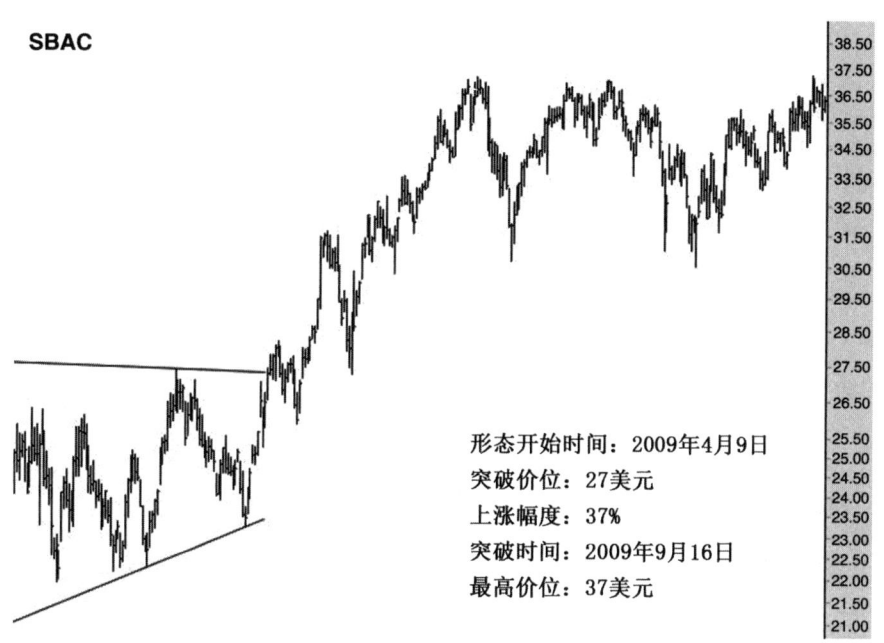

图 3-4　通过 SBAC 的价格变化图,我们又看到一个"快速回调"的例子

考虑到易于识别以及一致性的问题,你最好寻找具有水平线顶部的上升三角形。但是当你对形态识别更有经验时,对这一准则可以允许一定的灵活变通。在图 3-5 中,三角形的顶部线稍微向上倾斜。这

对于股票来说是积极的，因为它反映了股价正的乖离率。但这种对形态基本定义的偏离可能导致一个缺陷，就是一旦一个非常清晰的阻力位变为一个同样清晰的支撑位时，它会削弱"强力价格突破"的概念。

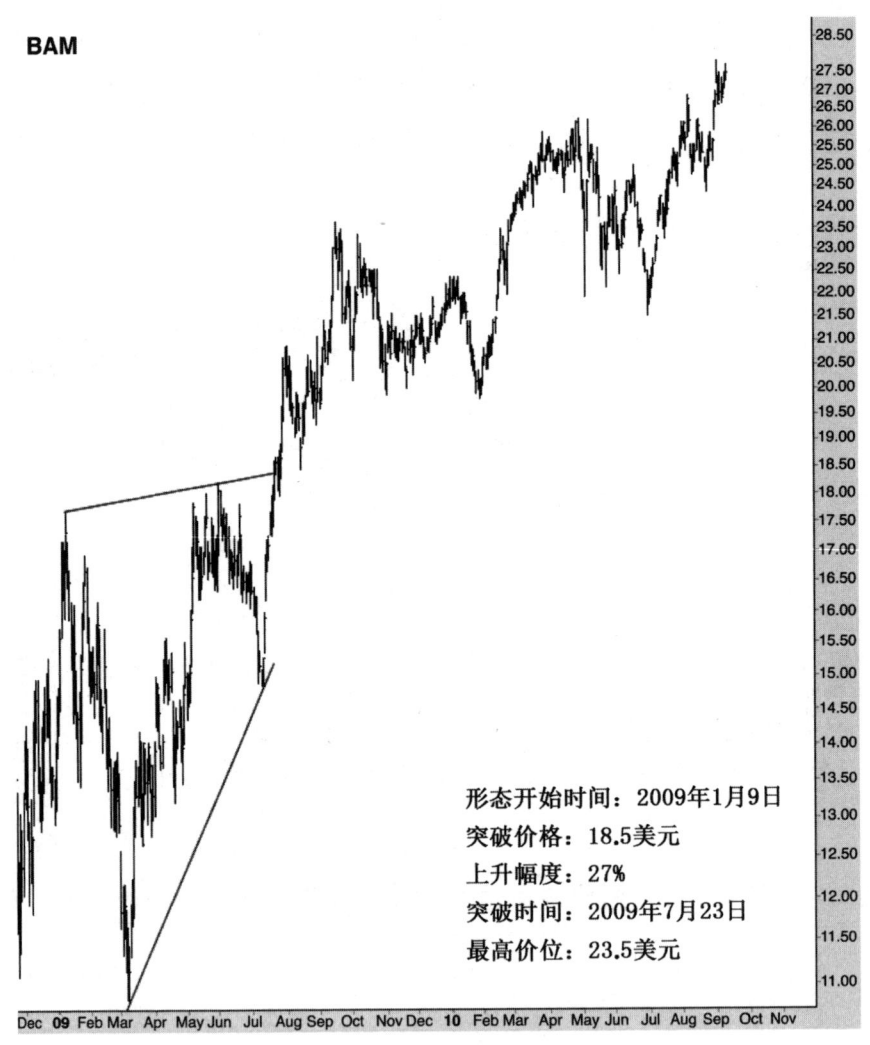

图3-5 BAM股价图表明，在识别上升三角形时，突破线可以允许一定程度的偏离水平线

图3-6提供了一个非常规则的形态示例,它的顶部线同样是稍微上倾的。这个图表有几个比较有趣的特点值得留意:(1)它的价格突破非常干脆,没有出现再回调至突破线之下的情形;(2)尽管它是一个很好的上升三角形,它也同样很像一个杯柄形态(该形态在本书的其他部分会有讨论)。这两个都是看涨形态,因此他们都一致表明股价将会上涨。本例中,股价在突破之后82%的涨幅证实了这两种形态的预测力。

图3-6 ROK的走势可以视为上升三角形,同时也可以看作一个非常高的杯柄形态,这两种形态都是看涨的

在图 3-7 中，一条是 8.12 美元价位的水平线，另一条是具有两个接触点的上升趋势线，这两条线都符合上升三角形的定义。与本章其他例子不同的是，该图中股价突破上升三角形形态之后，有一定程度的回调并且跌落回形态内部。上涨目标价位是 11 美元多一点，而股价在休整之前上涨超过了 13 美元。你会发现在你自己的交易中，最有利的策略是在目标价位达到时出一半仓位，而保留另一半仓位（同时缩小止损止盈空间）等待更高的股价以获取额外利润。

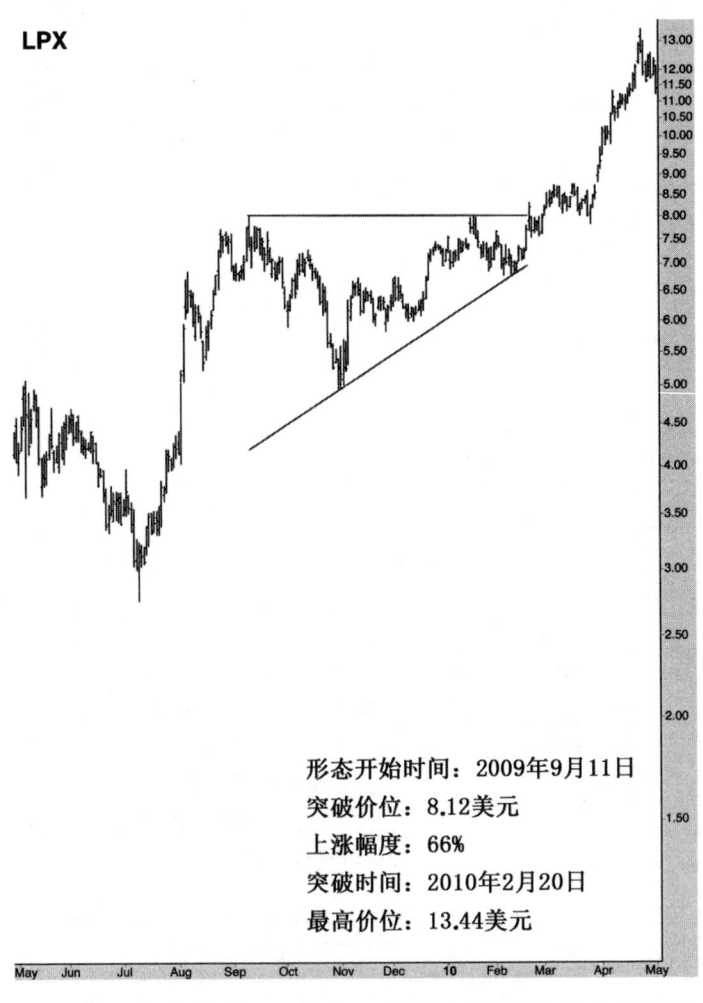

图 3-7　LPX 的目标价位是 11 美元，实际上涨稍微超出目标价

第 3 章 上升三角形

前文已经多次提到，上升三角形是一个整理形态。让我们通过一个实例看一下，当一个形式规整的上升三角形发生在错误的背景下时（也就是说，市场的整体上升趋势不存在），会发生什么情形。

图 3-8 尽管 CYD 的上升三角形在不考虑前后背景因素时看起来非常规整，但因为这个形态不是在一个上升趋势中，它的预测能力完全失效了

在图 3-8 中，水平线和上升趋势线都具有四个接触点，非常规整

的构建出一个三角形。在第五次上攻尝试中，股价突破了三角形并仅用了两天时间就攀升至高位。然而，股价走势开始变坏。股价回落到突破价格之下，并持续下跌到上升趋势线的右侧延长线附近。在一个急速下降之后，股价又开始试图回升，但没有能够达到近期高位并再一次下跌，这一次跌破近期低位。股价持续下跌，等损害完全发生时，股价从原来的约 11.5 美元跌至 2.5 美元。

结论

关于上升三角形，你已经学习了一些经验教训，在大多数的技术形态中这些经验都是可用的，包括如下四个方面：（1）不要坚守死板的定义，可以有一些灵活变通；（2）在股价运动中可以允许小幅度的价格回调的发生；（3）在形态构建过程中成交量并非一个必要条件，但是在突破时，它却非常重要；（4）对于整理形态来讲，他们只有出现在合适的市场背景之下时，才是有意义的。

上升三角形相对容易识别，并且有一个定义清晰的目标价位。只要不断地观察本书中的例子，你就能够训练自己的眼睛在图表中识别出相似的形态。

第 4 章 上升楔形

如果价格走势位于上下两条上升趋势线之间,而且两条趋势线向右收敛,这就是所谓的上升楔形。这个形态表明,股价尽管在上升但幅度越来越有限。因为下面的这条趋势线对于股价的下跌是最敏感的,当股价跌破支撑位时这个形态是一个很可靠的看跌指标。

形态定义

这个形态的出现只需要两条线:它们都是上升的,但是不平行的。它们向右收敛,当然价格走势也可能会在两条线相交前跌穿下趋势线。

如图 4-1 所示,Banco Santander(代码 STD)股价在上升楔形形态被破坏之后,下跌了 44%。需要注意的是,股价并非在击破形态后就直落而下。相反,在之后的几周内股价创造了新高。然而长期构造的形态被向下击穿,是股价未来下行的重要预兆。

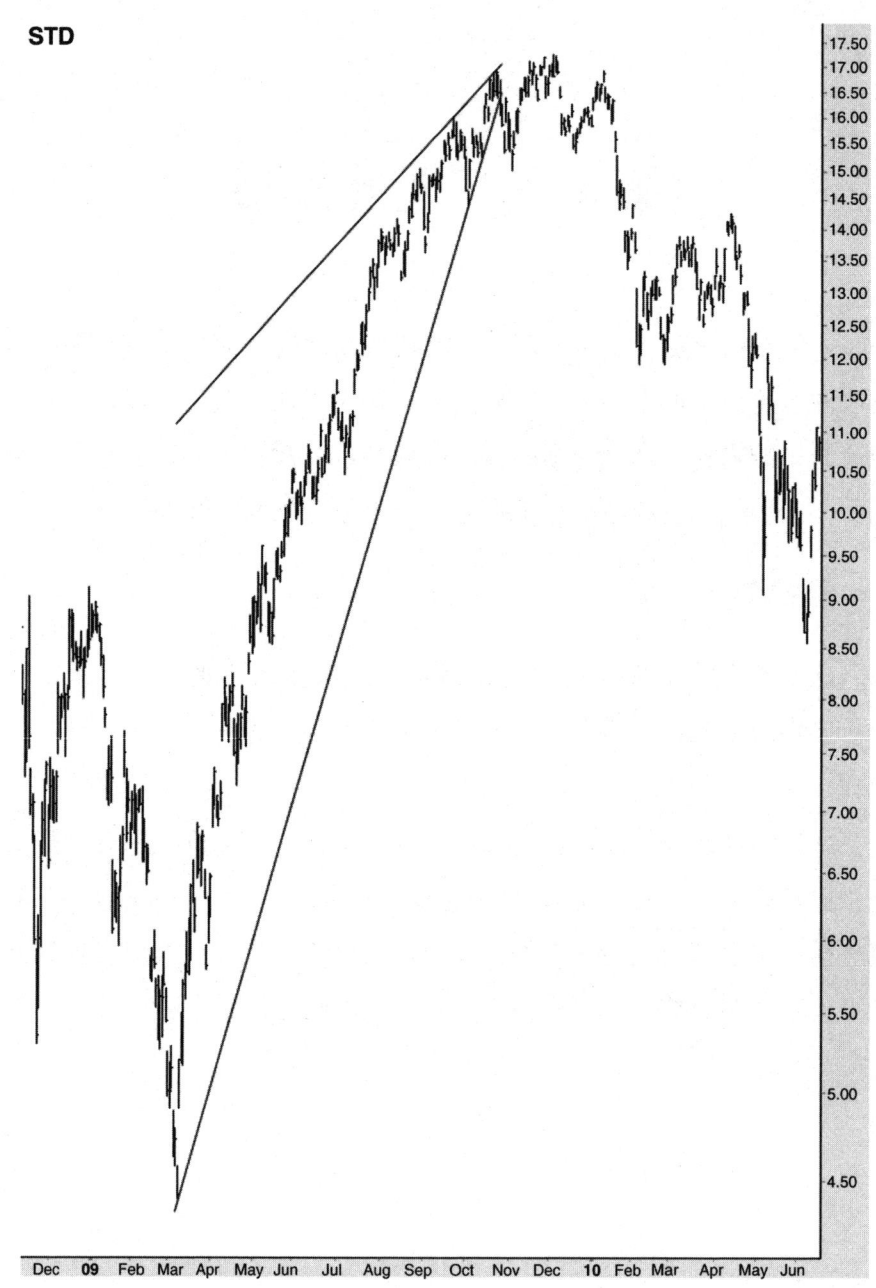

图 4-1 在最终屈服于抛售压力之前，STD 的上升势头是持久可观的

形态背后的心理

因为股价在上升楔形形成期间总体上处于上升状态中，股票持有者对于其前景越来越乐观。然而这个形态的本质就是，股票的上升能量逐渐耗尽，直到上升趋势线的支撑无法承受抛售的压力为止。

这个形态的警报标志是上面的那根趋势线，因为下趋势线上更高的低点与上趋势线上更高的高点之间的距离越来越窄。股票买方没有能力一次又一次地将股价拉升，一旦股价跌穿下趋势线，大量之前的购买者（直到这时仍然赢利丰厚的人）将会挂出卖单蜂拥而逃。

即便这种恐慌抛售行为没有发生，之前很规则的上升趋势已经遭到破坏。而这只股票会对卖单非常敏感，因为那些遵循趋势的人不再有一个理性的技术理由去持有它。这种卖出的诱因会不断扩散，而如果一部分人开始付诸行动，连续的抛售会形成恶性循环。

示例

在图4-2中，我们给出了一个上升楔形的简单例子。下面的趋势线跨度从2009年4月到9月，而上面的阻力趋势线相对比较平缓。这两条线收敛相交可能需要很多个月的时间，但是只要股价在交点之前打破了这个形态，那么就可以认为这个形态是个完全的上升楔形。

尽管这只股票在最初的破位之后从29美元跌到24美元，但在它最终于2010年夏跌破19美元之前，蜿蜒起伏了几个月时间。关于这个图表，需要注意的一个重点问题就是，股票走势的大方向变了，而改变的信号正是上升楔形态的终结。

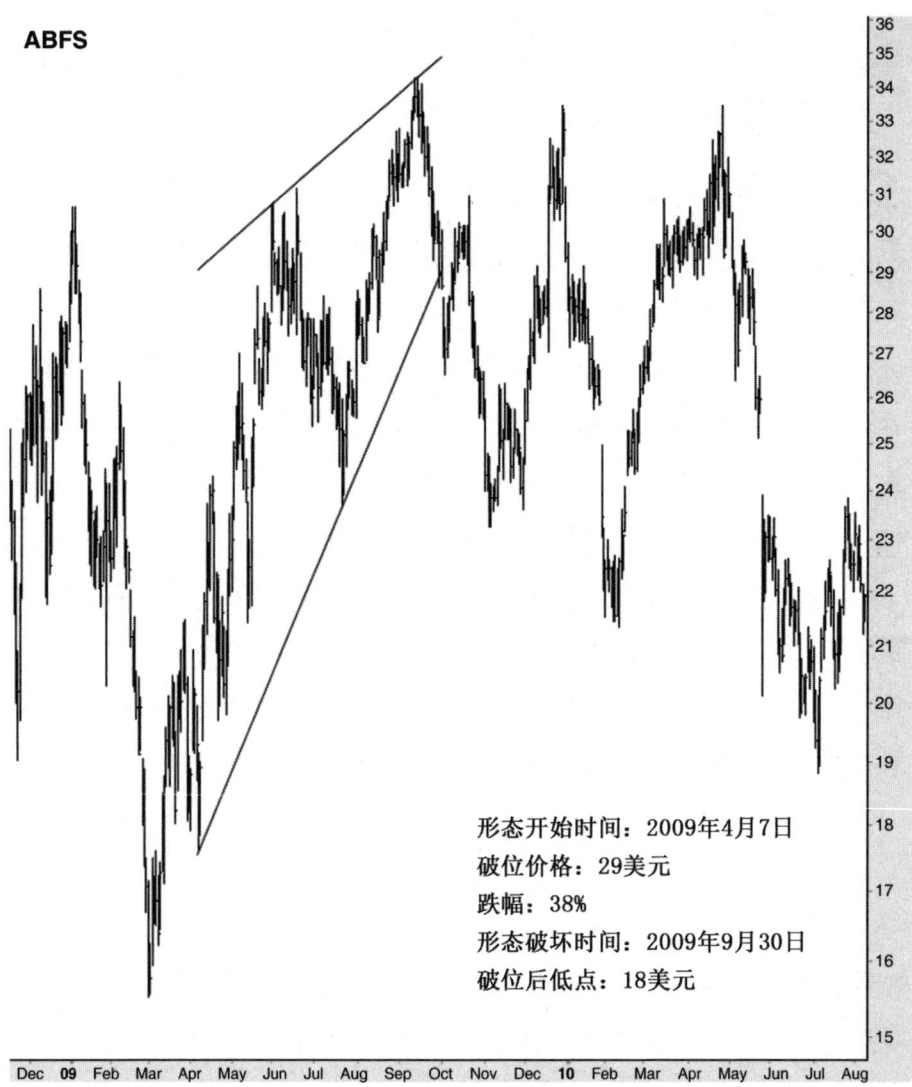

图4-2 当股价跌穿下趋势线意味着一个新的总体下行的形态开始了，尽管之后还会有一系列买方力量的反攻

如图4-3所示，On Assignment 股份公司（代码 ASGN）的股价在上升楔形之后骤然大跌，而且股价打破上升楔形后没有任何回头，意味着只有那些早先介入的交易者（或快速出逃者）才能在这次下跌中获利，而其他人没有第二次机会。

第 4 章　上升楔形

上升楔形可能是一个反转形态（从看涨趋势变为下跌趋势）也可能是一个调整形态（在总体下行趋势中表现为一个向上的暂时休整）。对于 ASGN 来说，这个上升楔形是个调整形态，因为该股在 2007 年期间已经在下跌。这只股票从 4.75 美元到 9.5 美元有一个非常明显的逆向回升，然后在大约 9 美元打破了上升趋势。从那时起，它一直下跌到近乎成为一只廉价股，到 2009 年 2 月底时，跌幅达到 86%。

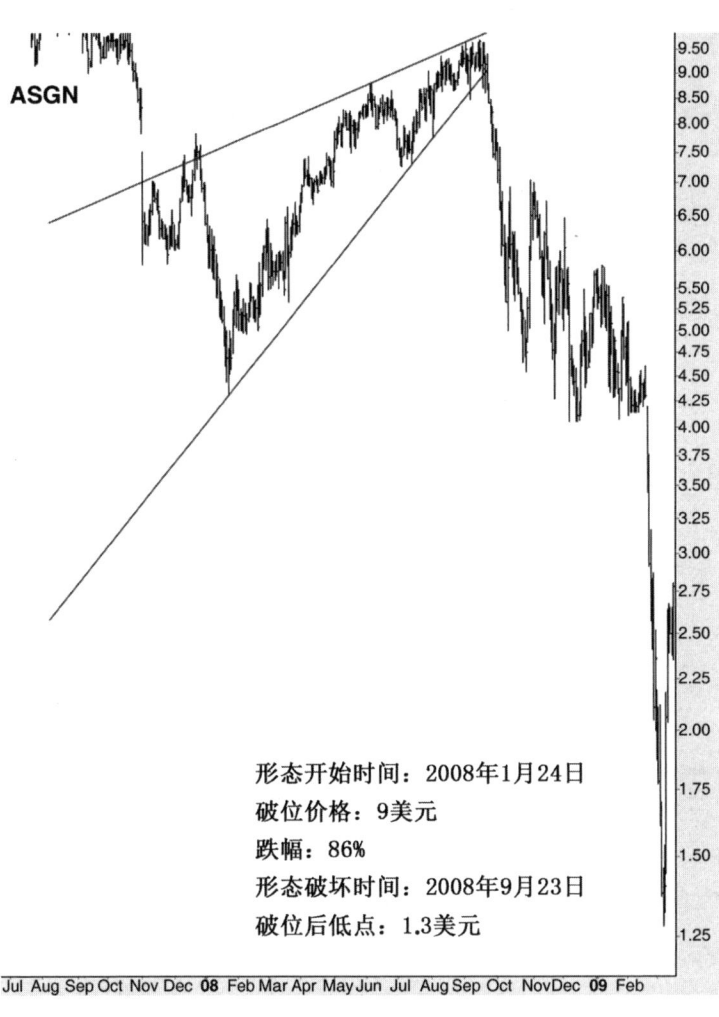

形态开始时间：2008年1月24日
破位价格：9美元
跌幅：86%
形态破坏时间：2008年9月23日
破位后低点：1.3美元

图 4-3　形态终结之后股价没有回头反弹

高胜算形态交易

图 4-4 提供了一个非常规则的，具有多个接触点的上升楔形。这样一只股票的持有者最希望看到的就是上升趋势能够长期持续下去。但事实相反，这个形态在持续了四个半月之后开始下跌。该股的多头如果在形态破坏时退出是一种明智的行为。尽管像在图中表示的一样，这次下跌的展开用了较长的时间，然而跌破上升楔形对于股价都不可能是一种积极的影响，除非在这期间一个定义清晰的上升形态再次形成。

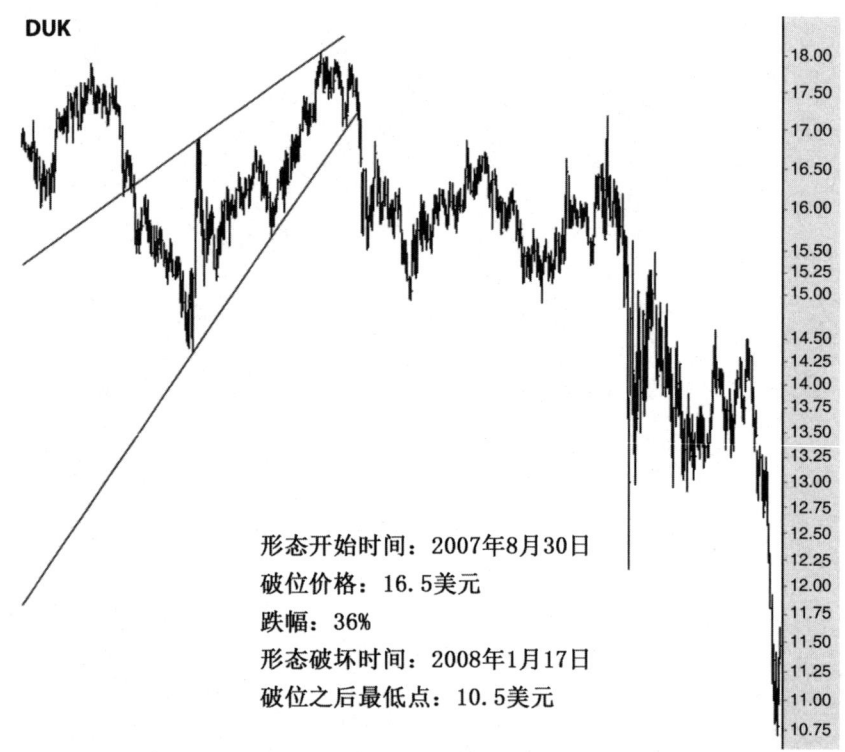

图 4-4　该上升楔形被破坏之后，过了几个月才出现严重的抛售现象

当你在交易中想要利用众所周知的图表获利时，使用标准目标是减少风险的有效办法。但是本书的其他部分都多次提到，你最好根据自己的风险容忍度，在一个简单的标准目标达到后只提取出部分仓位获利，而保留其余的仓位（要频繁地更新你的止损位水平）。

第 4 章　上升楔形

如图 4-5 所示，预测股价变动的标准是找出形态中的两个极端价格——例如，13 美元和 17 美元——计算它们之差。然后用价格破位点也就是 15.5 美元减去这个差值，可得目标价位为 11.5 美元。相对跌幅较小，但考虑到该上升楔的规模较小，这个跌幅是说得通的。然而，股价持续下跌，经过一系列相对有序的较低的低点和较低的高点之后，跌至 4.5 美元。即便在股价跌到 11.5 美元的目标位时，你只是提出部分仓位获利，只要你不断更新止损位等待股票充分下跌，那么交易总体上就会有更大的利润。

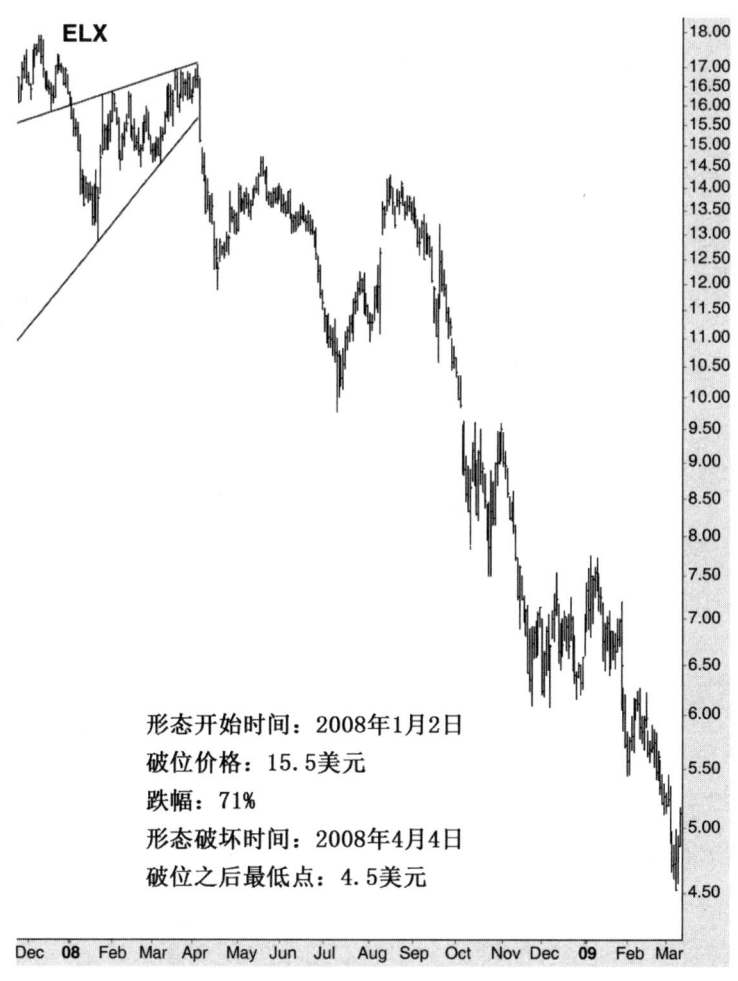

图 4-5　这只股票在企稳之前经历了大约一年时间的瀑布式下跌

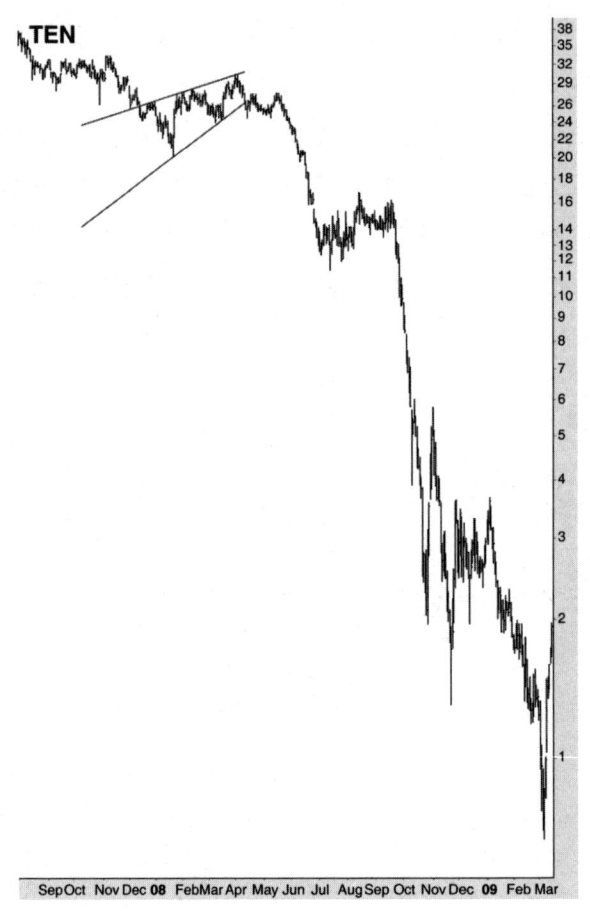

图4-6 楔形上边线有四个清晰的接触点,意味着股价试图不断地拉升,但始终没能突破上边线的阻力。股价与楔形下边线有三个接触点,其中最后一个接触点的支撑失败了,导致股价横盘调整了两个多星期

如图4-6所示,股价刚一突破形态的限制,就开始暴跌,从原来的26美元跌了大约一半。在这个价位上,股价在随后的一个多月开始企稳。这给了惊慌失措的多头们一个出逃的机会,而那些继续看多的人则选择在目前看似便宜的价位上加仓。对于坚定的多头来讲,结果是遗憾的,因为抛售远没有结束。股价重新开始下跌,并且势头更为猛烈,

最终的跌幅从突破上升楔形计算，达到了98%。

股价如此剧烈的下跌非常少见，然而一个定义良好的上升楔形一旦被破坏，就是一个强烈的卖出信号。

小结

楔形可能是最容易辨认的形态之一，但它们同时也是在交易中最具有挑战性的形态。与其他形态不同的是，上升楔形没有定义非常清晰的支撑与压力区域，在形态完成之后，它允许价格横向漂移几周甚至几个月的时间。在大多数情况下，即便是一只非常顽固的试图继续攀升的股票，其价格也不会高过之前在上升楔形中的最高点。因而，你可以在股票等待时机时继续做空。只要上升楔形是定义完好的，而且非常明显地遭到破坏，那么价格跌破上升楔形就是一个可靠的看跌信号。

第 5 章 通道

通道形态尽管并非十分常见，却是最容易识别的形态之一。当上下两条平行的趋势线在一定时期内限制着股价变动范围时，就构成了通道形态。该形态比较令人感兴趣的是，它可以用于三种目的：当股价在通道内振动时，它能提供一系列的买入和做空的机会；当股价向上突破时，它是一个买入信号；相反当股价向下破位时，它是卖出或做空的信号。

通道之所以非常少见，是因为股票的上趋势线或下趋势线通常是随机的或者偏向于某个方向，很难形成一个清晰的趋势。理想状态下，这两条趋势线之间的股价波动呈现正弦曲线形状，股价上升到阻力位，遇阻又回落到支撑位。这样往返的次数越多，它作为摆动交易分析工具作用就越大，最终股价向某个方向突破后其势头也越猛烈。

形态定义

一个通道形态由两条近乎平行的趋势线构成。它们可能是上升的也可能是下降的，如果你使用图表程序如 ProphetCharts，只要有三个数据点就可以利用通道工具构建出通道的边界。大多数的通道对象也可以画出中线（也就是位于上下两条趋势线中的第三条平行线）和 25%、75%线（它们分别位于上趋势线与中线以及下趋势线和中线之间）。

股价应当在两条趋势线中的每一条上有至少两个接触点，才能形成一个通道。而且两条趋势线应当是平行的（可以有小幅度的偏差，但当偏差过大时要么会形成楔形，要么成为一种发散形态）。在某些点，股价会打破通道形态，因为没有一个通道趋势会永远延续下去。当形态最终被破坏时，你可以根据股价打破通道的方向把它作为买入或卖出的信号。

图5-1给出了一个通道形态的实例，是一家从事欧元/美元汇率交易的基金——欧元信托基金（代码FXE）的价格走势图。在这个通道的顶线有三个接触点，底线有两个。一旦通道非常明显地形成了，你就可以利用它进行交易并获利，每当价格跌到支撑位时就买入，等涨到阻力位时卖出。如果你想更激进一些，甚至可以在阻力位时卖空股票（也就是说反向操作），在支撑位时平仓并且做多。

图5-1　这只从事欧元/美元汇率交易的ETF基金在这个通道内波动了数月时间，提供了很多做多和做空的机会

采用这种方式的交易在短期内可能让你获利颇丰，但是像我们之前

说过的一样,这个通道肯定会在某些点上被打破,因此当这种情形发生时,你必须准备好跳出这种循环交易策略。实际上当通道最终被打破时,你可以选择沿着突破的方向进行大笔交易。

形态背后的心理

当一只证券在通道内波动时意味着在卖方和买方之间进行着一场拉锯战,不管出于什么原因,双方的力量对比以相当规律的方式不断变化。例如买方力量在三周内可能更为强大,然后股价达到一个高点(根据通道的方向不同,可能是一个更高的高点或者是较低的高点),这时卖方力量占据上风,产生了买方所无法承受的抛售压力,然后导致股价跌落到支撑位。

如果通道是上升的,那么股票在很长一段时间内不断的积累,买方比卖方有更强的力量。上升通道的向上突破代表着有异常的买方力量,而向下的破位说明买方力量不足以维持股价的继续增长。

一个下降的通道说明该股票总体上弱势,但仍然吸引着那些认为股价已经足够便宜的购买者。当股票朝着阻力位下跌时,比较敏感的持有者将会认为存在较大的风险而抛售股票,但是随着买方力量的渐渐加入,趋势开始逆转使得股价上涨。当价格跌破下降通道时,股价屈服于卖方力量,可能会有一个剧烈的下跌,而股价向上突破下降通道,这是一个趋势改变的信号,意味着该股票的不利因素已被清除。

示例

通道相对比较容易识别,但是以下的示例将会帮助你更好的寻找。

亚马逊是 21 世纪前十年中最强势的股票之一,当然亚马逊在 20 世纪 90 年代末的互联网泡沫中也是非常强势的,股价冲至最高峰附近时,其创始人 Jeff Bezos 先生也成为《时代》杂志该年度的封面人物。当 2000 年至 2001 年期间股价暴跌时,封面故事被认为是一个逆向投资的指标，一些人认为亚马逊会走 Pets.com 公司的老路从而垂直下跌为垃圾股。

很显然，这种情况并未发生，亚马逊具有强大的生命力，并在 2002 年止跌企稳。从这一年开始，该股票在支撑趋势线上形成了第一个接触点（支撑趋势线后来得到确认）。股价稳步上升，从 15 美元涨到 60 美元，形成了阻力线上的第一个点，在随后的两年半时间里遭遇抛售下跌到 25 美元，企稳后又开始了新一轮的上涨趋势。

这种上下往复的形态持续了几乎十年时间，甚至在单个的上下循环中交易者也同样可以发现大量更小的上下往复循环。但是对于比较保守的交易者来讲，大范围的总体上升趋势才是利用亚马逊进行获利的最安全的方法。

例如，假设一个人在 2008 年想购买亚马逊股票，但他不知道在什么价位买入合适。毕竟，亚马逊像其他大多数股票一样在 2008 年下半年处于不断下跌中。那些没有图表或必要知识的人不清楚亚马逊股票将会在什么价位获得支撑，唯一能肯定的就是股价不会跌破零美元。

然而这个通道形态指出，35 美元左右的价位将是上升趋势线上的一个接触点。如果跌破了这条线，交易者应当放弃做多而等待 25 美元也就是前期主要低点的出现。当然，这种情形未必会出现，因为事实上股价在 35 美元附近形成了 V 形底，转头向上并且势不可挡地上涨了 4 倍。

图 5-2 中另外一个令人感兴趣的东西就是水平线。这条在约 100 美元附近的水平线看起来应当是该股票的阻力位，因为它是前期的高点。但一份令人吃惊的良好的赢利报告令股价突破了这个区域，在短短几周时间里就上涨到阻力趋势线。随后，股价继续上下往复地波动，但一直位于水平线（也就是前期的阻力位）之上且低于上趋势线（维持了很多年的阻力线）。

图 5-2 尽管以井喷式的爆发突破了水平线，亚马逊股价仍然处于上升通道内

值得指出的一点就是，即便一个人恰好在一条趋势线上做多或做空股票，他也未必就能赢利。假设某人 2009 年末在约 145 美元价位卖空亚马逊股票（股价在强力突破水平线之后很快就达到这个价位水平）。后来股价确实是跌了，但很快就又转头向上创造新高，之后股价又一次更大幅度的下跌，但随后再一次上涨到更高价位。如果这个空头一直期待着股价跌回到下支撑线，他将会非常沮丧和失望。事实上，尽管这个图表并没有显示出该股票后来向上突破了这个长达十年的通道，但却说明亚马逊比这个总体上升趋势所提示的更为强势。

除了可以利用股价在通道内的上下波动之外，你还可以利用通道的突破。最强有力的突破形式之一就是从下跌通道内发生的突破，如图 5-3 所示，哈里斯公司（代码 HRS）处于一个长期的下降趋势中，从

第5章 通道

1978年到1992年将近15年的时间。

在1982到1990年的下降趋势中，HRS有几次很好的买入机会，但它们都在通道内部。当股价在1992年向阻力趋势线发起第五次也是最后一次冲击时，它突破了这个长达15年的价格牢笼，向上飙涨了300%。遵循通道形态分析这个信号非常简单，因为从通道内向上突破阻力线（尤其是持续如此长期的通道）是一个非常明显的买入信号。在随后的几年里，股价阶梯式上涨，经历了一系列较高的高点和较高的低点。

当我们查看整幅大图时，会发现这只股票的趋势实际上早在突破形态的两年前也就是1990年底就已经改变了。但在当时我们不可能发现这一点。一个比较保守的交易者在寻找趋势变化的确认点时，会把长期阻力趋势线的穿透视为有效信号，尽管在突破时股价已经翻倍了。

图5-3 该股股价在1992年突破阻力趋势线，是一个强烈的买入信号

如图 5-4 所示，Citi Trends 公司（CTRN）股价走势是通过形态突破提供买入信号的另外一个示例。但是这一次，你需要更多一点的耐心，因为股价突破之后在最终上涨之前有一个相当大幅度的回调。

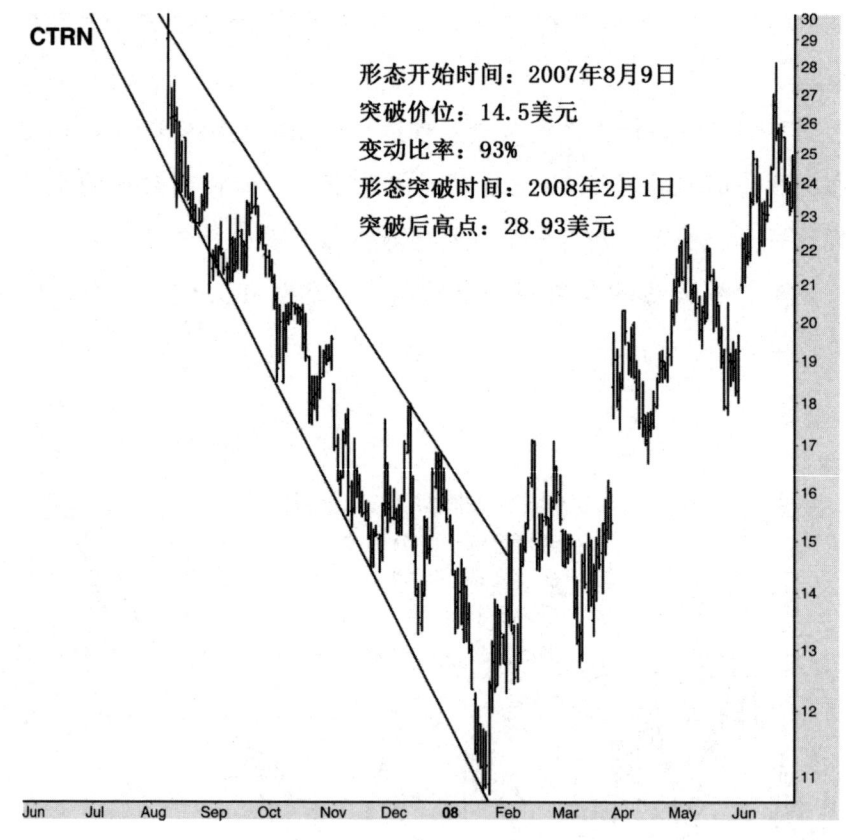

图 5-4　与阻力趋势线相比，股价与支撑趋势线的接触点要多得多，但最终买方力量战胜了卖方，股价重新涨到以前的价位水平

股价在 2008 年 2 月 1 日以 14.5 美元突破了下降通道，上涨到 17 美元，之后回调到突破点并再次上涨到 17 美元，然后回头下跌到 13 美

元。一个交易者是否维持他的仓位取决于他的止损位设置在多少（假设他有的话），在本例的情形中，一个好的止损位应当是股价突破前最近的较高的低点，也就是12.5美元，而股价一直处于这个水平之上的事实表示另一个较高的低点已经形成，这意味着本次的突破可以被确认为该只股票的上涨趋势已经形成。

到了4月份，股票价格不仅有所恢复，而且有一个漂亮的上行缺口，这是新的上涨形态形成的另一个确认特征。CTRN 随后上涨了93%，直到再次走弱。

通道的向下破位与向上突破一样，都具有可操作性，图5-5的例子利用 EWZ 的长期走势图说明了这一观点，这是一只针对巴西股票的 ETF 基金。这个上升通道已经持续6年了，期间经历了一系列更高的高点和较高的低点。最后的一个高点发生在2008年的上半年，然后股价下跌到支撑线。

一个关注这个图表的交易者在这时很自然地会认为这是一个买入机会。毕竟这只股票处在一个非常长期的上升趋势中。在过去的6年当中，每当股价跌到支撑位时都为多头带来了丰厚的回报。如果他有止损委托的话，这个交易者将会在止损位清仓，因为 EWZ 在这个点上打破了它的长期支撑线。在这个点位上交易者有两种选择，一是退出观望，因为这时没有可以做多的交易机会；二是可以把它作为一个良好的卖空机会，因为一个如此大规模的形态的破位很可能意味着将会有大幅度的下跌。

股价随后从63美元的破位点跌到底部的23美元，下跌幅度达到63%。更为激进的交易者还可能会购买一些针对 EWZ 的长期看跌期权，这样就会获得更高比例的收益（自然也要承担相应程度的风险）。

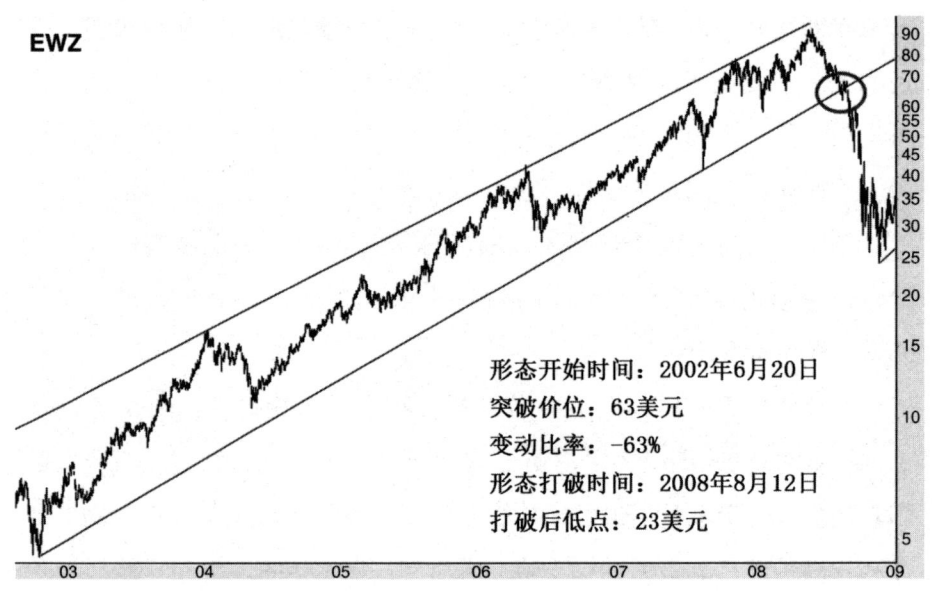

图 5-5 这个通道在持续到第 6 年时被打破

向下的破位不管是在图 5-5 所示的上升通道中还是在图 5-6 所示的下降通道中，都有重要的含义。股票 Incyte（代码 INCY）在 2007 年到 2008 年初一直处于上升趋势中，但它后来反转形成了一个在每条趋势线上都有 3 个接触点的下降通道，在 2007 年 12 月 6 日发生了一个大的突破，当一只股票向上突破形态时，它随后可能会回调到突破点或以下。同样的理由，当股票向下跌破形态时，随后也可能会有短暂的上升，对于多头是一个出逃的良机，而对于那些期望做空的人，则是一个介入的机会。在 INCY 的股价走势中我们就看到了这一现象，当它的股价跌破 4 美元之后，快速回升到下趋势线的接触点附近，这是多头们出逃也是空头进入的最后机会，因为之后股价的下跌将更为迅猛。

第 5 章 通道

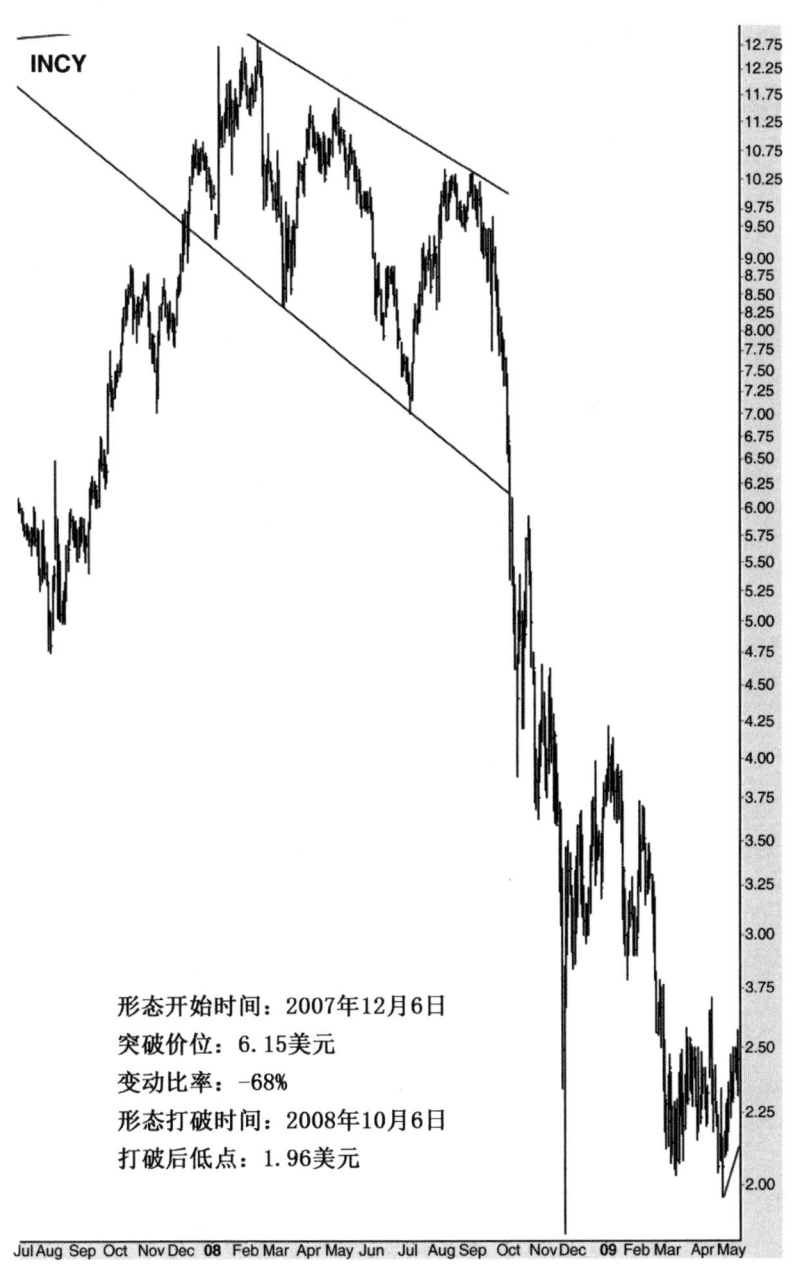

图 5-6 一旦股价打破这个下降通道,支撑趋势线就没有了任何的支撑力

在技术分析中，你经常会发现某个趋势线从支撑位转变到阻力位，或者相反，这样的例子数不胜数。路易斯安那-太平洋公司（LPX）的走势图所给出的通道形态明确显示了这一现象。

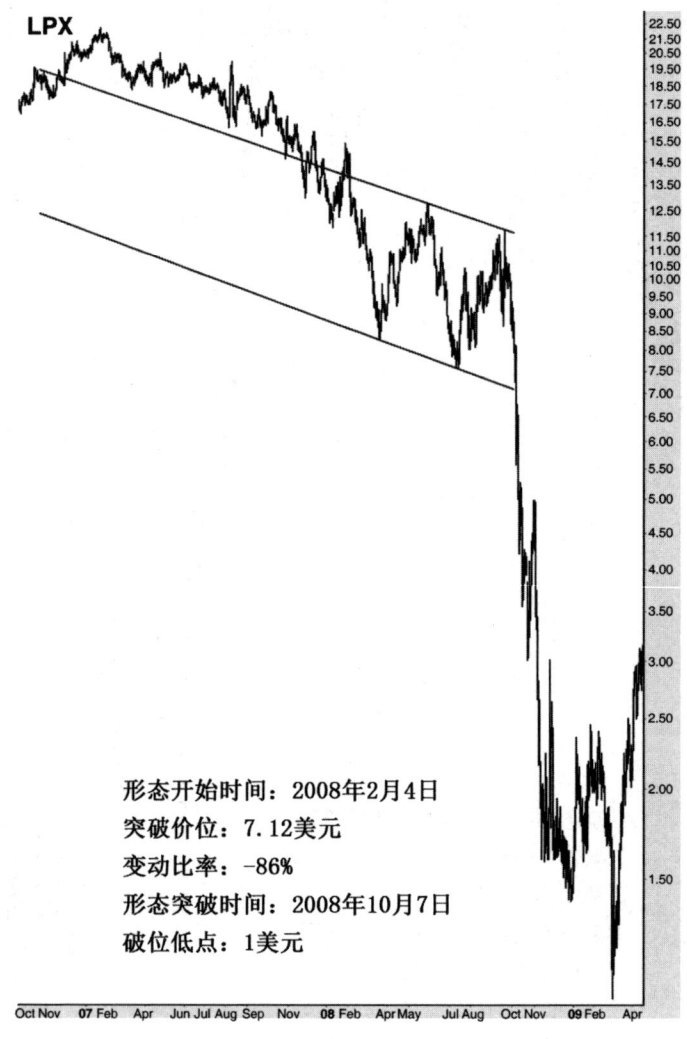

图5-7 该通道的上趋势线在很多个月份当中都是支撑线，但在随后的数月当中转变为阻力线

仔细观察图5-7中通道形态的上趋势线，它在很长一段时间内一直都是股价的支撑线。如果我们在这个上趋势线的上方再画出第三条平行线，就会发现在这个下降通道之前有另外一个较小规模的下降通道。

纽文综合策略基金（代码JPC）在价格大幅跌破形态之前的约一年时间内，一直处于较为平缓的下跌通道中。在破位之后有两个比较有趣的现象：（1）尽管破位时下跌很急促，但随后一个强力的反弹使股价又回升到破位时的6.6美元的水平；（2）股价在这一水平上横盘的时间之长令人吃惊——在两个月之后才开始暴跌，见图5-8。

当然，如果你不理解股价变动的本质，你就不可能知道接下来会发生什么，更不可能利用它获利。回调是否会发生，这个回调是否会将股价带回到形态内，某个价位是否会持续许多周（像这里一样），在你的实际交易当中，这些都是需要考虑的问题。从图5-8中我们可以看到很重要的一点：如果你设置了止损委托，并且将止损价设置在一个比较敏感的价位水平上，那么不管股价在某一个水平横盘多久，都不会影响你原有的交易策略。

当买方和卖方都没有能力推动股价变动时，股票就处于一个均衡状态。JPC打破了它的形态，回升并横盘几周，这种现象相当少见，但是其背后的本质却很清楚——股票的持有者并没有因为最近的下跌而恐慌抛售。形态的破位确实给出了不好的信号，然而直到股价在随后的几个月中下跌了57%之后，这个信号的力量才最终被认识到。

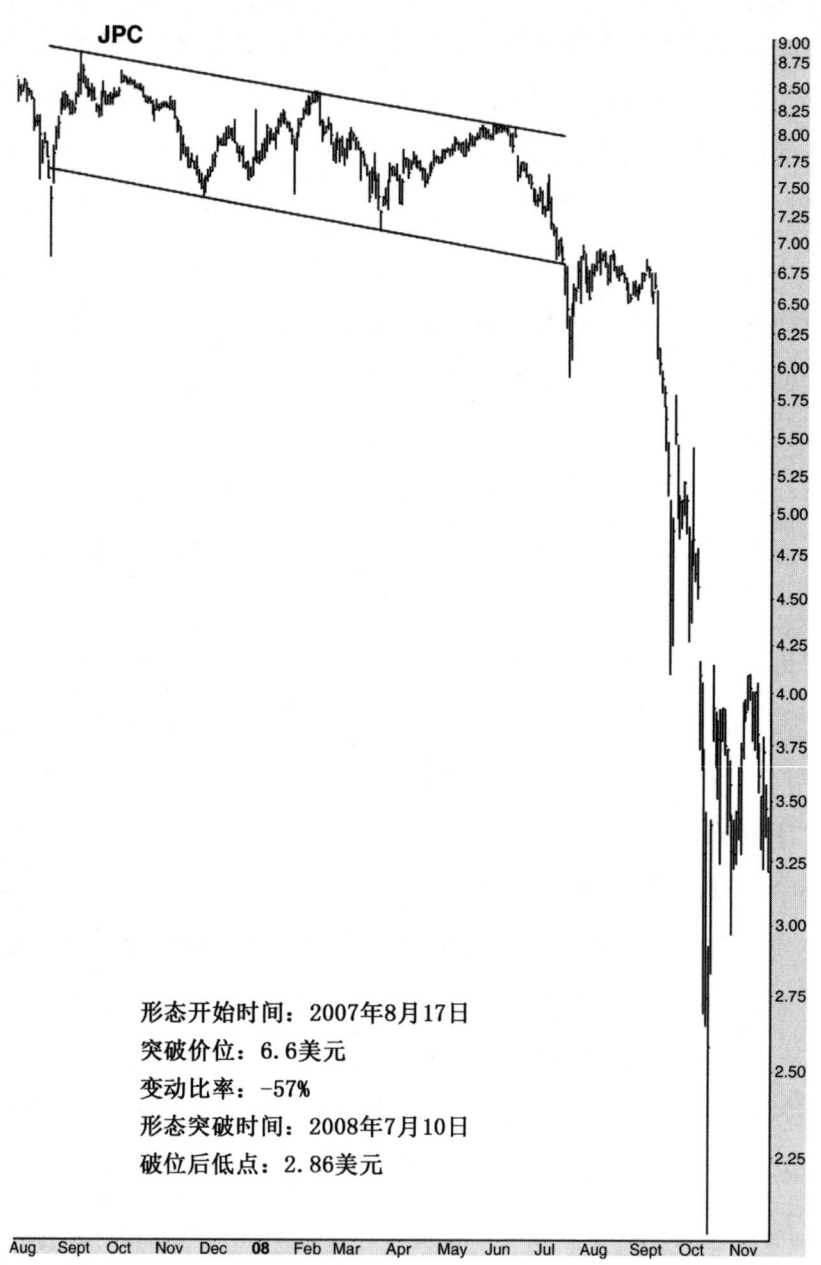

图 5-8 这个通道形态非常的清晰，但它被打破之后股价就没有任何阻力地一路下跌

图 5-9 所描述的是通道的最后一个例子，Plug Power 股份有限公司。这个图表是股票在下降通道形态破位之后处于弱势的另外一个实例，从中我们可以发现几点有用的东西。

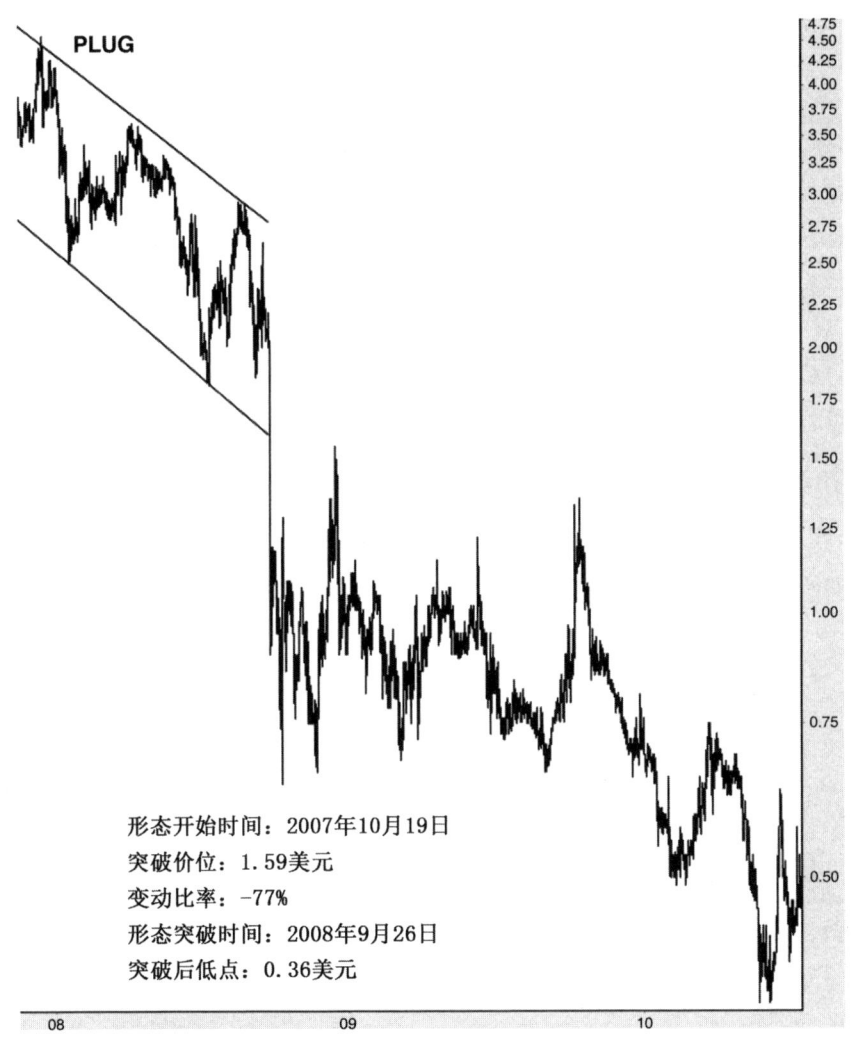

形态开始时间：2007年10月19日
突破价位：1.59美元
变动比率：-77%
形态突破时间：2008年9月26日
突破后低点：0.36美元

图 5-9 尽管下趋势线只出现在通道形态内，但你可以发现这条趋势线的延长线在整个 2009 年都是很强的阻力线

第一点，股票价格的下跌未必都如前面例子中一样那么迅猛。这只股票的下跌用了两年时间才到达底部。因此，除非你所做空的股票派发了比较高额的股利，只要它没有突破下降趋势（也就是开始出现较高的高点，而本例中的 Plug Power 明显没有）那么简单地坚持做空就是明智之举。

另外一点，支撑位再一次变为阻力位。本图中下趋势线只画到了通道结束，如果我们把这条线延长到整个图表，就会发现几乎所有的价格柱都位于这条线之下。当你根据某种形态进行交易时，延长该形态的定义线以此寻找未来的转折点会很有帮助。

关于图 5-9 的最后一点是回头调整。这只股票在 2008 年末的下跌太过迅速，很多想要卖空的人错失良机。那时，保持观望并等待是更好的选择。这种耐心将会得到回报，因为 2009 年初股价开始企稳并且回头向上攀升到通道的支撑线，为持股者提供了一个很好的第二次卖空的机会。早先在这个破位价格水平之上的成交量非常庞大，我们可以判断此时会有相当大数量的抛压盘，或成为股价进一步上升的强大阻力。

小结

通道形态的最有趣的特征就是多用性。它们对于多头、空头及波段交易者都很有用。它们相对比较容易识别，因为绘制平行趋势线并判断股价是否在两根趋势线之间活动，是非常简单的事情。如果确实是通道形态，你就获得了一个很好的利用价格波动进行获利的机会（尽管是暂时的）。

第 6 章 杯柄

杯柄形态是技术分析中最容易识别也最流行的形态之一。顾名思义，这个形态看起来就像一只带手柄杯子的侧面投影。也就是一个 U 形后面跟着另一个更小的 U 形（它们的上沿近似齐平），然后就是向上的突破。

形态定义

该形态的判定准则如下：

1. **前期的上升趋势**：因为杯柄通常是一个整理形态，它最有可能在前期的上升趋势之后出现，如本章后面的例子所示，但这并非是一个必要条件。

2. **U 形杯状**：形态的杯子部分应当是相对平滑圆润的 U 型而不是尖锐的 V 形。

3. **相似的高度**：杯形左右两侧的高度应当大致相同，而且与柄部的高度也应该是齐平的。

4. **杯柄的局部回调**：柄部的价格下跌应当局限在杯形高低点之间的小范围内。换句话说，如果杯形（大 U 形）的波动幅度在 10 到 16 美元之间，柄部（小 U 形）的下跌不应当低于 16 美元太多。一个经验法则就是，柄部的波动幅度不超过杯形幅度的三分之一，在本例中也即柄部下跌不能击穿 14 美元。

5. 突破：价格应当向上突破杯柄的顶部，并继续朝目标价位冲击。目标价位等于该形态的振幅加上突破时的价位水平。例如，如果形态波动幅度在 25 到 30 美元，那么目标价位应当在 35 美元（也就是，形态的高点 30 美元加上杯形的振幅 5 美元）。

图 6-1 是杯柄形态的一个实例，并且在图中重点地方画上了线条。注意成交量在形态形成过程中一直萎靡不振，而在突破之后突然放大——这是该形态的一个很好的信号，因为巨额成交量等于确认了突破点位的重要性。

图 6-1　股价在 9 月底非常明显地突破了 9.25 美元的阻力位，同时成交量的明显放大使得形态的成立得到确认

形态背后的心理

让我们考虑一只正在稳定攀升的股票。假如它已经从 20 美元上升

到30美元，股票的持有者对这样的表现非常开心，股价在30美元达到高点。这就是将要形成的杯柄形态的左侧边界。

现在股价开始缓慢回落。一些比较敏感的持有者开始卖出以锁定利润。股价逐步下跌到29美元、28美元、27美元直到25美元。在这个点上卖方力量开始耗尽，成交量也是如此，股价开始在25美元的价位附近横盘整理一段时间。

既然股价企稳，新的购买者开始介入市场导致股价慢慢攀升。股价逐渐上升达到26美元、27美元、28美元，直到回至前期高点30美元。在这几个月里股价下跌然后上升，形成了这个形态中的杯形构造。

现在股价开始再次回落，一小部分持有者再次变得敏感，担心股价无法突破30美元。他们认为可能会是一个双顶形态，因而卖出。这次，股价的下跌幅度和持续时间都小得多。在跌至28.5美元时，股价企稳并再次攀升至30美元。至此杯柄部分形成，市场要做出方向性选择——要么向上突破30美元，要么屈服于空头而大幅下跌。

如果杯柄部分并没有完全形成，而是股价持续下跌，会出现双顶形态，更严重的抛压将会产生。然而在本例中，多头力量克服了空头，股价在杯部及柄部的两侧短暂盘整之后最终突破了30美元大关。既然股价创造了新高，多头开始涌入，很快将股价推高到目标价位35美元（等于前期高点30美元加上形态的幅度——5美元）。杯柄形态及其目标都已达到。

图6-2再次描述了一个完美的杯柄形态的实例。尤其注意在突破点之后成交量的放大。

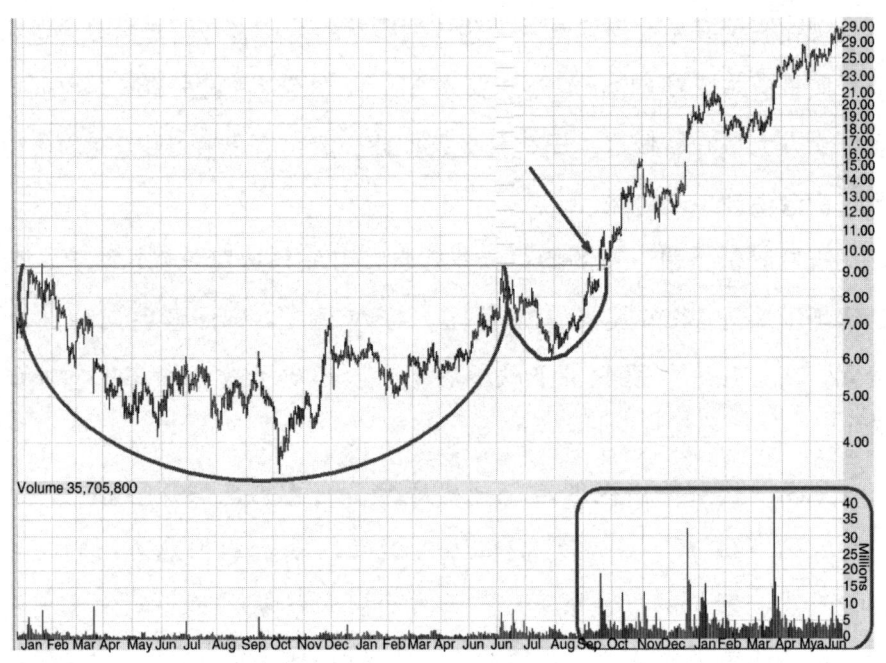

图 6-2　一个构造非常完美的杯柄形态，图中用箭头标出了突破点

示例

下面是一些市场中实际发生的杯柄形态的例子。首先是短期形态，之后是更长期的形态。不管时间跨度如何，形态本身（尤其是其干净程度和形式上的一致性）才是最重要的。

图 6-3 是 SM 能源公司从 20 世纪 90 年代中期开始的股价图。你可以发现一个非常平滑的杯形之后跟着一个回调了约 40% 的柄形。在突破之后，股价上冲并超越了目标价。

第6章 杯柄

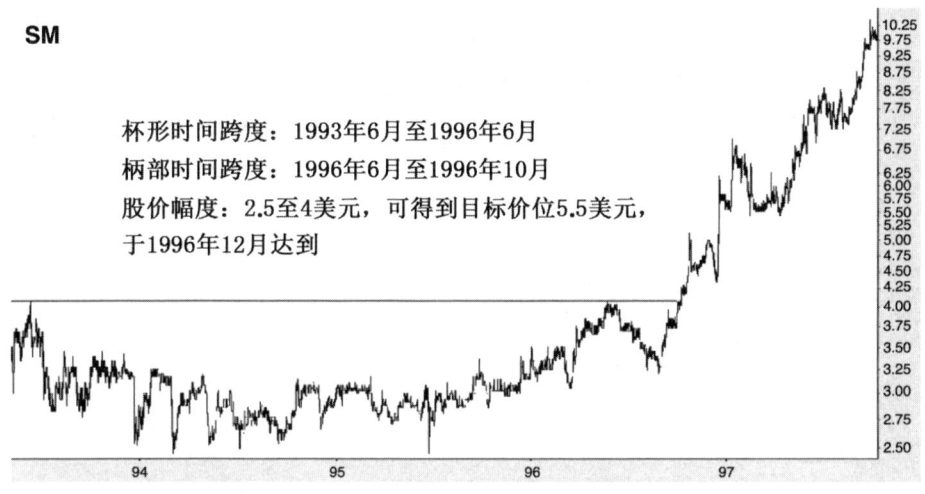

图6-3 这个形态中的杯形部分异常平滑

因为杯形的高点与柄部高点基本持平,水平线工具是判断这个形态的最直接的方法。相反,当这些高点价位略微向上或向下倾斜时,趋势线工具是一个更精确的标志。不管你采用哪种画法,你都很可能不会关注他们的延长线,因为没有理由认为这些线条的特征会无限地延伸到未来。你可能只是想要标记出杯形与柄部的高点。

从1998年到2003年,Schnitzer钢铁(代码SCHN)构造出了一个价格波动幅度从2美元到7美元的杯形。如图6-4所示,非常温和的价格回落形成了柄部,之后股价开始了高达几倍幅度的飞速上涨。

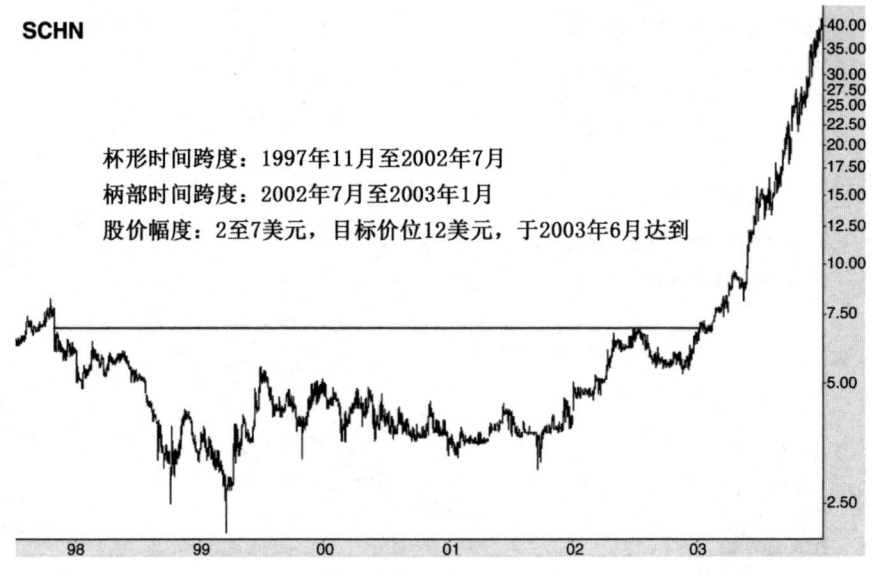

图6-4 一个成功的杯柄形态在底部不一定是非常平滑的

Peabody能源公司（代码BTU）的例子，如图6-5所示，有点不同寻常，因为这个杯柄形态从该股票2001年IPO上市就开始构造了。3年之后，形态完成，股价随后在短时间内翻了一番。

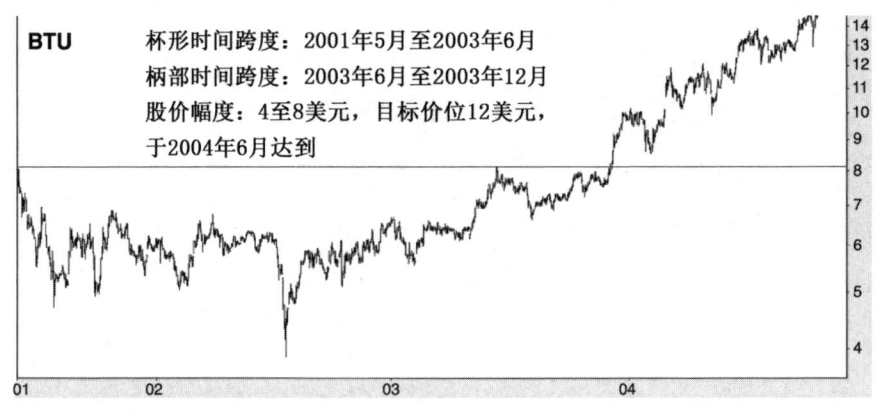

图6-5 从公司IPO上市就开始的形态是比较少见的

第6章 杯柄

图6-6说明杯形两侧的高点价位并非一定要完全齐平。本例中的形态左侧比右侧稍微低一些（实际上这是一个好事，因为这意味着股价是比较强势的）。在本例中，富兰克林资源股份公司（代码BEN）在形成跨期6年的杯柄形态之后，只用了8个月时间就达到了目标价位。

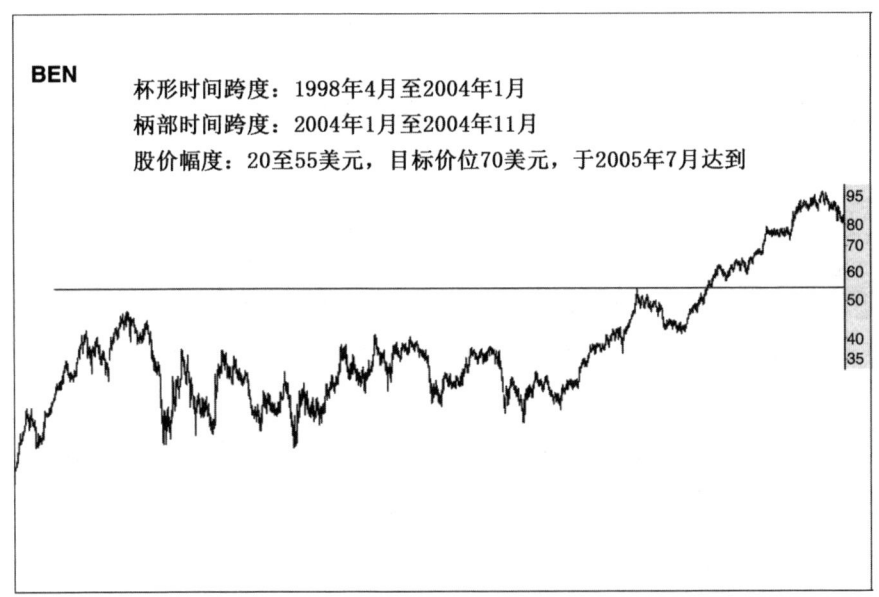

图6-6 这个形态的左侧与其他部分的高点并不齐平，但相差不大是可以接受的

长期跨度的示例

一些技术分析的书籍认为杯柄形态的时间跨度不应当超过几个月时间。然而，大量的图表实例证明，时间跨度更长的杯柄形态——甚至达到10年以上——对于未来价格走势仍然是很有用的预测指标。图6-7提供了一个跨期一个世纪的杯柄形态，随后股价增长了几十倍。本章后面剩余的例子都是与此相似的长期形态。

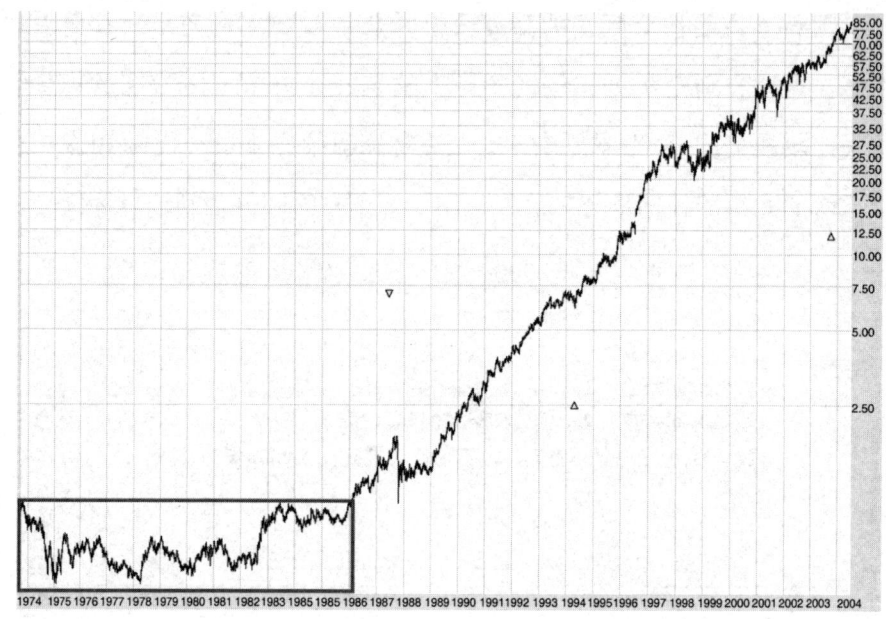

图6-7 本图描述的是一个跨期一个多世纪的杯柄形态

Manitowoc 股份有限公司（代码 MTW），如图6-8所示，展示了一个跨期14年的杯柄形态。目标价位很快（一年之内）就实现了，尽管股价之后有所疲弱，但随后的几年飞涨了几倍。

图6-8 尽管这只股票的升势在2002年遭到破坏，但在随后几年收回失地并且进一步上涨

第 6 章 杯柄

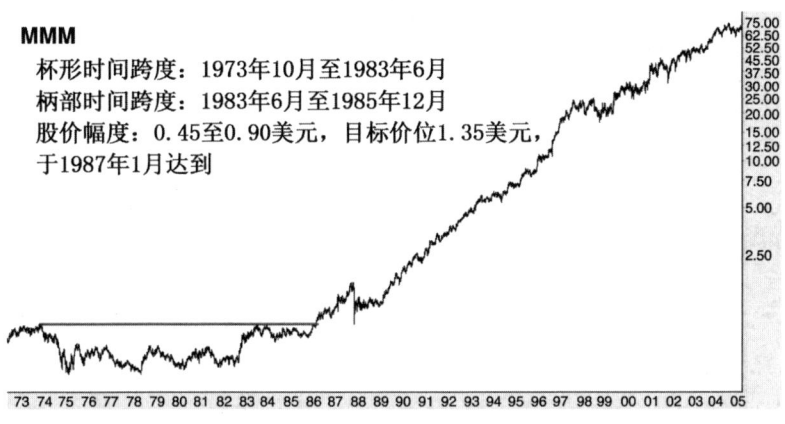

图 6-9 3M 公司是 1990 年代最抢眼的赢家之一

如图 6-9 所示，3M 公司（代码 MMM）是 20 世纪末表现最抢眼的股票之一。这个杯形很大，跨越了十几年时间，柄部覆盖了 1984 到 1985 年。这个形态比较让人感兴趣的是在突破后不久就赶上 1987 年美国股市的大崩盘，因而受到冲击。但即便是在这样一个恶劣环境下，股价也一直没有跌到突破点水平之下。在熬过 1987 年的大崩盘之后，MMM 的股价上涨幅度令人吃惊，翻了几十倍。

图 6-10 展示了一个比较粗糙的（也就是不太平滑定义并不完美）杯柄形态的实例，告诉我们并非所有的杯柄形态都像前面的示例一样在图形上那么清晰完美。这个杯形看起来也大致像是一个倒头肩形态，后面跟着一个跌幅较大的柄部（大约向下刺入杯形的 50%）。构成该形态顶部的是略微向上倾斜的趋势线，在 1986 年初被突破，之后一直到 20 世纪 90 年代，该股票价格一直上升非常强劲。

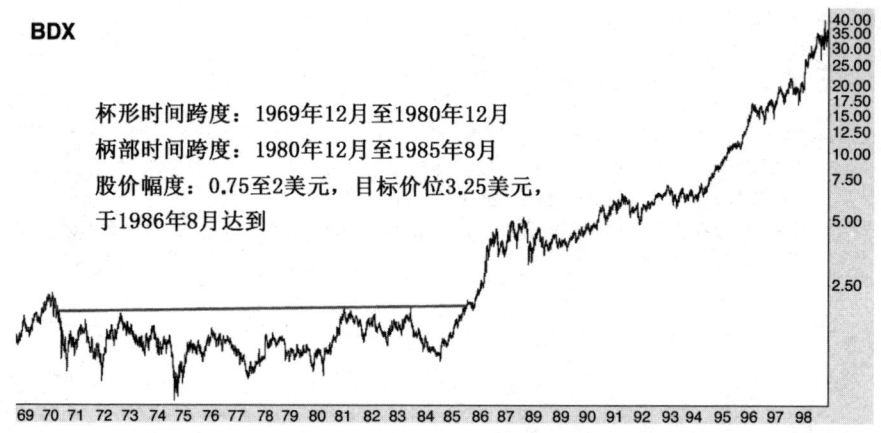

图6-10　BDX股价的上涨在20世纪90年代初缓慢而稳定，而在90年代末急剧加速

同上一个例子一样，图6-11描述的杯柄形态中，柄部下探的幅度也很大。考虑到随后的大幅度上涨，你就能明白我们不能仅仅因为柄部下探幅度超过本章开始部分的建议而忽略一个形态。当然如果柄部下探击穿了杯形的底部，那么杯柄形态也就不再有效。

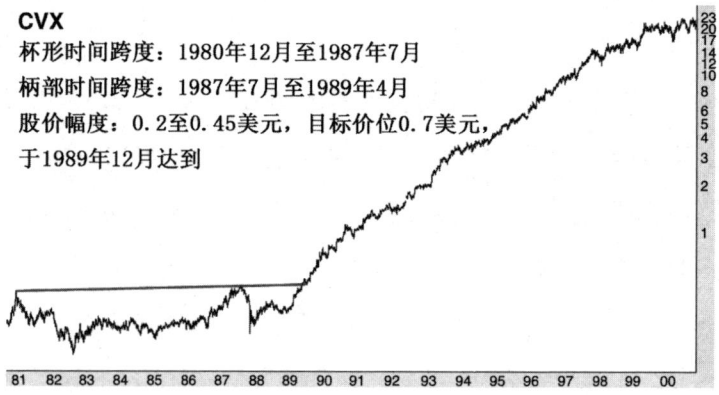

图6-11　与3M公司一样，Chevron在20世纪90年代中一直保持稳步上涨势头

最后一个示例如图6-12，是EMC公司的股票，该公司的股价是上涨最剧烈同时与20世纪90年代的高科技繁荣最契合的股票之一。这个杯柄形态持续期有点长，大约4年，但形态结束之后的上涨期也很长，是杯柄形态期限的好几倍。

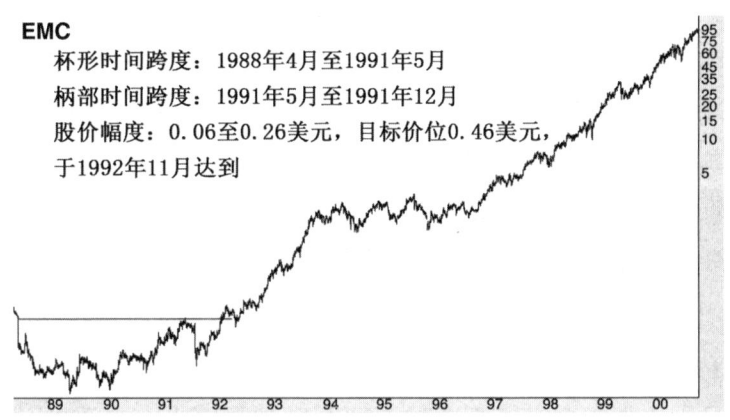

图6-12　EMC的形态中柄部下探超过了常见的幅度（50%多），但形态仍然是很成功的

小结

本章各部分阐述的内容看起来很相似，因为杯柄形态的基本原理和价格背后的心理都是非常一致的。这种形态的时间跨度可能是几个小时，也可能是好多年，形态突破时的交易量放大程度以及形态持续时间都是预测股价未来上涨幅度的重要指标。

第7章　下降三角形

要理解下降三角形的性质和参数，我们只需要把上升三角形（该形态在本书中多次出现）上所应用的规则上下颠倒过来即可。这个形态由一条水平线和一条下降趋势线构成，水平线代表着支撑位的价格水平，下降趋势线则位于水平线之上，形成三角形的顶部线。同它的姊妹形态一样，下降三角形也是直角三角形，只要把水平线和顶部斜线的左侧端点连起来，就形成了三角形的第三条边，而直角就位于形态的左下角。

形态定义

如图7-1所示，Las Vegas Sands公司的股价在完成下降三角形形态之后，发生了动人心魄的大幅下跌，下跌幅度高达98%。观察股价走势图，我们会发现在大约70美元的价位上有一条水平线，同时又有一条代表着阻力位的下降趋势线，表现为一系列价格上不断下降的高点。水平线代表着支撑位，在被轻度打破之后，买方仍然有足够的力量使得股价小幅反弹，重新回到三角形的范围内。

在两三周之后，股价开始较大幅度下跌，然后重新获得支撑力量，回升到比原来的支撑位（现在成为阻力位）低一些的水平。此时是卖空这只股票的相当好的时机，因为此时形态已经被破坏，弱势已经暴露，而止损价位也已经形成（在这个例子中，由于股票价格已经有了相当幅度的下跌，任何位于阻力线之上的价位都是合适的止损位）。

在这次回调之后，股价开始出人意料地暴跌。当然，像这种程度的暴跌在众多股票中也并不常见，但这个例子表明了下降三角形是股价走弱的有效先兆。

第 7 章　下降三角形

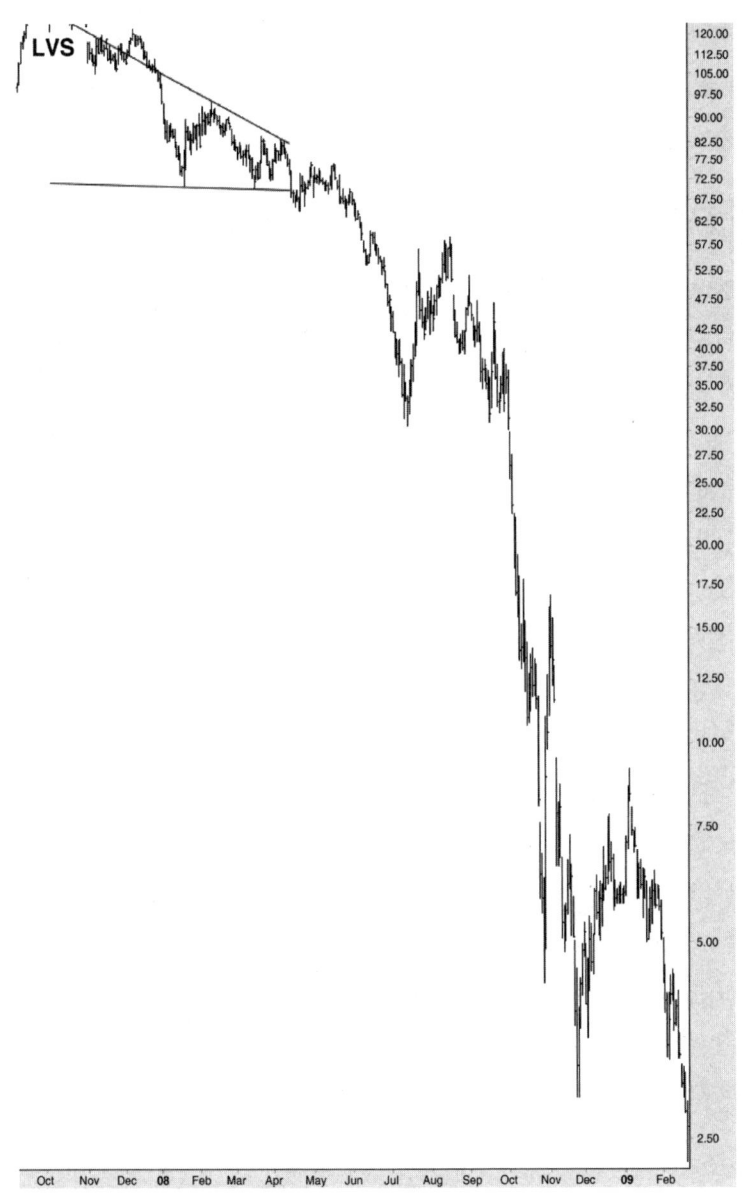

图 7-1　LVS 公司的市值在 2008 年到 2009 年初的金融危机中几乎完全蒸发

和上升三角形一样，下降三角形也是一个整理形态，也就是说它只有在已经处于下降趋势的市场中才是有效的。它是一个下跌形态，因而只能在下跌趋势中使用。如果想要测算出目标价位，你可以量出三角形的高度，然后从水平支撑线向下减去这个高度。比如，如果一个三角形是从 50 美元到 40 美元，高度为 10 美元，那么目标价位就是 30 美元（水平线价位 40 美元，减去三角形高度 10 美元，得到 30 美元的目标价位）。

形态背后的心理

作为整理形态，一只形成下降三角形的股票，已经在总体上处于下降趋势，它的持有者往往是比较敏感和不安的（当然，那些已经卖空的人除外）。

股票价格下跌，达到某个价位后反弹上升。这个止跌反弹点就是支撑位，也是后面将会清晰出现的水平支撑线的第一个接触点。股价的反弹会比较有力，因为多头会因为看起来很便宜的价格而蜂拥买入。

等买方力量耗尽时，股价再次开始下跌并触及支撑位。这时买方再次发挥力量（或者是已经灰心丧气的做空者决定平仓），股价又一次反弹回升，但反弹幅度比上次要小。这样就产生了下降阻力线上的第一个较低的低点。股票开始慢慢进入弱势状态。

第三次，股价又跌到支撑位水平。股票的持有者越发不安了。因为他们手头儿的股票正面临着击穿支撑位的威胁，而买方做多的热情也在逐渐减退。股价又一次反弹，但这次幅度更小，甚至没有向上触及阻力线。

最后，股价击穿了支撑线。一些投机者开始进入，使得股价在随后的几天又上升到支撑线上，但这些买方力量很快被抛售压力所淹没，股票真正开始下跌，并且下跌速度加快，因为越来越多的股票持有者变得灰心丧气而加入抛售大军。

示例

接下来的五个例子更清楚地描述了下降三角形的外观及其潜在作用。

在图 7-2 中，代码为 GMET 的 GeoMet 公司股票在 6 美元至 10 美元价格区间形成一个下降三角形。前期股票价格有个快速的下跌，随后的几周反弹回升，然而之后就开始了瀑布式的暴跌，直至股价降到低于 1

美元。如同上升三角形一样，如果股价在短暂背离下降三角形之后重新进入三角形区域内，就不能认为形态被破坏。事实上，它可能提供了一个在更有利的价位增加头寸的良好机会。

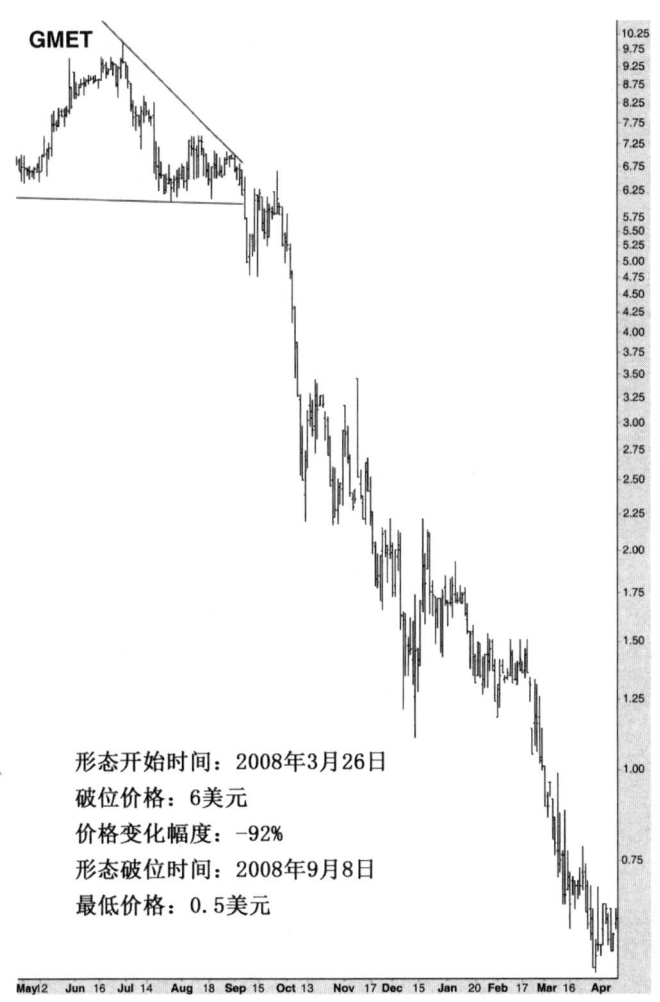

图7-2　GMET仅仅在半年时间内就下跌了超过90%

股票打破三角形形态的时点是多种多样的。有时股价可能在三角形构建的中途就开始下跌，而有时股价直到两条线相交时才开始下跌。最常见的则是股价在三角形水平线的中点至三分之二点之间，破位下跌。

在图7-3中NVLS股价破位的时间就比较早。这也是一个有趣的例子，因为上阻力线被一个向上的"过冲"击穿。即使你坚持认为股价不可能与上线或下线相交（破位点除外），这次"过冲"仍然在上趋势线上形成了两个接触点。

这个三角形的价格区间在25美元至31美元之间，预示着目标价位在19美元。事实上，股票在跌到这个目标位之后强力回升到24美元附近，因而利用这个目标价位进行交易会有非常可观的获利。然而股票在这次反弹之后，再次走弱，最终下跌到10美元附近，表明在这个三角形形态完成之后，股票总体下跌了约60%。

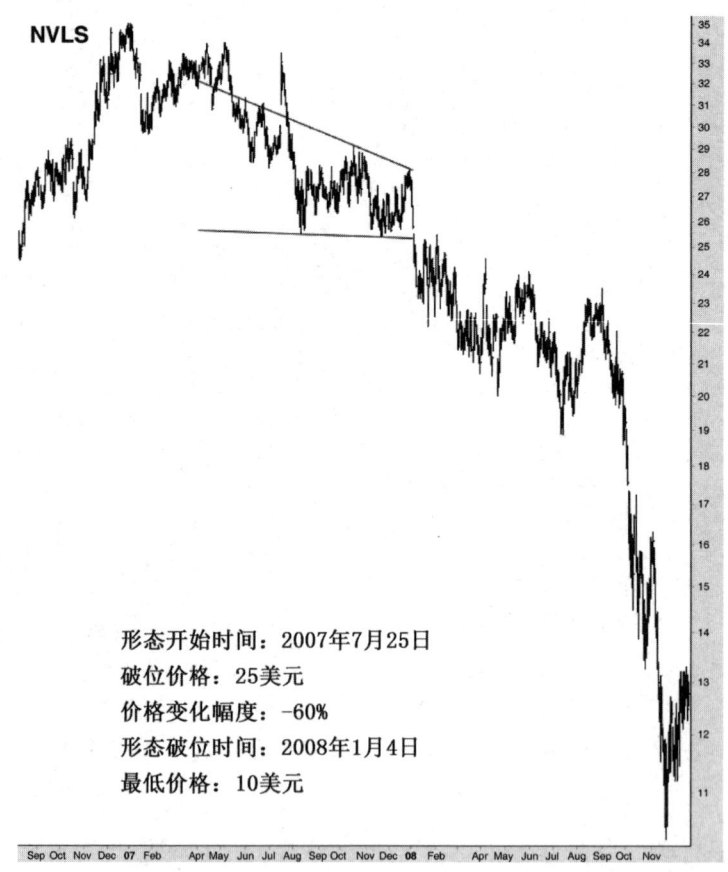

图7-3 NVLS公司股票的走势图表明股票的主要下跌过程可能会在最初的形态破位之后有所延迟

第7章 下降三角形

有时候股票在打破形态之后，价格并不立即下跌。这种情形相当少见，因为形态破坏背后的整体逻辑是认为支撑被打破（或者阻力被克服），股价会沿着既定的方向迅速变化。如图7-4所示，Genworth Financial（代码GNW）股价在打破下降三角形之后，又有所回升，然后在接下来的数月中一直在23美元上下徘徊。虽然股价最终走势仍然与形态所规定的完美契合，但这个形态用了几个月时间才真正发挥作用。看来在有些情形下，像祈祷一样，延迟并不一定意味着否定。

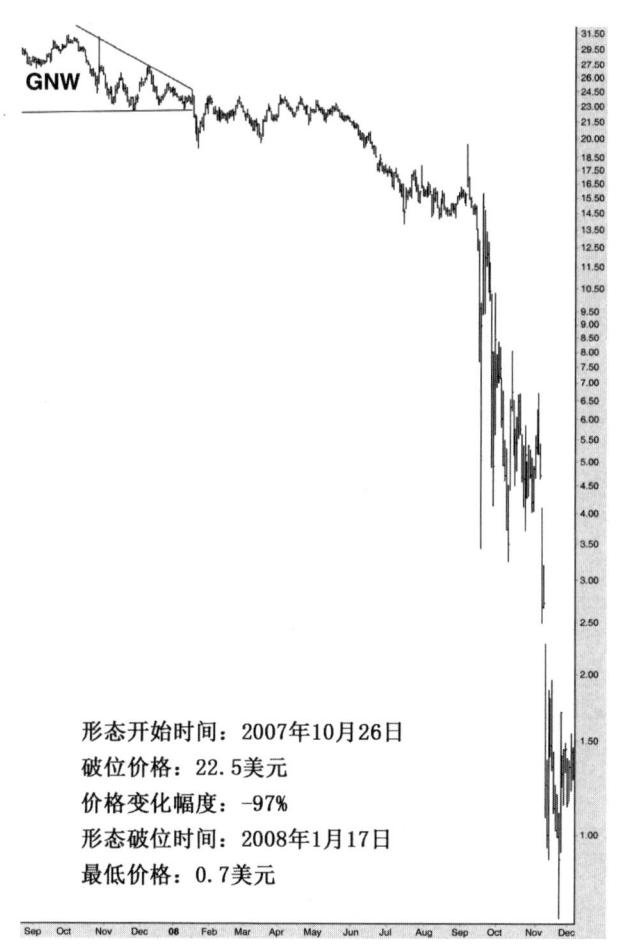

形态开始时间：2007年10月26日
破位价格：22.5美元
价格变化幅度：-97%
形态破位时间：2008年1月17日
最低价格：0.7美元

图7-4　GNW在卖方力量最终克服惯性之前，踩水（上下徘徊）了几个月时间

形态打破之后，股价的调整可能发生也可能不发生，但图7-5的例子告诉我们，反弹调整如何为那些谨慎的交易者、迟到者或者是想在众所周知的苹果上咬上第二口的人，提供了一个参与做空赢利的机会。

形态开始时间：2007年8月17日
破位价格：43美元
价格变化幅度：-74%
形态破位时间：2007年12月17日
最低价格：11.38美元

图7-5 IR为人们提供了极好的二次进入空头头寸的机会，因为股价在跌破形态之后，经过几个月反弹又回到了原来破位时的价格

图 7-5 中，IR 股价打破下降三角形之后，又快速反弹到此水平线低一点的位置。股价从 43 美元下跌到约 33 美元，带给空头丰厚的回报。然后股价经过几个月的反弹回升到 40 多美元，第二次到达原来的支撑位（也是现在的阻力位）。

股价又一次下跌到原来的低点水平，然后再次回升到约 40 美元，而后开始燕式跳水到不足 12 美元。这个下降三角形之后不仅有总体上价格的大幅下跌，而且有一系列的股价跳水，为那些头脑灵活的空头提供了非常好的赢利机会。

与相同力量的上升形态相比，当股价从下降形态下跌时，其速度和幅度（用没有计算的绝对值）可能会比前者的上升更大。因此，比较有野心的交易者在股价跌至目标位之后，只会收割一部分的收益，而保留剩余的头寸以获取更多的利润，当然他们会设置定期调整的止损价作为保护措施。

采用这种策略的交易者，在遇到图 7-6 所示的情形时，将会非常开心。因为股价实际下跌远远低于目标价位 10 美元。他们可能在 10 美元的位置轧平了一半空头头寸，然后设置一个较大的止损价 13 美元（仍然有一定利润，同时也可以利用股价进一步下跌的机会）。这样做的风险当然就是股价上升超过了止损位，从而总体赢利会低于应有的水平。但不要忘记，一部分头寸已经在目标价位交割落袋，剩下的头寸正是为了应对未来可能的进一步下跌而保留的。

在这个例子中，股价确实进一步下跌到了 5 美元以下。通常你可能完全依赖图表去设置止损价，但有时候简单地把最新的前期低点（在卖空的情形下）设置为止损价，尽管比较武断却会是明智的。

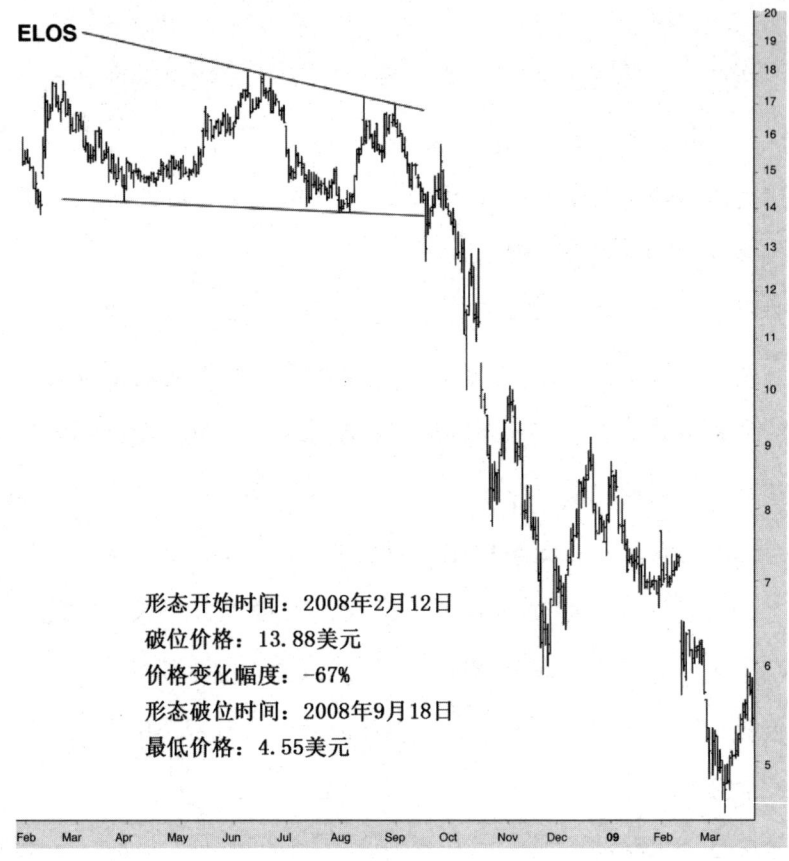

图 7-6 与其在目标价位达到时就立即平仓，不如随着股价的下跌实时调整止损位

小结

下跌股票和上涨股票的一个最大差异就是他们的价格变化速度不同。股票的下跌速度往往比上涨速度要快。让我们对比一下本篇和第三章（上升三角形）中的实例。两种形态的构造是相同的（只是上下颠倒而已），但是股价从形态打破到上涨至最高点所花费的时间往往是本章中实例的几倍。而且，对于那些在前期有过快速上涨的股票，能够阻止股价暴跌的有效支撑位也非常少见。

第8章 下降楔形

当人们发现某只股票价格持续下跌时，通常会认为该股票肯定出了大问题。这样的判断有时是对的，但有些情形下可能是股价正在形成一个牛市形态，比如下降楔形。

上升楔形（见第4章）是一个看跌形态，而下降楔形是一个看涨形态。它由两条不平行的直线构成，这两条直线的延长线在它们右侧相交。随着股价在上下两个水平之间不断震荡，看涨和看跌两种力量的作用使得股价变动的幅度越来越窄，从而使上下两条线也越来越接近。当股价突破了上趋势线，下降楔形就算完成，股票价格将会上涨。

形态定义

图 8-1 描绘的是 FEI 公司（代码 FEIC）的股价走势图，该股在突破了下降楔形之后上涨了 56%。两条趋势线看起来像是平行的，但上面的一条下降速度比下面的更快一点。

下降楔形是由这两条线构成的。只要股价一直限制在两条线之间并且是下跌的（下降），而两条线的夹角会导致他们逐渐在右侧相交（楔子），下降楔形就是有效的。不管股票总体是处于上升趋势还是下降趋势，都没有关系。如果股价总体处于上升势态，下降楔形是一个整理形态；如果股价总体处于下降形态，下降楔形是一个翻转形态。不管是哪一种情形，下降楔形都可以看作一个看涨形态。

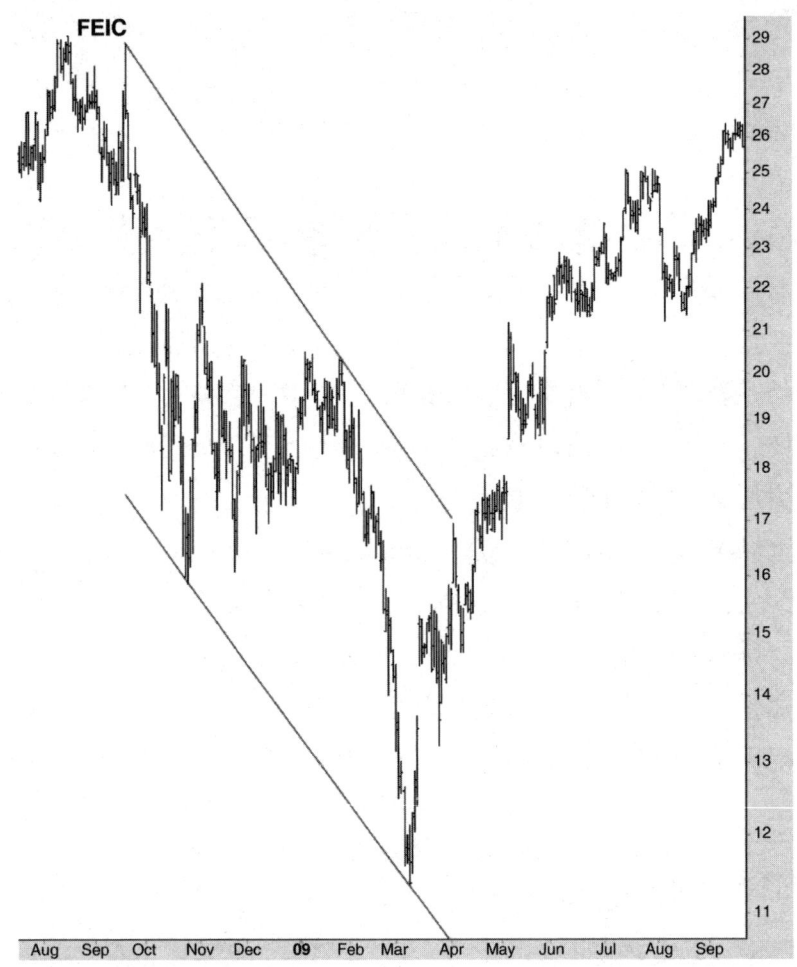

图8-1 形态突破之后大约一个月,股价的跳空上涨确认了下降楔形的潜力

形态背后的心理

不管股价的总体方向是上涨还是下跌,下降楔形的作用都是将那些在低迷时期持股不坚定的投资者清除出局。剩下的股票持有者要么是更有耐心,要么是在近期的低点买入的。

每次股价下跌到支撑趋势线,都会将不坚定的持股者吓走,而每次股价上涨到阻力趋势线都会令持有者增加后市走高的希望。每一次成功的起落，都使得股票持有者像是在绝望和希望之间坐过山车，交易者对此类股票的兴趣会越来越弱，最终导致成交量下降直至耗尽。

当阻力趋势线最终被打破时，股价的大幅上涨开始发生。那些在最近一次下跌中买入的人，会因为突然获得的利润而开心不已，而那些早期购买者的损失也会变小，他们会看到股票从下降趋势进入上升趋势。此时成交量的放大尤其是令人振奋的事情，因为它明确告诉人们前期成交量的萎缩只是股票弱势的终结，而不是股票收益的持续损失。现在股票已经找到了它的底部，买方开始愿意在一个更坚实的基础上参与进来了。

如果股价上涨后又跌回到大约突破点的位置，那么股票就是在两种力量之间寻找一个新的均衡点，一方持股者担心股价进一步下跌而想要卖出，而另一方则相信股票的总体方向已经发生了根本改变。如果股价再一次形成新高，则第二种观点就得到验证，那么股票就有机会真正大幅上涨。

示例

正如以下示例所展示的一样，下降楔形所引起的股价上涨幅度可能是非常巨大的。

根据形态所测算的目标价位具有预测能力，因而对投资者很有帮助，图 8-2 的例子很好地证明了这一点。图中下降楔形的范围内，最低点约 1.5 美元，最高点是 7 美元，差值为 5.5 美元。股票在 4 美元突破形态，然后发生一定程度的回调，并最终在 3 美元位置找到强力支撑。

股票的突破点 4 美元加上楔形高度 5.5 美元，得到 9.5 美元，也就是目标价。在 2009 年末，一旦股价夯实了底部，CYTX 迅速地上涨到了 9.5 美元，上涨了 138%。值得注意的是，通常在股价突破形态之后，

高胜算形态交易

并不会立即向预测的方向变动。在形态的力量发生作用之前,股票持有者必须忍受各种不确定性因素并耐心等待,当然他们的耐心会在不久后得到很好的回报。

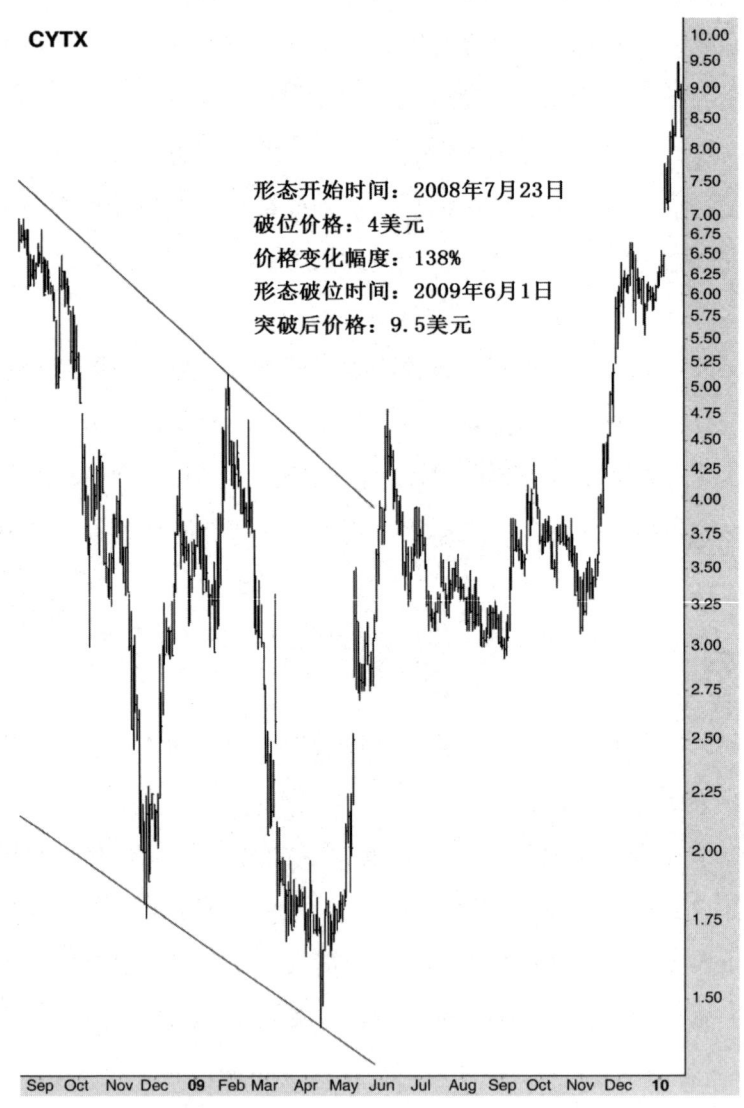

图 8-2　从股价百分比来看,这个楔形的范围尤其巨大,这也导致形态突破之后股价上涨的幅度相当惊人

第 8 章 下降楔形

让我们逐步分析图 8-3 所描述的 Intricon 公司的股价变动过程，从而理解在股价变动背后所隐含的意义。该股票在 2007 年夏初期间非常平稳地从 16 美元上涨到 20 美元。尽管当时没有人知道，这个价格（20 美元）是阻力趋势线的第一个接触点，而之前的 17 美元则是支撑趋势线的第一个接触点。

图 8-3　这个例子中股价突破楔形后的回调力度比通常的要强一些，这有可能导致一些在突破之后买入的投资者放弃他们的头寸。在突破之后，股价用了几个月时间才企稳并快速上涨

接着股票开始下行，首先跌回到 16 美元，吞掉了最近的获利，随后反弹到 18 美元，然后在企稳前更加快速地跌到了个位数。股价构造了双底然后努力回升到 13 美元。因而两个趋势线的第二个接触点得以形成，剩余的股票持有者变得恐惧且灰心。

一波新的跳水又开始了，股价从当前的 13 美元高点下跌了一半。这时大量的股票持有者都已经退出，因为从 2007 年 8 月到 2008 年元月，他们的股票市值已经跌去了三分之二。随后股票开始一波非常强劲的反弹——当楔形内的第三次反弹——在上涨到 11 美元碰触到阻力趋势线时停了下来。

股票没有继续下跌，相反在 10.5 美元形成了一定支撑。由于价格在这个水平上持续盘桓，同时也击穿了阻力趋势线，至此形态完成。尽管在 4 月末的最后一跌中，股价又下降了约 10%，但是 IIN 的牛市形态已经形成，在夏初稳步上涨到了 18 美元，提供了 64% 的收益，而那些长期持有者也弥补了几乎全部的早期损失。

下一个例子，图 8-4 形式上与前一个基本相同，只是价格的变动幅度更大一些。注意楔形的高点是 45 美元，而低点是 20 美元，楔形的范围达到 25 美元。该股票从 60 美元附近一路下跌到 20 美元，跌去了三分之二的市值，但在 29 美元附近突破下降楔形之后其目标价位将是 54 美元。

该股很好地实现了这个目标价位，尽管这花了大约一年的时间。但是考虑到获利的程度达到 93%，以及股价上涨的平稳性，一年的时间就显得微不足道了。TTC 股票在突破形态之后，稳步上升表现为一系列较高的高点和较高的低点，尽管在 2010 年初有个温和的下跌，但只有那些设置了相当小的止损空间的投资者出局，因为这次下跌并没有打破近期的低点。

第 8 章 下降楔形

形态开始时间：2008年7月15日
破位价格：28美元
价格变化幅度：93%
形态破位时间：2009年4月24日
突破后价格：54美元

图 8-4 这是一个格外规整的下降楔形

尽管测算目标价位可以帮助你决定在何时去实现全部或部分利润，但没有人可以完全保证目标价位一定会实现，即便股价变动的方向与形态的预测是完全一致的。

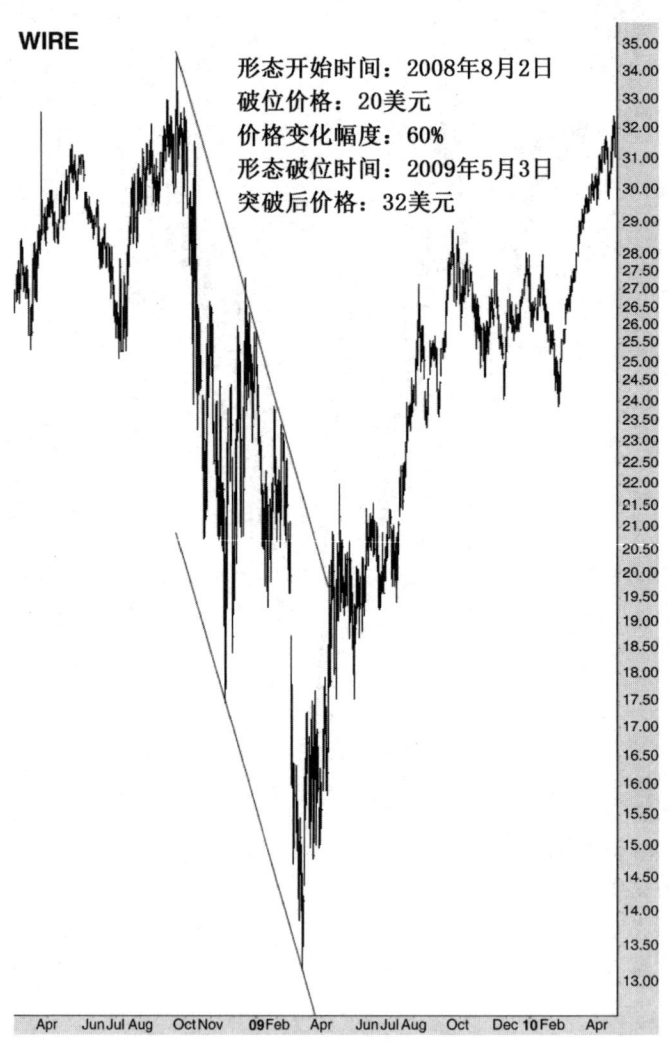

图8-5　尽管股价在金融危机中暴跌，但在2010年重回高点

如图8-5所示,根据形态测算WIRE股价应当上涨到39美元,但实际上只涨到30美元附近就停了下来。在形态突破之后60%的涨幅仍然是非常不错的回报了,这种情形下再继续持股以等待某个特定目标价位的实现看来并不明智。

较好的策略是密切关注最近的主要低点,并把它作为你的止损价位。在这个例子中,该股票于2009年末和2010年初在24美元附近形成了一系列较高的低点,这会是一个很好的止损位。一旦股价进一步上涨,止损区间就可以根据股价的新低而收紧到约30美元,因为容忍股价从30几美元跌到20几美元,将会造成利润的太大损失。

要在形态突破之后继续持有股票头寸,很重要的一项工作就是判断能够忍受股价多大程度的回调。一个很有用的方法就是延长图表中的两条趋势线,以确定股价在清晰地突破形态之后并没有重新进入形态内部。

如果股价突破之后仅有轻微的回调,这种情形比较简单不太令人头疼,你可以把这个回调的低点作为止损位。在图8-6中,阿波罗投资公司(AINV)的股价在4美元处突破了阻力线,上涨到6美元,然后又下跌损失了最近收益的一半。然而,跌到4.5美元时股价仍然远远没有进入楔形的内部区域,沿着4.5美元价位画出一条水平线(图上并未标出)就会发现这条支撑线正撑起形态突破后的两个低点(在2009年夏季)以及构成下降楔形的支撑线的第二个接触点。很明显,这是一个具有重要意义的价位,设置一个略低于该价格的止损位将会为仍然持有的头寸提供有效的保护,最终这些头寸获得了178%的收益。

图8-6 在6美元至1.5美元区间股价下行时的巨额成交量使得股价回调时几乎没有遇到什么阻力

军火商通用动力公司（GO），其股价如图8-7所示，提供了另外一个股价突破之后大幅回调的例子，但这个回调并不具有重大意义，它不能使一个技术分析人员退出其头寸。

第 8 章　下降楔形

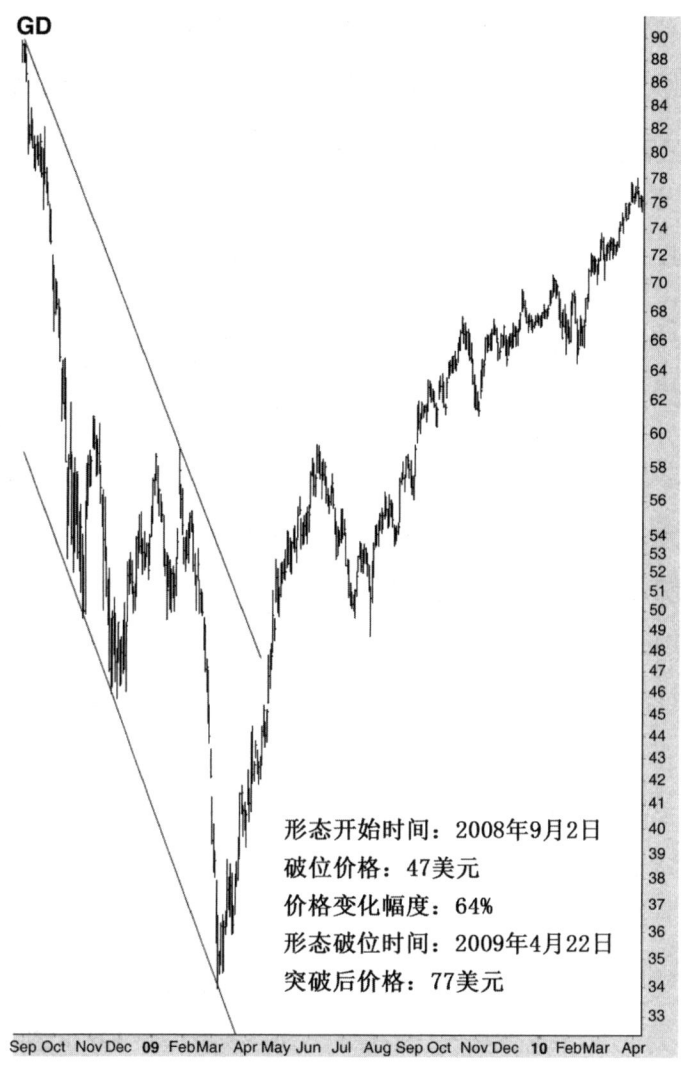

图 8-7　尽管最初的突破速度快得令人吃惊，但 2009 年夏季的回调为那些最初错过突破点的人提供了一个很好的建仓机会

我们可以看到，股价在经过 34 美元的底部后，快速上冲到 47 美元的阻力线。股价并未做任何停顿，反而迅速向上突破阻力线，上涨到 60 美元。然后股价又下跌了 10 美元，但并没有进入已经被突破的下降楔内。

值得注意的是，之前楔形支撑线上的倒数第二个接触点，约46美元，恰好形成了一个头肩底形态（见15章）的左肩。确实，从2008年10月到2009年10月的这个区间，股价走势形成了一个明显的头肩底形态，其右肩比左肩要高一些，这正符合该形态的特征。形态右肩的最低点，就是略低于50美元的价位，同时也是一个非常好的止损价位，然后GD稳步上涨到80美元附近，相比突破点价位提供了64%的收益。

小结

下降楔形是非常灵活的，因为不管在上升趋势中还是下降趋势中，它都很有用。与本书中介绍的其他一些形态相比，这种牛市结构的收益幅度可能并不那么大，但它们达到目标价位所耗费的时间也没那么长。有效使用该形态时最具艺术性的部分就是要能搞清楚可接受的回调（一些投资者被股票前期的弱势所吓倒，从而急于使当前的获利落袋为安的抛售）与突破失败（尽管股价当时突破了，但之后又重新跌入形态内部，有可能导致股票价格跌得更多）之间的差异。

这其中的关键是为头寸设置合适的止损位。什么才是"合适的"止损，不仅依赖于你的图表同时也高度依赖于你的经验和技巧。过紧的止损会使你退出那些将来赢利丰厚的头寸，而过于宽松的止损则会使你陷入亏本的头寸中，只能幻想着股价能够翻转并朝着你希望的目标前进。

第9章 钻石

与地球上发现的钻石矿一样,钻石形态也是比较稀少和宝贵的,该形态的某些情形可能会是技术分析领域中股价变动的最强有力的预测指标。本章相当短,因为钻石形态并没有太多很好的例子来阐述,但是本章后面介绍的四个看涨和两个看跌图例将会告诉你如何去寻找它们。

形态定义

钻石形态是由左右两侧构成的,其左侧是一系列较高的高点和较低的低点,而一旦过了中点,其右侧是一系列较低的高点和较高的低点。也就是说股票先是失去了形成趋势的能力(其变动范围越来越大),然后其变动范围又开始收缩,说明股票正在失去其重心。正是因为无法维持一个清晰的趋势,导致这种形态经常伴随着股价走势的反转,而这种反转更多的是发生在市场顶部而不是底部。

认识钻石形态的一个好方法就是把它看作一个具有 V 形颈线(对于顶部钻石)的头肩顶形态,或者是一个具有 A 形颈线(对于底部钻石)的头肩底形态。尽管大多数形态的识别都需要基于丰富实践经验的敏锐洞察力,但钻石形态对这方面的要求更高,因为它们非常难以识别,不利于重要的事后认识,进行分析时更是如此。

一般来讲,那些马马虎虎形成的钻石形态是不值得你去关注的。像其他形态一样,形态构造越清晰,时间跨度越长,那么其预测能力也就越强大。要测算一个钻石形态价格变化的力度,可以首先计算其最高点和最低点之间的价格差,然后用这个差值加上突破点的价位。例如,如果一个钻石形态的跨度是从60美元到70美元,在65美元处向下突破形态,那么你可以把55美元设定为股票下跌的目标位。

对于钻石顶来说,在形态构建期间成交量通常会大幅增加,主要是因为多头和空头会因为股价走势的分歧而不断斗争。与头肩形态(不管哪种类型的)不同,钻石形态的一个好处是其信号出现的要早一些。这是因为很简单的几何学原理:价格跌破上升线(或者在有些情形下是向上突破下降线)比水平线更快,因而你能捕捉到的价格变动量更大一些。

下面研究图9-1所给出的例子,该形态从2007年5月开始构建。

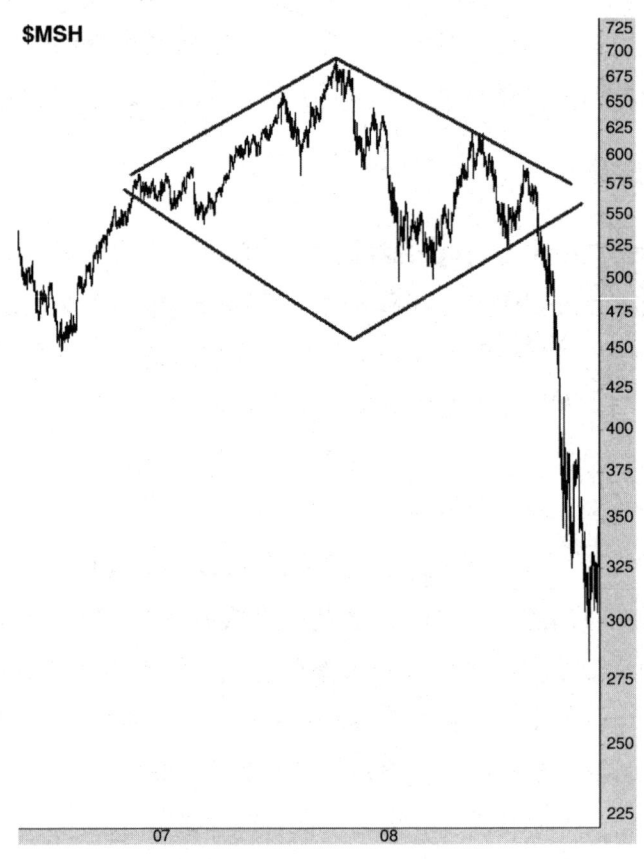

图9-1　钻石形态的打破可能发生在上升侧,也可能像本例一样发生在下降侧。

此图描绘的是摩根士丹利高科技指数基金，我们可以发现其价格非常强势，与下趋势线几乎没有接触点。股价达到顶峰，并形成了一个非常好的头肩形态，其颈线在 600 美元下。然后，正如头肩形态所预示的，该指数基金有了较大程度的下跌，随后再次攀升回到颈线位置（这里并没有标出，因为我们的分析重点是钻石形态）。

该指数在 2008 年波动很大，先是大幅下跌，然后部分回升，之后重返弱势。正是在这个价位上，指数跌破了钻石形态右半部分的上升趋势线。随后，指数几乎没有任何停顿地大幅跳水，跌去了超过一半的价值。

形态背后的心理

也许换岗的思想是对钻石形态背后心理的最好阐释。不断扩大的价格振幅表明之前居于价格主导地位的一方正在失去其控制力，双方力量的争斗要么会使价格延续之前的走势（这种情形下钻石形态会在正式形成之前就被打破），要么会导致价格向上或向下进行突破。之所以从钻石顶开始的下跌会如此剧烈，是因为太多的力量被卷入到了价格争斗的漩涡中，一旦绝望的多头们一致放弃了抵抗，价格将得不到任何支撑。

示例

钻石形态发生的并不频繁，而且在事实完全发生之前要想识别它们还比较困难。下面这些事例将会训练你的观察力，帮助你发现和识别它们。

石油服务开放基金（OIH）是交易最广泛的交易所基金之一，由多家石油服务公司构成。图 9-2 所示的钻石顶标志着 2008 年上半年的大宗商品热潮达到顶峰。需要特别注意的是，钻石形态被打破之后，基金价格重新获得力量并反弹到已被击穿的趋势线之下。这种情形在形态中也比较常见，尽管只是有些时候才会发生。像其他形态的例子一样，在反弹时做空（如果是向上的突破，则是做多）比价格刚突破时就全部介入更为稳健。

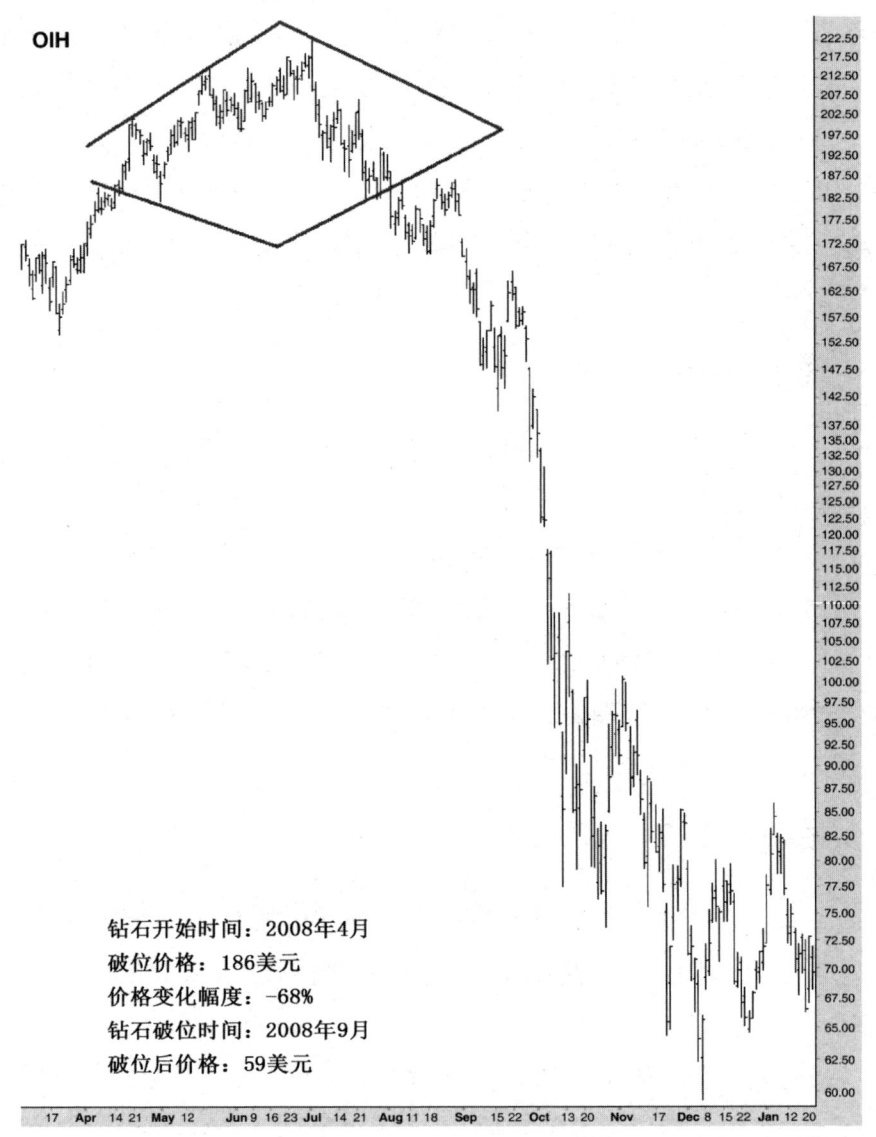

图9-2　这个反转形态引起了这只广泛交易的ETF（交易所交易基金）的巨幅下跌

图9-3 阿尔法自然资源公司（ANR）因为以下原因显得颇为引人注目：首先是股价跳水的幅度很大，然后是股价下跌的连贯性。股价下跌过程中几乎没有什么停顿，这使得一些空头异常开心，而一些多头则恐慌不已。同时这也是一个说明止损指令重要性的鲜活的例子，因为"价格注定会回来"的想法经常是一厢情愿的自言自语。

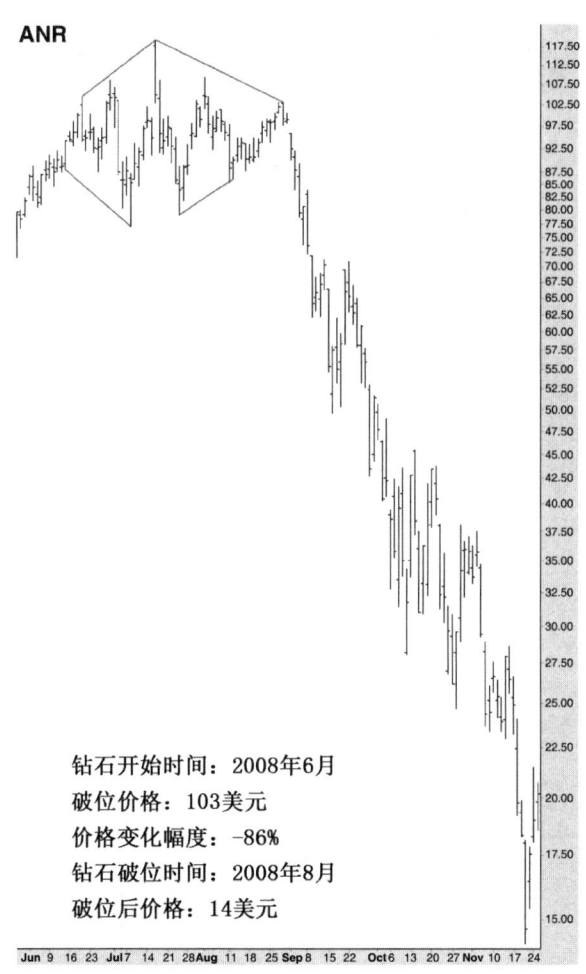

图9-3 在经历了大宗商品价格一波大幅上涨之后，2008年很多自然资源类股票开始大幅下跌

高胜算形态交易

尽管本书中的很多例子都来自于2006—2010年期间,但这个例子却早了一年。如图9-4所示的钻石形态异乎寻常的大,并且在四条趋势线上具有相当多的接触点。这个钻石形态本身是向下的,这一点不仅是可以接受的,而且也与市场位于顶部的事实相一致,由于股价的基础遭到损坏,钻石右侧部分的支撑变得更为糟糕。

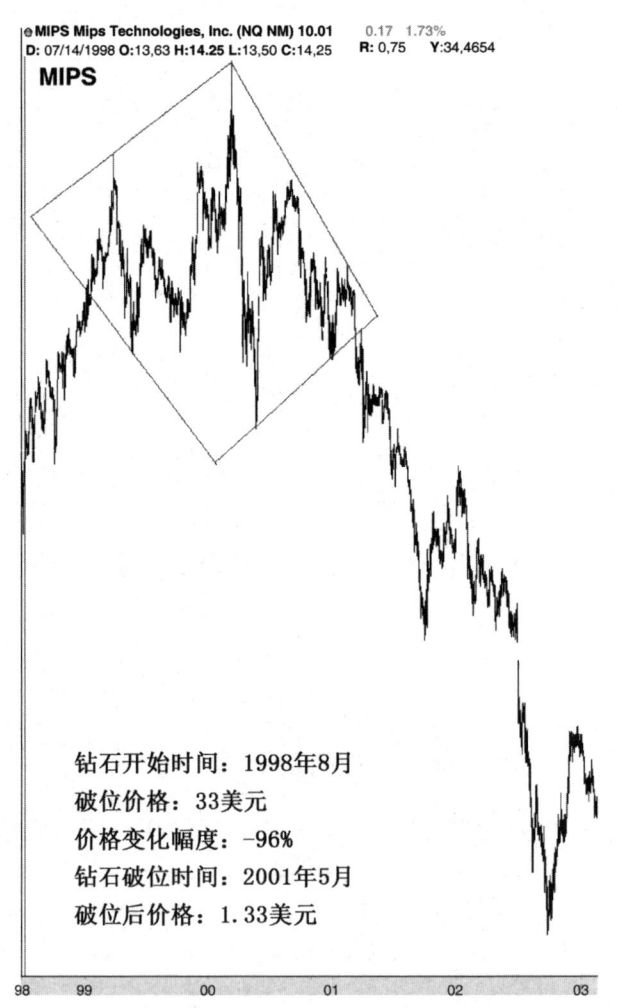

图9-4 这个钻石形态是股价下跌的明显信号,随后该股票几乎跌去了全部市值

第9章 钻石

　　同时值得注意的是，股价在破位之后有一个非常清晰的反弹。因为该形态的长度、高度和清晰度都非常明确，关注这只股票的人在反弹价位上将会获得一个非常好的做空机会（或者买入看跌期权）。同时这个例子也非常清晰地表明，钻石形态是头肩形态的近亲，不同的是它有一个带夹角的颈线。

　　本章中其他的例子都是可交易证券的，但图9-5描述的却是一个一直以来都很重要的指数，标准普尔500指数。事实上，对非交易型现金指数变动方向的把握不仅可以产生可交易的收入（比如购买指数期权），同时对于提前安排你的投资计划也很有价值。

　　换句话说，如果你根据这一图示能确定标普500指数将大幅上涨，那么你可能根本不会去交易指数本身。相反，你可能会构建一个非常看涨的组合，因为指数的上涨往往意味着大量股票价格的同时上涨（对于空头来讲，刚好相反，指数的下跌会更有利于做空）。另外与前面四个钻石顶不同，这个例子描述的是一个钻石底，这也使得它非常重要。

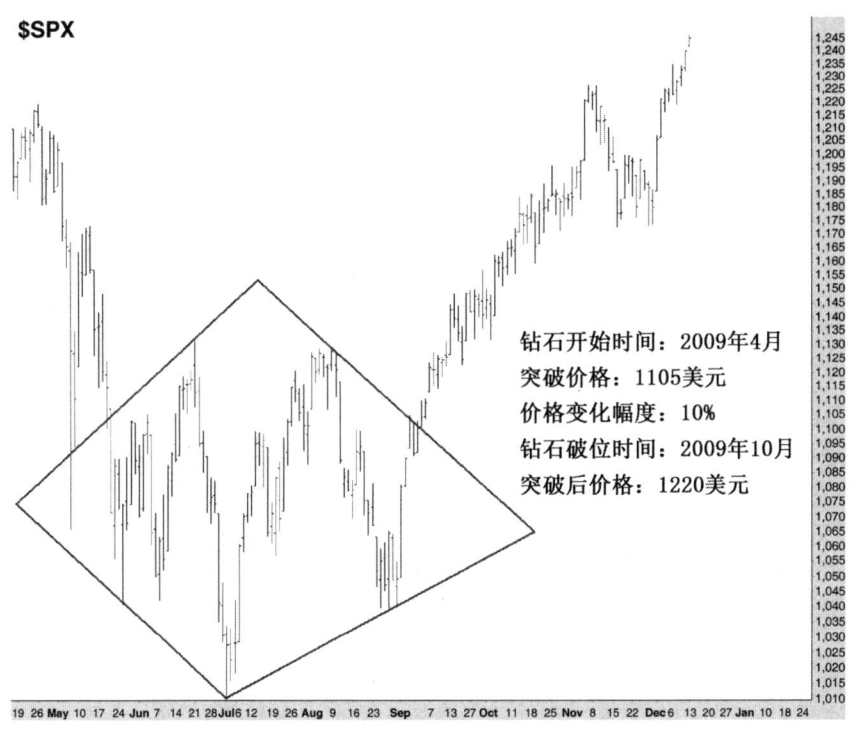

图9-5　如果价格向上突破，钻石形态也是一个非常强力的看涨指标

我们用另外一个钻石底，布莱汉姆勘探公司的股票来结束本章的示例。如图9-6所示，在钻石形态突破之后，股价的涨幅达到了惊人的60%。形态的中线——想象中的将形态分成上下两半的一条线——几乎是水平的，表明钻石形态是非常清晰的。尽管图中并没有表示出来，事实上在形态突破过程中及突破之后，成交量在放大，表明买方力量在不断汇集。

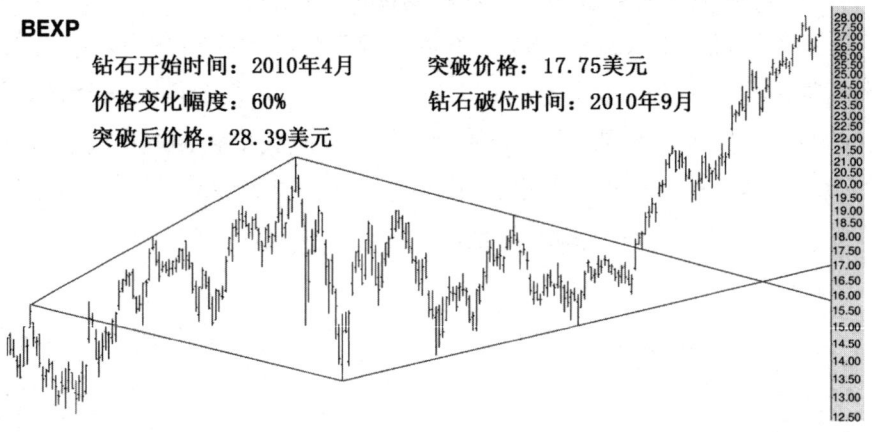

图9-6 这个钻石形态相对较宽，但形态突破非常清晰

小结

在市场中钻石形态的样本集很小，但通过对这些示例的清晰讲解，应该能够帮助你识别出相应的形态。你必须时刻提醒自己这种形态的稀少性，因为你应该不会希望把正常的价格波动错误地解释为本来并不存在的钻石。另外你必须要牢记心头的一点，就是如果你确实发现了一个钻石形态，必须对它保持全力关注，因为它的力量与它出现的频率是相反的。

第10章 斐波纳契扇形线

本章与前面的形态有点不同,因为斐波纳契分析——在这里也就是斐波纳契扇形线的分析——更多的是用来寻找重要的支撑或阻力位,而不是寻找目标价位。斐氏扇也有一些挑战性,因为要找到适合应用它们的图表需要有比较好的眼光。这个技巧来自于经验的积累,希望本章中提供的大量实例能给你带来一些训练。

形态的定义

在图表上画出斐波纳契扇形线它们非常容易:你只需要在图上找到参考线的一个高点和一个低点就可以了。你使用的图表程序将会为你画出扇形线,然后就轮到你来决定这些线对你的交易是否有用了。我有时会用"斐波纳契友好度"这一术语来描述一个给定的价格图是否适合用斐波纳契扇形线来进行分析。

理解图表程序绘制这些线条的原理对我们会很有用。想象一下在低价位10美元与高价位20美元之间绘制一条参考线,将这条线作为三角形的一条边。现在假设从10美元那一点向右画出一条水平线,作为三角形的另一条边。最后,从第一条线上20美元那个点向下画出一条垂直线,作为三角形的第三条边。

随后图表程序会根据一定的斐波纳契数绘制相应数量的线条,在本例中也就是从10美元的那个点向第三条边也就是垂直线上的多个点绘制直线。其中一个点是上涨幅度50%的那个价位(即15美元位置);另外一个点是上涨幅度38.2%的点。大多数的图表程序允许你修改这些

高胜算形态交易

数值,尽管通常用默认值是最好的。

在你画出扇形线时,要留意这些线条对于历史价格柱是否具有实际意义。如果扇形线被股价多次穿透,说明它们对于股价变化几乎无法提供什么阻力或支撑,因而对于你是没有什么作用的。这些线条如果画在图上只会影响你的分析。另一方面,如果股价经常在扇形线之间震荡徘徊,那你很可能就得到了一个"斐波纳契友好"的图表。

你画出的参考线是上升的还是下降的,取决于图表的总体趋势。如果你要分析的是一个总体向下的图,你很可能会在一个比较高的价位上开始参考线的起点,然后随着时间轴的延伸,在一个相对低的价位上找到参考线的终点。如果图表的总体趋势是向上,则参考线的画法与前述相反。本章的后面部分,上升和下降两种趋势的例子你都将会看到。

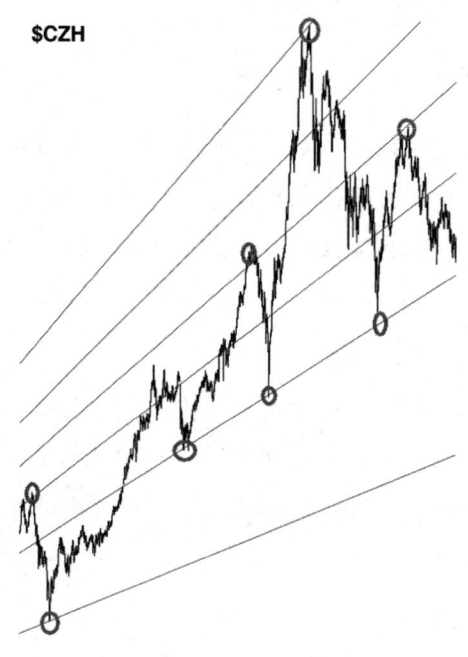

图 10-1 中国指数在扇形线上有 8 个主要转折点

图 10-1 提供了一个"斐波纳契友好"图表的很好的例子。代号 $CZH 是中国指数,从图中大量用圆圈标出的点可以看到,该指数隐

含着大量有用的扇形线。尽管指数波动的非常剧烈，但指数价格明显一次又一次地被扇形线阻止而转向。该扇形线的起点在时间上很早，因为并没有在该图中体现出来，这也表明了扇形线的影响是非常持久的。

形态背后的心理

在斐波纳契分析中，形态背后交易者的心理是个很难解决的问题。一些人认为与斐波纳契有关的数字，尤其是黄金比例，在自然或社会动力学中都具有重要意义，不管个人参与者是否意识到这一点。而另外一些人则认为这些分析只是"自证预言"，因为有太多的人在观察分析这同一种形态，当他们都按照这一形态的指示进行买卖交易时，他们的力量会使得股价的变化符合形态的规律。我个人并不认同这一理论，因为对于某一只特定证券来说，只有当交易者同时符合以下条件时，该理论才能成立：（a）把斐波纳契形态作为自己交易决策的基础；（b）能正确应用形态分析；（c）使用相同的形态。但符合这三个条件的交易者相对于庞大的交易者总体，其比重小到可以忽略。

不管基于什么理论，形态事实上是有作用的，至于它为什么能起作用我们大可不必太过在意。关键是你要能识别出在什么情况下这个形态是有意义的，而在什么情况下画出斐波纳契扇形线只会使我们的图表变得一团糟。

本章中的示例只是展示了那些高点和低点的开始及结束日期，没有涉及价格预测、价格变动百分比或其他相关的数据。简单地给出这些日期之后，你就可以根据自己的选择在图表上绘制相同的形态，并与历史事件进行对比分析。

为了清楚起见，最高的那条线（对于上升扇形线）或最低的那条线（对于下降扇形线）叫作参考线。接下来的是第二条线，然后是第三条线，以此类推。因此，在上升扇中，第二高的那条线叫作第二条线，而在下降扇形中，第二低的那条线叫作第二条线。

示例

正确的设置起点和终点对于扇形线来讲是非常关键的,下面我们用大量的实例来阐述如何做到这一点。

图 10-2 给出了欧元的图表(具体来说,就是欧元对美元的汇率,这是在所有的外汇比率中最受关注,交易量也最大的一种),图中参考线从 2000 年延伸到 2005 年初。尽管汇率有几次击穿了参考线(也就是最高的那条线),但每次击穿之后都会很快向第二条线返回。

需要注意的是在 2005 年欧元/美元汇率开始下跌时发生的事情。尽管汇率多次得到第二条线的支撑,一旦突破该线之后就快速地跌向第三条线。在第三条线的接触点上,汇率稳定了下来,从而阐释了这个形态的价值(因为此时向投资者提供了一个做多的信号)。然后汇率沿着第三条线爬升,几周之后又击穿了这条线,跌向第四条线。从这点开始,欧元/美元汇率开始稳步上升,一直到图表中的最高点。

图 10-2 欧元的价格一直在图中所示的扇形线之间变动

到 2008 年，欧元依然非常强势并试图向上突破第三条线。在第三条线上维持了两三个月之后，汇率又大幅回调击穿该线并跌向第四条线。

此图表中最吸引人的地方——比较好的扇形线中会经常见到——就是价格始终很好的限制在各线之间。如果一个投资者根据第四条线的支撑，于 2006 年开始做多欧元，他将会在随后的欧元长期牛市中大幅获利。实际上，尽管在该图的最右端有一个较大的下跌，但欧元的上升趋势并没有反转。

图 10-3 是美国电力公司（代码 AEP）的一个局部特写图，展示了扇形线中经常见到的现象：价格在跌到下个水平之前会沿着扇形线攀升。扇形线可能成为支撑或阻力，但同时也可能成为价格的"磁铁"。

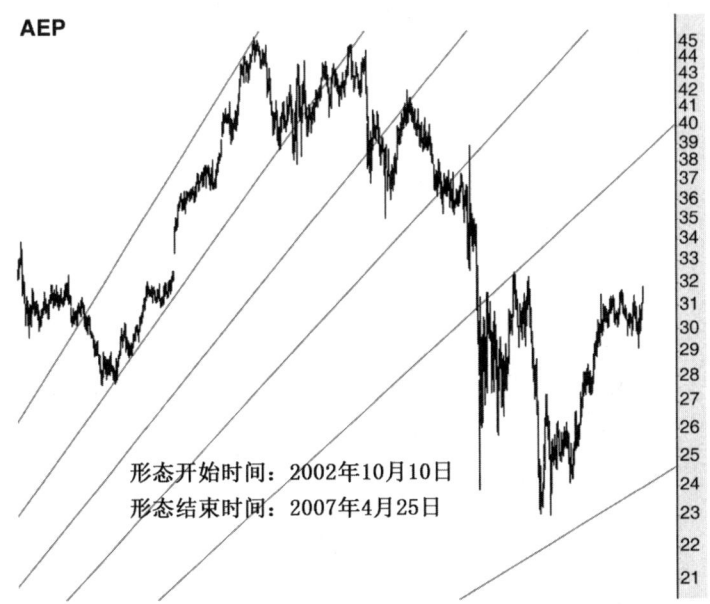

图 10-3 一旦价格向下击穿了某条线，该线条将从支撑线转变为阻力线

即便在价格剧烈波动时期，扇形线也可能成为价格拐点的重要标志。2008年，整个贵金属板块的价格普遍下跌，如图10-4所示，被广泛关注的金甲虫指数在几个月之间从519下跌到150。通过事后的分析可以发现，这次下跌的最低点几乎刚好位于最低的那条扇形线上。只有仅仅三天时间——2008年10月24、27和28日——价格低于这条线，而且其穿透幅度小到可以忽略。

尤其需要注意的一点就是，这组扇形线的起点几乎位于这次价格大跌的八年前。2001年末和2008年初这两个价格点（相应的价格最低点和最高点）就足以让我们构建出这些扇形线，它们似乎具有神秘的力量能够把价格的下跌限制在最低的那条扇形线之上。

另外，虽然在图上并没有画出来，事实上该指数在恢复之后的几年里始终在第四条和第五条扇形线的范围之内变动。

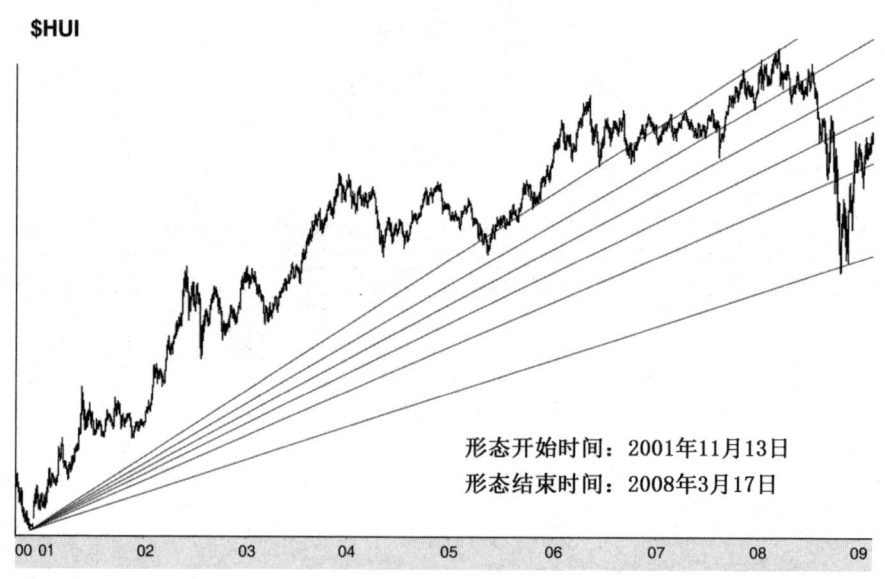

图10-4 在黄金大跌时，这些扇形线可以帮助找到最佳的买入点

第 10 章 斐波纳契扇形线

之前的几个例子都是上升扇形，而图 10-5 则给出了一组下降的扇形线，其参考线的时间跨度将近十年，从 2000 年初到 2009 年初。在这个图中戴尔公司的股票呈现出较大范围的整体下跌趋势，而这些扇形线则可以从以下两方面为投资者提供帮助：（a）多头们可以据此找到最佳的出逃价位；（b）空头们可以在股价上涨到任一扇形线下侧时做空股票。另外，观测股价是否顺利突破较高的扇形线，是判断股价是否转向的一个很好的办法。

图 10-5 对于价格不断下跌的证券，下降扇形线可以跟踪监测主要的阻力及突破点

本章当中有几个例子是成对儿出现的——第一张图是长期视图，而第二张图是短期的近距离视图。

图 10-6 展示了爱默生电气经历的一个非常长期的上升趋势。

尽管总体位于上升趋势中，该股票仍然很明显地会不时遇到弱势期。如果你想在一个比较低的价位买入该股票，那么很好地画出扇形线将会是一种比较客观的评估方法，它们能帮你判断出股票何时处于相对低估状态。值得注意的是在图 10-7 中，股价在跌穿了三条扇形线之后才开始在约 24 美元的价位企稳，这标志着一个重要的低点。

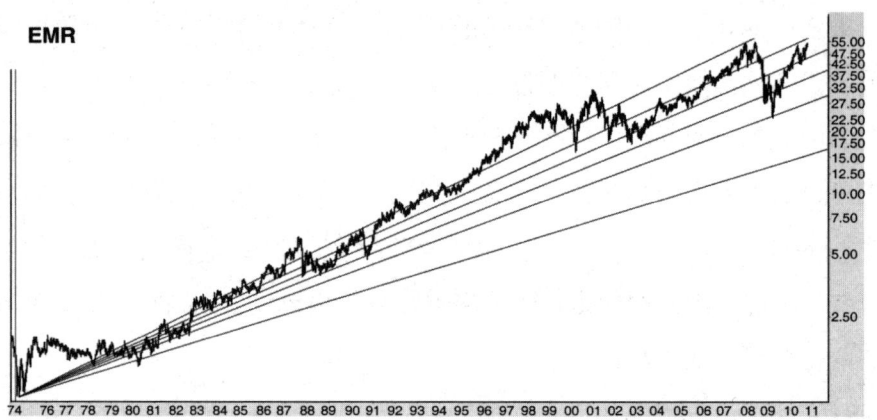

图10-6 股票并非一定会跌到最低的扇形线上

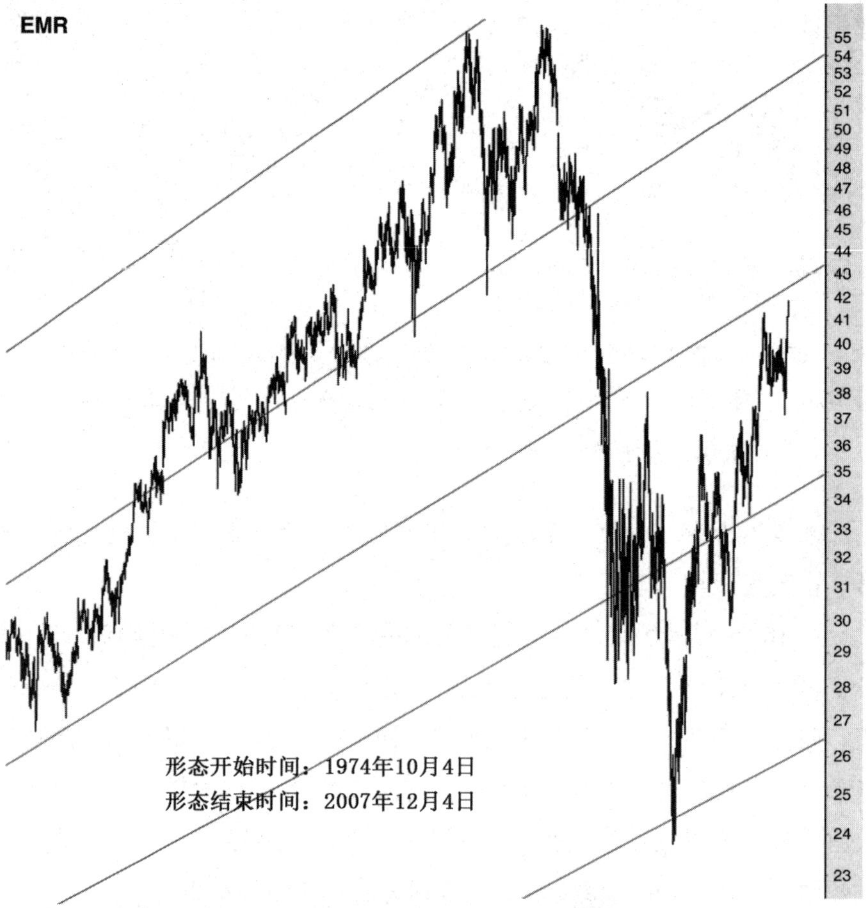

形态开始时间：1974年10月4日
形态结束时间：2007年12月4日

图10-7 这个局部放大的视图能够更精确地描述扇形的规划过程

第 10 章 斐波纳契扇形线

当你试图利用扇形线去寻找买入或卖出点时，面临的主要问题是你不知道哪一条线将会对股价产生足够的支撑或阻力。在前述 EMR 的例子中，股价在到达最低的扇形线之前就已经受到支撑而止跌，然而在如图 10-8 所示的卡特彼勒的例子中，股价首次跌到了最低扇形线的水平。

图 10-8 卡特彼勒的卖方力量太过强大，以至于股价跌到了最低扇形线

通过近距离放大视图，你可以发现其实卡特彼勒试图在第二低的扇形线获得支撑。股价在这附近形成了双底，并立即反弹到了上一扇形线之下，然后又没有任何停顿地剧烈下跌到最低扇形线。从图 10-9，我们再一次看到扇形线对于股价的显著支配作用。股价跌过最低扇形线的时间仅仅持续了一天，而且仅比该线低了几美分而已。这标志着 CAT 股价已经跌到了最低点，随后形成了一个 V 形底，并在接下来的两年上涨了约 350%。

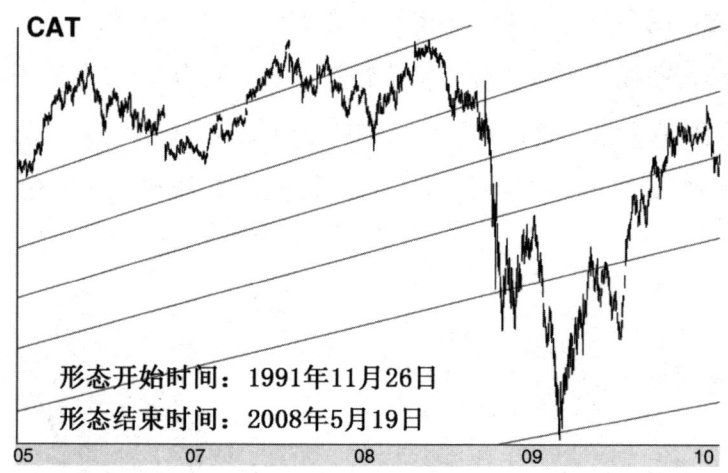

图 10-9　卡特彼勒股价从下跌到回升的过程中，每遇到一个较高的扇形线都会有个停顿

不管股票是处于上涨还是下跌趋势中，它的扇形线都可以依据当前的股价变动方向为你提供关键的支撑或阻力点。图 10-10 和图 10-11 是库比克公司的股价走势图。

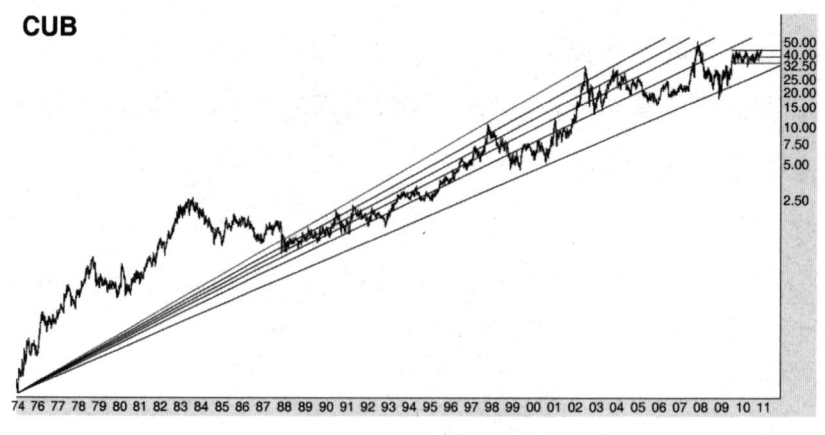

图 10-10　这是一个格外长期的扇形构造

第 10 章 斐波纳契扇形线

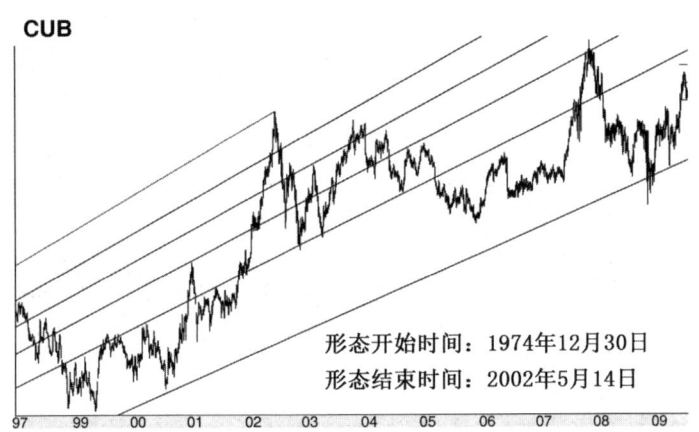

图 10-11　通过放大视图,可以很容易地发现扇形线预测出了主要的价格转折点

　　库比克公司的股票一直强劲上涨到 2002 年 5 月,然后开始横向盘整了多年。通过绘制这个扇形线组合,你可以看到大量的股价变动受到扇形线阻挠而弹回的情形(尤其是第五条线,从 1998 年到 2001 年一直是一个强力的阻力位)。而在股价横向盘整时期,同样是这条线,却变成了支撑线,并于 2004 年末被跌破。从这样的图表上可以很明显地看到,一组构建完好的扇形线可以为交易者提供非常有效的指导作用。

　　图 10-12 是代码为 ESS 的埃塞克斯房产信托公司的股价走势,图中结合使用了扇形线和一个下降趋势线。当然,如果你可以在图表上绘制多重分析工具从而有助于找到关键的支撑或阻力位,就没有理由不这样做。通常情况下图表简单一些会更好,但如果在图上增加额外的分析工具能为你在交易中带来更多的洞察力,那就没有理由不使用它们。

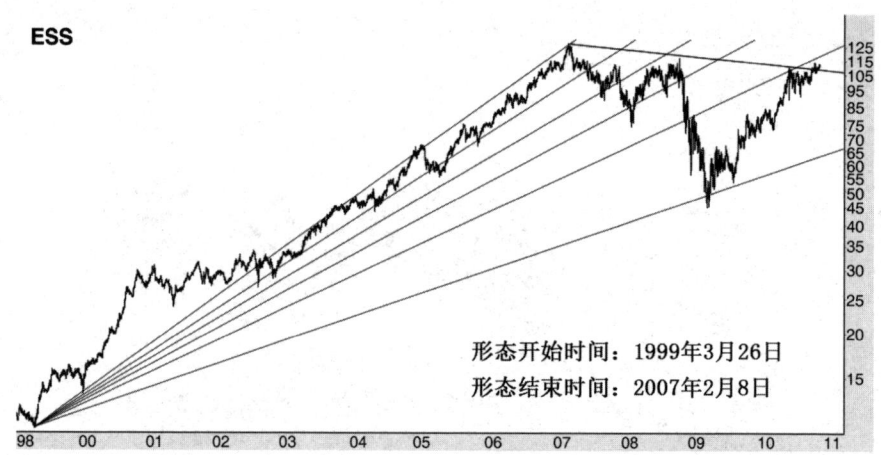

图 10-12 这只股票从大幅度的上涨趋势转为下跌趋势，但扇形线仍然具有分析意义

扇形线不仅能在长期的上升趋势中限制股价变动范围，而且在股价转为下行趋势后它们仍然对一些重要的价格点位具有预测能力，这是扇形线比较独有的特征之一。审视图 10-13，就会发现该图正是这一特征的很好示例。从 1999 年到 2007 年，FRT 一直稳步上涨，在这个牛市的最后几年中，价格一直在参考线和第二条线之间频繁震荡。

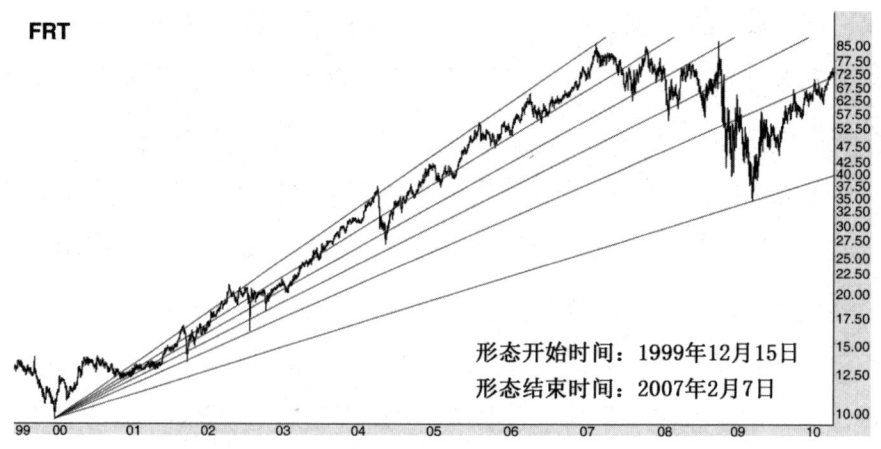

图 10-13 这只股票发生了从牛市向熊市的大转变，但是在牛市期间构造的扇形线却预测出了它在熊市中的最低点

第 10 章　斐波纳契扇形线

在 2007 年 2 月之后，股票开始进入逐步下跌趋势，而当时扇形线（这个时候交易者已经可以获得扇形线了，因为价格的最低点和最高点已经形成）一次又一次地扮演着很好的支撑线角色。在如此长时期的下行趋势中买入股票是非常冒险的行为，但是这些扇形线在以下几个方面对于空头很有帮助：（1）它们能够给出在合适的价位卖空股票的建议；（2）当扇形线被相继跌破时，它们能够提供重要的关于股价加速下跌的信号。

最重要的是，一旦股价跌到最低扇形线上，就说明底部已经形成，股价开始转头向上了。只需要稍加留意你就会发现扇形线的这一预测能力是相当令人瞩目的：图中从 1999 年到 2007 年两个点所画出的扇形线预测出两年之后股价的反转点，几乎精确到美分。

轮胎制造商古德里奇的股票经历了从顶部到底部的下跌过程，如图10-14 所示。股价从 2007 年末的顶峰下跌到第三条扇形线，然后反弹到第二条线之下；然后又跌到第五条扇形线，并反弹回到第四条扇形线之下；最后股价跌到最低的那条扇形线，反弹到第五条线之下接着剧烈下跌，轻微跌破最低扇形线。这个例子表明股价下跌的停止并不一定很精确地发生在扇形线上，但即便如此，也足以说明股票严重超卖，股价会立即反弹。

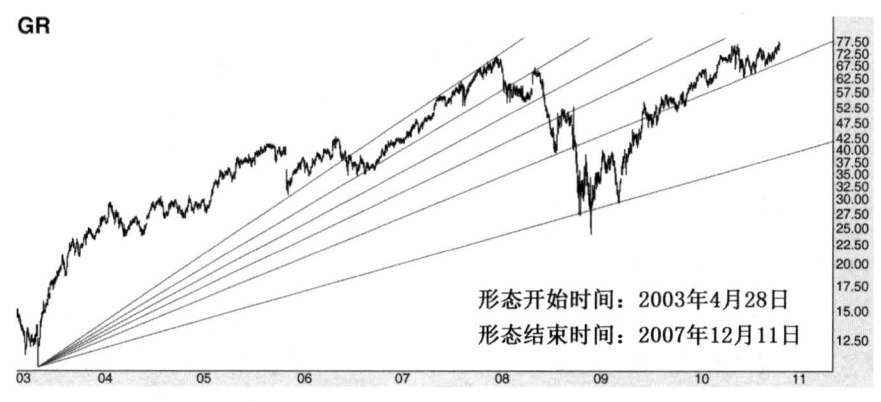

图 10-14　在 2008 年的暴跌中，股价轻微击穿了最低扇形线，但这并不足以否定形态的价值

苹果公司股票价格的反转是近期股票市场中最引人注目的事件之一。从 2003 年 4 月的低点开始，苹果公司的股票在随后的 8 年中上涨了超过 5000%的幅度，在这整个期间，股价的变动一直限制在扇形线之间。

那些在 2003 年不曾买入股票从而觉得错失机会的人，通过扇形线分析，后来的金融危机提供了一个非常宝贵的二次买入的机会。2009 年 3 月，股价跌到距离最低扇形线不足一美元，见图 10-15。这是一个股价很可能将见底的强烈信号，假如股价真的击穿了这个最低线，那些已经根据这个最低线买入 AAPL 的谨慎交易者应该察觉到这只股票的基本面已经发生了变化，此时应该以最小的损失卖出头寸。然而事实上这种情形并没有真的出现，因为股价在威胁到这个最低线之后就转头上涨了几倍。

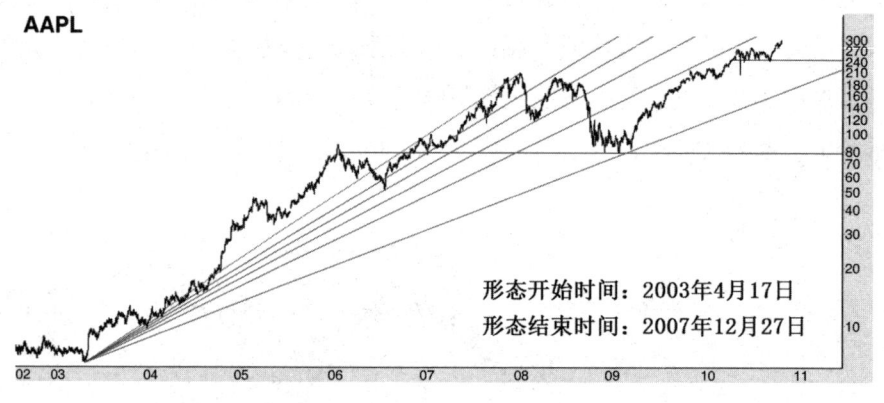

图 10-15　苹果公司股票的扇形线作用时间长达十年

前面的几个例子中股价跌到最低的扇形线时都有一个快速剧烈的反弹，但并非所有股票都是如此。如图 10-16 所示，亚历山大不动产投资公司（ARE）的股票沿着最低扇形线游走了将近两年时间（期间有一个尖刺状的高点）。在这个价位购入的投资者必须要有足够的耐心以持有该头寸。一月又一月股价一直处于令人失望的疲软，扇形线在这里具有强烈的磁铁效应。

图 10-16　该图中使用了两种分析方法的组合——扇形线和一条分割为支撑位和阻力位的水平线

对于股票持有者来讲，比较好的一点就是股价从未摆脱扇形线进一步下跌，并最终于 2009 年 7 月开始走上上涨轨道，如图 10-17 所示。

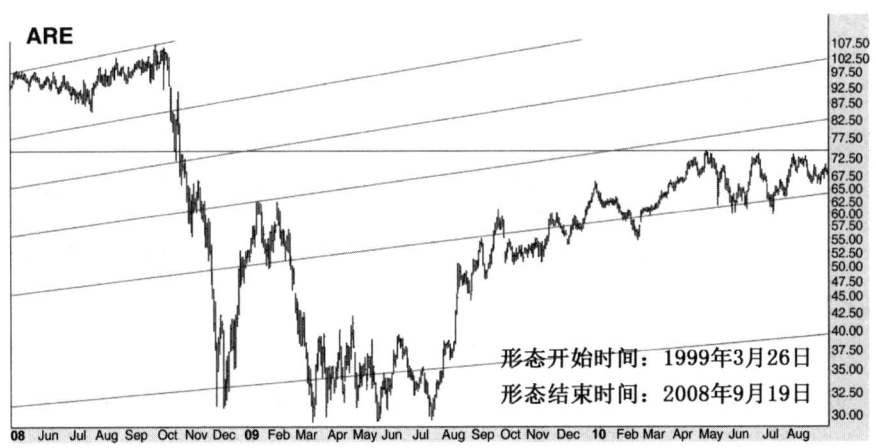

图 10-17　这条水平线表明阻力非常强大，股价无法向上突破到达上面的扇形线

小结

扇形线的作用如此的神奇和迷人，至少对于那些价格走势符合扇形线的图表来说确实如此。如果你遇到一个图表，发现其中有多重线条提供支撑或阻力，那么你很可能会发现未来的价格变动与前述斐波纳契扇形线的示例是一样的。

有大量的图表与斐波纳契扇形线是没有任何关系的，而这个工具本身并不会为你提供任何额外的洞察力。然而对于那些在很长的时间区间里，经历了比较大幅度的上涨或下跌的图表，你应该尝试着在最高点和最低点之间画出扇形线以识别出该图是否适合斐波纳契分析。这个方法看起来并不是那么正统，但是这种试错法在解决一些深奥的难懂的问题时是最有效的。

本章当中已经给出了一些关于扇形线应用的特别提醒：

1. 当价格变动到扇形线上时，一定要特别留意：它有可能在这个点上改变方向，也有可能突破这个价格水平，也就意味着沿着原有方向突飞猛进。

2. 一定要尝试着使用不同的价格高点和低点，在一张图上绘制出两到三个扇形形态；你可能会发现这些形态之间有着令人感兴趣的关系。

3. 当价格波动太频繁地击穿一些扇形线时——也就是说价格并不理会这些线条——就应该把它们从图表上删去，因为这些线条已经失去意义。

能够有效应用扇形线的人并不多，但是认真学习本章中的这些示例（如果你拥有具备扇形线对象的绘图工具，可以尝试着自己画出这些例子），将会锻炼你的眼光和思考分析能力，帮助你在交易中发掘出新的应用实例。

第 11 章 斐波纳契回调

比萨的列奥纳多（1170—1250）被认为很可能是中世纪最伟大的数学家。他的父亲威廉的昵称叫作"Bonaccio"意思是"和善的"，因此列奥纳多被称为"斐波纳契"（Fibonacci，在拉丁语中意思是 Bonaccio 之子）。

威廉在北非的一家交易所工作，尽管他的祖国意大利几个世纪以来都使用罗马数字，但他与交易者联系却使用阿拉伯数字（也就是我们今天用的 1，2，3，4 等等，而不是罗马数字的 XI 与 MMC 等）。列奥纳多帮助他的父亲做一些工作，在这个过程中他熟悉了阿拉伯数字系统并对之着迷，因为它看起来比罗马数字更合理有效。世人应当感谢列奥纳多在普及阿拉伯数字上做出的贡献，因为毫无疑问今天没有人会乐意在日常生活中使用罗马数字。

斐波纳契另外一个伟大的贡献就是他写出了我们今天称之为斐波纳契数字的一些相关著作。这是一个这样开头的数字序列：0，1，1，2，3，5，8，13，21，34，55，89，144，233，377，610，987，1597……序列中每一个数字都是前面两个数字之和。这些数字具有一系列有趣的属性，其中之一就是随着数列不断向前推进，每个数字被其前面的数字相除会不断接近数学中的符号 Φ（近似为 1.618033989），也就是人们熟知的黄金分割比率，这个比率在自然界中屡见不鲜。

在股票图表世界中，斐波纳契提出的概念都是关于绘制分析对象的——回调、时间周期、弧和扇等。斐波纳契回调正是本章的主题，它是这样构建的：首先在图表上把股价最高点和最低点连起来，然后在这两点之间根据特定的斐波纳契比例利用图表程序绘制一系列水平线。对于某些图表，这些水平线所代表的价位由于具有支撑或阻力作用而意义重大。

形态定义

到目前为止，最流行同时也是最容易理解的斐波纳契分析就是斐波纳契回调。回调分析是这样操作的，在图上的两个极值点（有重要意义的高点和低点）之间画出一条线，然后在两点之间的关键斐波纳契比率（23.6%、38.2%、50%、68.1%，以及100%）处绘制一系列水平线。这些比率表示的是你所识别出的最高点和最低点之间垂直距离上的比例。

这些不同的比率水平在金融图表上具有非常重要的地位，因为他们代表着支撑和阻力区域。很多种情形下，你都会看到价格遇到这些线条受阻回弹直到穿透线条为止，遇到下一根线时同样的情形又会发生。斐波纳契回调的预测能力就在于你可以提前预见股价的支撑或阻力水平。

首先应该要声明的是，并非所有的图表都适合斐波纳契分析。有一些图表应用斐波纳契分析会比其他方法效果更好，而另一些则不然。幸运的是我们有一个相当简单的方法来判断一只股票是否适合斐波纳契分析，就是找到该股票的以往价格走势图，画出相应的斐波纳契线条，看历史价格变动是否符合斐波纳契规律。如果符合，那么它的未来价格走势很可能也适合斐波纳契分析。

要想做这样的分析，首先要理解参考线与图上时间轴的关系。参考线就是所选定的高点与低点之间的连线。不管哪个点是近期的，都会将整个图分为回调前和回调后两部分。例如，如果你在1998年1月到2001年3月之间画出连线，那么2001年3月的那个点就是近期的，这个点前面的图表都是属于分析前的，而后面的部分都是属于分析之后的。

图11-1展示的是新西兰元对美元的汇率（也就是NZD/USD汇率），该图就非常适合斐波纳契分析。在图中，汇率走势一次又一次地在碰触回调线之后转向回调，这意味着未来的汇率走势也会有相似的风格。

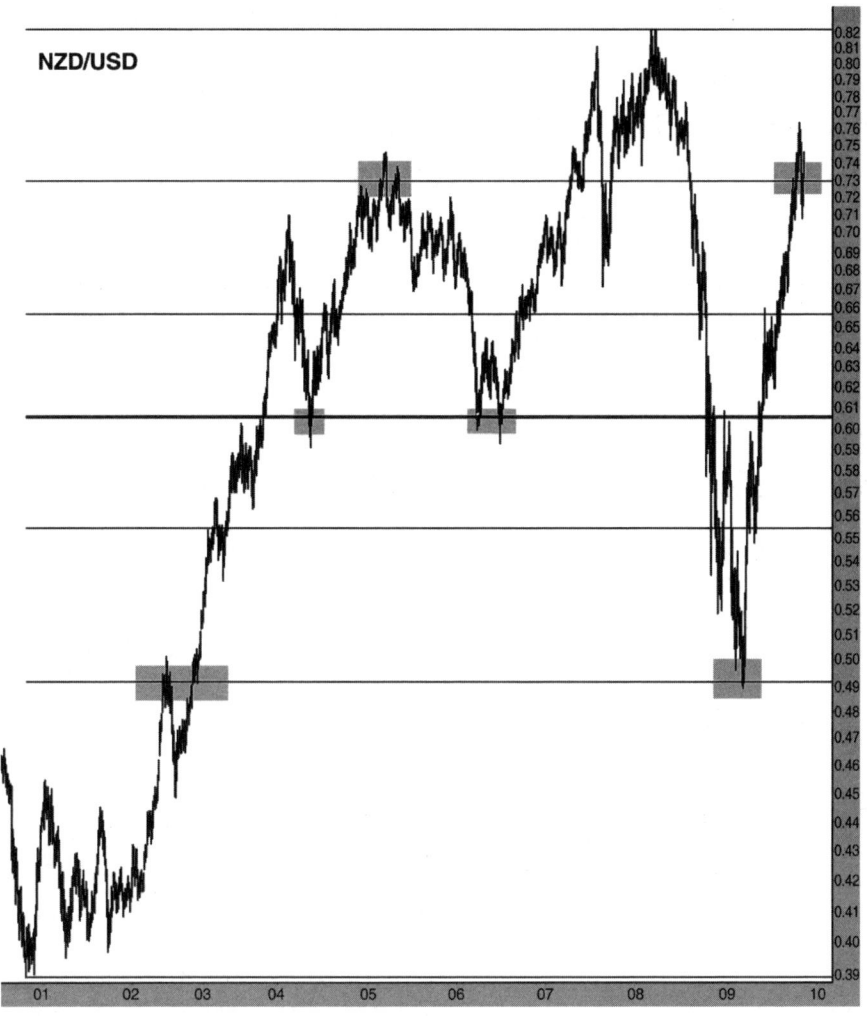

图 11-1 图中有六个转向点,都已标出

示例

回调最好是通过一些好的示例进行理解。以下这些图表很好地阐释了如何选择回调形态合适的起始点,以及水平支撑和阻力线如何指导投资交易。

图11-2中将1996年7月16日的低点与2007年10月15日的高点连起来，构造出回调形态。在价格经过最高点之后，2008年指数开始走弱，此时78.6%的回调水平成为很强的支撑线。有三次价格都险些跌破该支撑位，但最终都没有成功。

在2008年6月6日至9月19日期间，价格都黏滞在这条支撑线上，直到9月底价格剧烈下跌且连续击穿了61.8%和50%的价格水平，并最终在38.2%水平处获得支撑。之后的几周价格在38.2%和50%水平之间不断震荡，直到2009年2月13日最终下跌到23.6%水平。

23.6%水平的指数值为748.88美元，而市场的最低点在739.29美元，符合度达到99%。之后指数从这个水平开始剧烈反弹，几乎没有停顿，直到向上碰触到78.6%的回调线。这个水平的指数价位为1240.66美元，而事实上指数在1241.41美元遇到阻力回调，这两者匹配度也相当高。

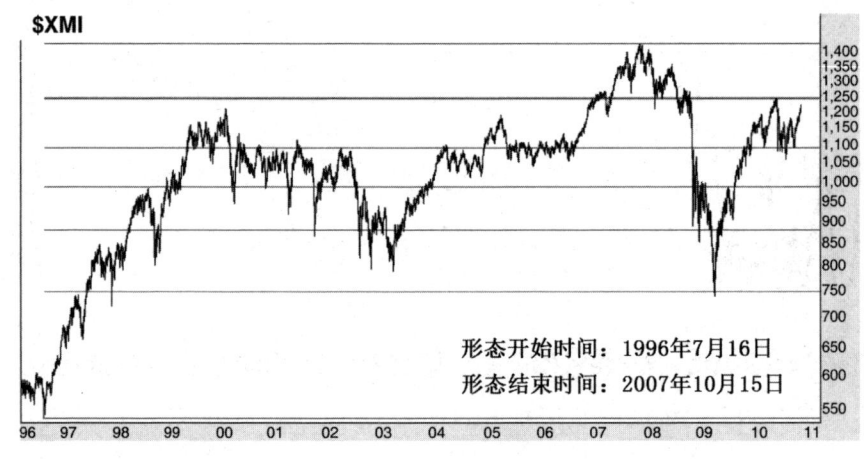

图11-2　主要市场指数在2009年的低点被斐波纳契回调准确预测，误差仅为1%

正如你所看到的，回调水平的价值就在于预测主要的价格转折点。有时价格会在每个回调水平上有所停顿，而当价格太强或太弱时可能会直接穿透当前水平，到达下一个回调水平。

图 11-3 是零售商诺德斯特龙（JWN）股价图的局部放大视图。本章的每一个例子中，在回调形态的第二个时间点之前，主要是关注在第一点和第二点之间股价有多少次遇阻回弹的情形，而第二个时间点之后，则是你如何在自己的交易中正确使用那些回调水平。

换句话说，在第二个日期之前回调水平还并不存在。回顾历史价格，留意股价在什么时间以及如何遇到支撑和阻力而回弹，是令人感兴趣的事情。但是现实情况是回调水平并不一定会存在。然而，一旦斐波纳契回调形态被确定下来，认真审视这些接触点会非常有用，因为可以从中判断这些线条对于价格的变动是否具有可靠的影响。

如果接触点很多，线条确实看起来与价格变动具有重要的联系，那么你就可以在一定程度上相信这些线条在未来是有价值的。通过分析这些示例，你就会明白如何在交易中使用它们。

现在把注意力转回诺德斯特龙公司，你可以看到股价首先上涨到第一条回调线，短暂停顿之后继续上涨到第二条线，然后又跌回第一条线，再次强劲攀升到第三条线，又跌回到第二条线，然后攀升到第四条线。换句话说，这里所展示的就是股价上涨过程中典型的一系列盘整活动，但值得注意的是，这个过程中的各个价位水平与前面构建的斐波纳契回调值具有非常紧密的联系。

因此，在你自己的交易中，就可以在价格回调到比较低的水平时找到最好的买入机会。如果你比较保守一些满足于小幅获利，可以在股价上涨到上一个回调水平之下时出售获利。根据这个图表，你可以按照如下模式进行买卖：

2009年4月2日——买入

5月7日——卖出

6月23日——买入

7月23日——卖出

8月19日——买入

9月16日——卖出

你只需要根据屏幕上简单的水平线，就可以做出所有这些决策。

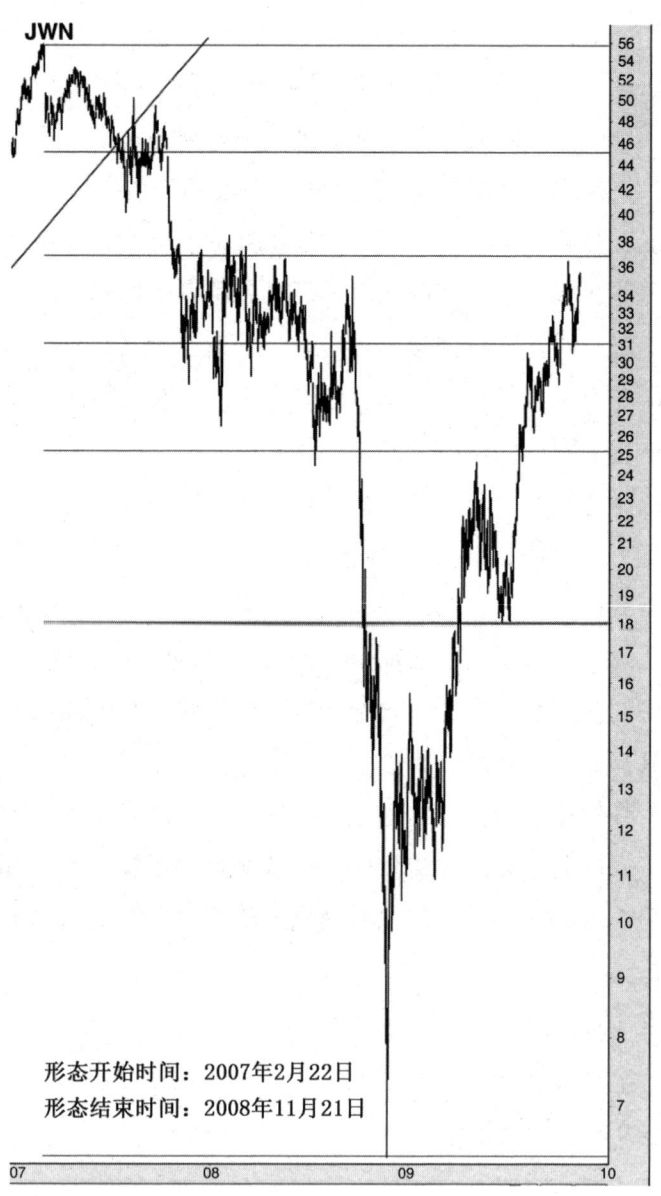

图11-3　持续数周的价格活动都一直限定在各回调水平线之间

与诺德斯特龙公司的例子相似，图 11-4 中美国运通公司（AXP）的股价同样经历了在各回调线之间反复盘整的过程。

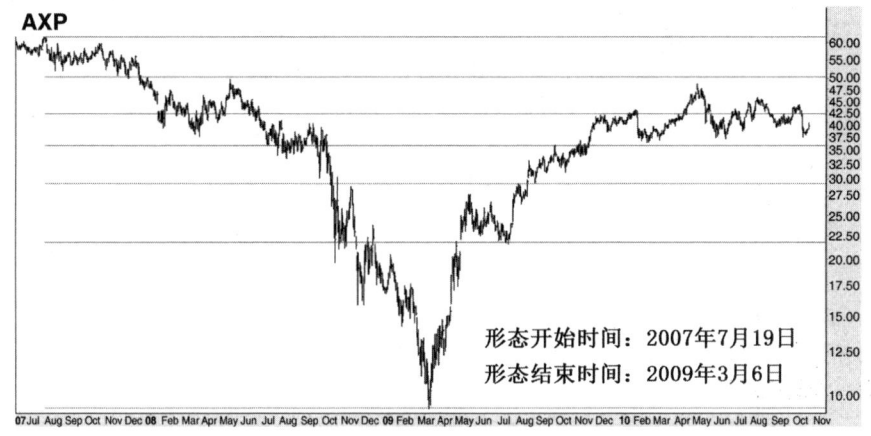

图 11-4　该股票 2009 年开始稳步回升，先上涨到一个回调线，然后回调到下一个水平，如此反复

斐波纳契回调线的重要性甚至在时间跨度非常大的回调中也有所体现（在有些情形下，跨度甚至长达一个世纪）。图 11-5 中，通用电气公司的股票经历了一个约 9 年时间的斐波纳契回调。在 GE 股票从 2007 年的顶峰 36.7 美元跌到 2009 年 3 月的 5.4 美元之后——从世界最大的公司之一下跌了 86%，令人震惊不已——开始回升。

值得注意的是在 2011 年股价回升到 20.74 美元，该点位在图中用圆圈标了出来，而该点的回调水平为 20.61 美元，相差仅为 13 美分。当然价格不能保证总是恰好在回调线上停顿，但对于那些符合回调形态的股票而言，价格的转折点肯定会距离回调线非常接近。

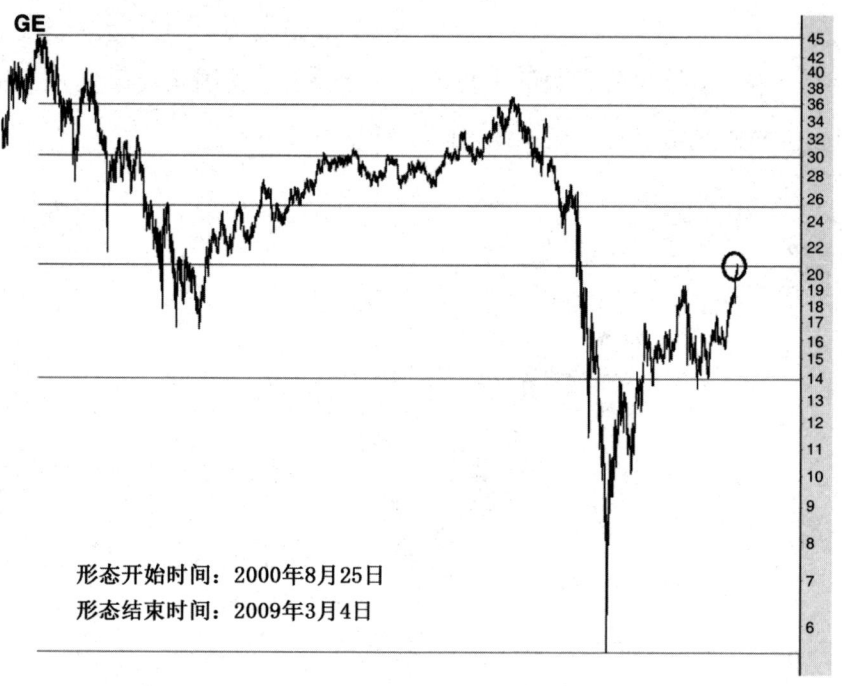

图 11-5 在 2000 年至 2009 年之间形成的回调水平预测出了 2011 年股价的高点

道琼斯工业指数（$INDV）在斐波纳契回调方面表现出一些非常有趣的现象，图 11-6 仅仅是其中之一。即便在非常大的时间跨度中（例如，从 1974 年 12 月 9 日到 2007 年 10 月 11 日），股价变动也表现出很多符合斐波纳契回调的情形，例如股价一直限定在两个水平线之间（在有些情形下可能会持续几年），或者股价黏附在某一条水平线上直到变动到另一条线为止。

在图表上用多个回调形态进行尝试，从而判断出哪些主要价格转点被某个特定的回调精确定位，这种试验是很有价值的，尤其是对于历史悠久的 DOW30 指数来讲更是如此。

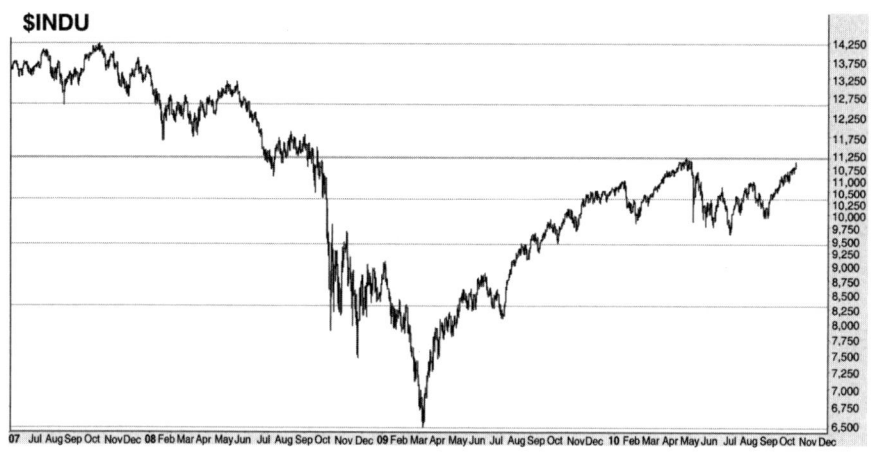

图 11-6　道琼斯工业指数，世界上最著名的股票指数，其变动与回调水平表现出了令人惊讶的高度一致性

图 11-7 与 11-8 描述的是同一只股票，拉姆研究（LRCX），只是第二张图是近距离放大视图，以便你能更清晰地观察价格在回调水平附近的变动情况。

参考线的时间跨度很大——从 1990 年到 2007 年——而 2007 年 7 月之后股价的变动情况非常有趣，对其进行认真分析对于购买这只股票的交易者非常有帮助。

股票开始遭到抛售导致股价下跌，然后在 38.2% 的水平有一个停顿。从 2008 年 1 月 9 日到 7 月继续下跌，差几美分几乎到达 50% 的水平。此后股价再度反弹回到 38.2% 的水平，接着剧烈下跌几乎到达 78.6% 的水平，在这个点上开始回升，期间每次遇到回调水平线都会有所停顿。

当你根据这些线条审视一个图表时，它看起来很容易就可以预测，但是现在我们暂时把这些线移开，看看情况会发生什么变化。在交易者熟悉了斐波纳契回调的指导之后，一旦这些线条消失他们会茫然不知所措，因为没有这些线条的辅助，价格会在何处止跌或止涨，几乎无法找到清晰的指标。

图11-7　在跨越了几十年的大范围视图上,可以看到大量股价弹离回调线的情形

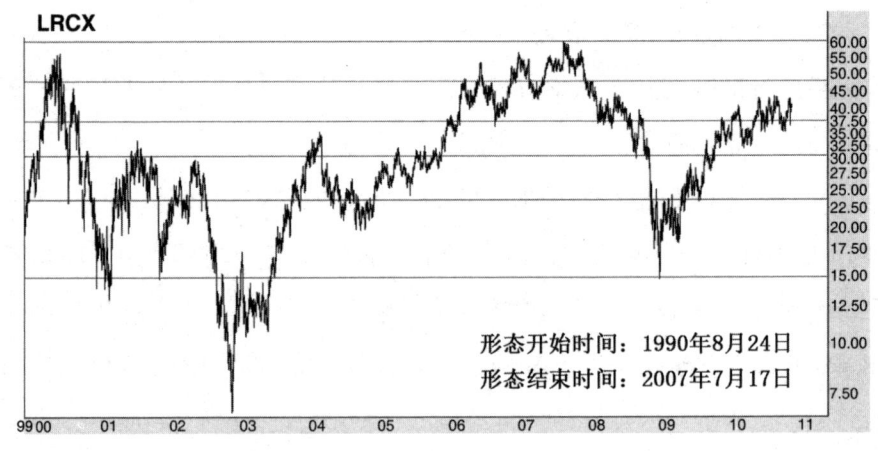

图11-8　这个放大视图表明,回调水平预测出了2008年的低点,精确到美分

小结

回调形态很容易使用，因为你只需要在股价接近某一个回调水平时去关注它即可。一个给定的水平可能促使你去买入股票、卖空股票或者出售当前的头寸落袋为安。

主要的挑战来自于两点，一是识别出最适合应用回调分析的图表，二是股价达到（或突破）回调水平时采取合适的行动。尽管面临这些挑战，你仍然会发现选择应用斐波纳契回调是明智的，因为它们会让你的交易更容易，获利也会更多。应用正确的话，它们会像市场 X 光片一样，为交易者提供市场下一步的动向。

第12章 旗形

本书中的一些形态需要在长期内成立，比如跨越几年甚至几十年，而旗形形态不在此列。相反，它是稍纵即逝的短期形态，往往持续时间只有几周。同时它也是一个整理形态，即股票价格在朝着主导方向变动前会有短暂的整理。

形态定义

旗形形态构成的第一个条件就是在其之前必须有一段剧烈的价格变动。价格变动的方向可以是向上也可以是向下，但必须是强烈而迅速的。因为旗形形态的全部基础就在于，它是股价在总体剧烈变动中的短暂停顿。有时价格在横盘整理的过程中也可能形成旗形，但是它们没有发生在价格剧烈变动的背景下，这种旗形是没有意义的。

其次，旗形的价格趋势应当与总体趋势是相反的。由于它的逆向特征，在股价上涨中的旗形应当是斜向下的，而股价下跌中的旗形则是斜向上的。在旗形构筑过程中出售或买入行为应该在减少——经常伴随着不断下降的成交量——因此在这个过程中股价的变动与总体方向是相逆的。

旗形形态由限定在两条平行趋势线中的一组价格变动线构成。如果两条趋势线有夹角，则构成三角旗形态，这在其他章节当中会有介绍。

旗形本身的时间跨度不能太长，三个月很可能是可接受的最长时间区间了，最典型的则是一个月或更短。

最后，当股价突破旗形形态时，这个突破应当伴随着成交量的放大。价格很快又走上总体趋势，经过几周的等待之后买方（根据具体情况也有可能是卖方）通过大量的买入（卖出）活动促使股价进入长期趋势中。

尽管旗形并非很大的形态，但他们所预示的价格变动却可能是非常巨大的。从总体大趋势（不管是上涨还是下跌）的起点到旗形的起点，称之为旗杆，它的高度正是后面测算未来价格变动幅度所要用到的数字。未来价格应当等于旗形尾部的价格加上（如果是在下跌趋势中则是减去）旗杆的高度。

例如，如果一只股票在很长一段时间内价格都在10美元至12美元之间，然后它突然从12美元快速上涨到20美元，接着形成旗形，则旗杆高度就是8美元（也就是20美元减去12美元，因为12美元是股价从原来的平稳状态迅速攀升的起点）。我们假设这个旗形是稍微向下倾斜并持续了3周，然后股价放量上涨在18美元价位突破旗形。因此测算的目标价位应当为26美元，因为18美元（旗形的突破点价位）加上8美元（旗杆高度）等于26美元。

形态背后的心理

让我们通过一个现实中的旗形形态的例子来理解这只股票众多交易者的想法。图12-1展示的是PNM资源的价格走势，该股在3月初之前经历了一波快速的下跌。股价触底之后又迅速攀升。在这次攀升中的参与者由两部分人构成，一部分是在前期买入股票的投资者，他们见到损失减少而颇感宽慰，另外一部分是在接近底部区域买入的投资者，他们因为快速到来的获利而兴奋不已。股价从 5.5 美元上涨到 8.5 美元，形成一个高度为 3 美元的旗杆。在这个点上，大多数人对股票的表现都很满意。

经过这样一段快速上涨之后，抛售压力占胜买入力量，股价开始小幅回调。但此时并没有恐慌性抛售，因为下跌速度非常缓慢，说明只是投资者有序的卖出获利行为。股价在如此短的时间内达到 50% 的涨幅，已经有足够多的人对这样的表现感到满意（或者觉得有些不适），他们宁可卖出全部或部分头寸而不是继续持有以获取更大收益。尽管恐惧暂时克服了贪婪，但仍然有足够多的人继续持有该股票，从而避免了股票的快速抛售。

股价经过在 8.5 美元至 7.25 美元之间约一个月的震荡之后，其中不坚定的持有者都已经退出，股价开始继续强势上涨。向上突破旗形的举动告诉该股的交易者，股价的巩固阶段已经结束，获取更多收益的机会出现了。当前的持有者开始进一步买入，而那些之前没有买入的旁观者也开始决定买入。一旦股价超过之前的反弹高点 8.5 美元（这点几乎是在旗形突破的瞬间就达到了），贪婪就再次克服了恐惧，股票开始朝着目标价位前进。

目标价 11.25 美元，是突破点价格（8.5 美元）与旗杆高度 3 美元之和。这个目标价在 7 月份实现了，之后仍然有足够多的买入力量使得股价超过了目标价。最后，不管是形式还是目标价，这个例子几乎是旗形形态相当完美的阐释。

第12章 旗形

图12-1 通过这个例子可以很容易看到第二个旗杆高度与第一个是相等的

示例

接下来是7个旗形形态的实例,包含对各形态的突破价位以及形态之后价格变动百分比的完整描述。

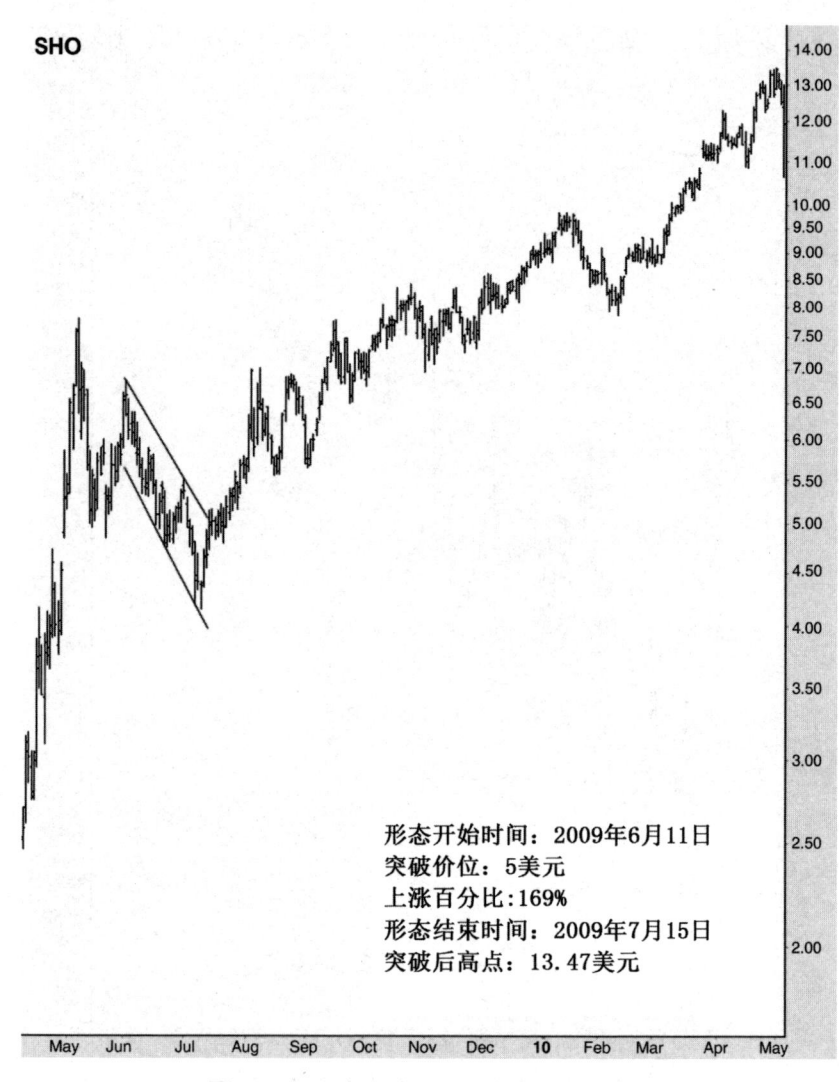

图12-2　旗形突破后股价继续上涨

图12-2中这个旗形形态旗杆的起点在1.87美元，随后股价上涨非常迅速。考虑到之前股价快速从1.87美元上涨到7.81美元，这个旗形的下跌趋势也比较陡峭就不足为怪了。

从这张图中我们可以知道，股价在旗形之前的变动速度可能会比之后的更为剧烈，尤其是在上涨趋势中。股价在大众的担忧中攀升，有时需要几个月甚至几年时间才能完成整个牛市的上涨过程，即便它是以一个令人兴奋的跳跃式上涨为开端。大约 11 美元的目标价位确实实现了，但从旗形结束后耗费了大约 8 个月时间，而旗形之前的上涨只用了这个时间的四分之一。

在你的图表分析生涯中有时会遇到几个旗形序列发生在一张图表上的情形。这也是符合逻辑的，因为一个长期的趋势要继续发展下去，期间可能会需要不止一个停顿回补的机会。能够区分出不同的旗形形态是很有价值的，因为这能帮助你更准确地预测出目标价位。

图 12-3 中只标出了一个旗形，但是仔细观察这个旗形之前的区域你会发现在 2009 年 2 月至 3 月之间有另一个更陡峭的旗形形态。如果你在分析这个图表时把 2008 年 11 月到 2009 年 7 月的这个区间都看作是旗杆，那么你测算的目标价位将会过高。

事实上，第一个旗杆是从约 8 美元到 17 美元（高度 9 美元），加上第一个旗形的突破点 13 美元，目标价位应当是 22 美元。当第二个旗形开始形成时（这个旗形在图上标注了出来），旗杆是从 11 美元到 22 美元，高度为 11 美元，加上突破点 25 美元，目标价位是 36 美元，该目标在 2010 年 4 月实现。

识别出这两个旗形，将给你带来两点好处：首先这可以让你在股价变动潜力即将耗尽时更精确地把握目标价格，另外它可以让你避免太过高估价格变动的幅度。这两点看起来好像是一致的，但第一点是让你知道何时退出，而第二点是让你避免对形态的潜力产生比较严重的误判。

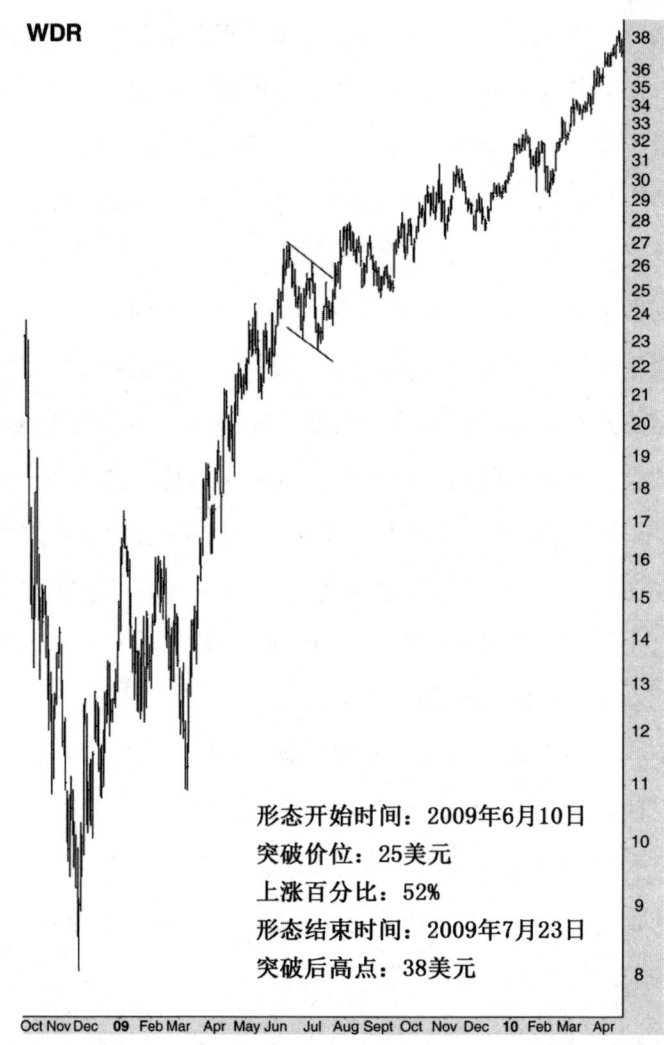

图 12-3　尽管在旗形之后的上涨比较平缓，目标价位仍然实现了

　　大多数股票在较大幅度的上涨过程中，都会有多次价格先趋缓再继续攀升的情形，但并不是每次都会形成旗形形态。先在你的脑海中想象，然后使用你的图表工具，你需要区分出两种情形：一种是一组价格曲线限定在两条平行线中，另外一种是没有明确形式的简单下跌。

第 12 章 旗形

如图 12-4 所示，嘉年华的价格在图中有四个地方是下跌的，但是只有第二个是旗形形态，在图中标记了出来。

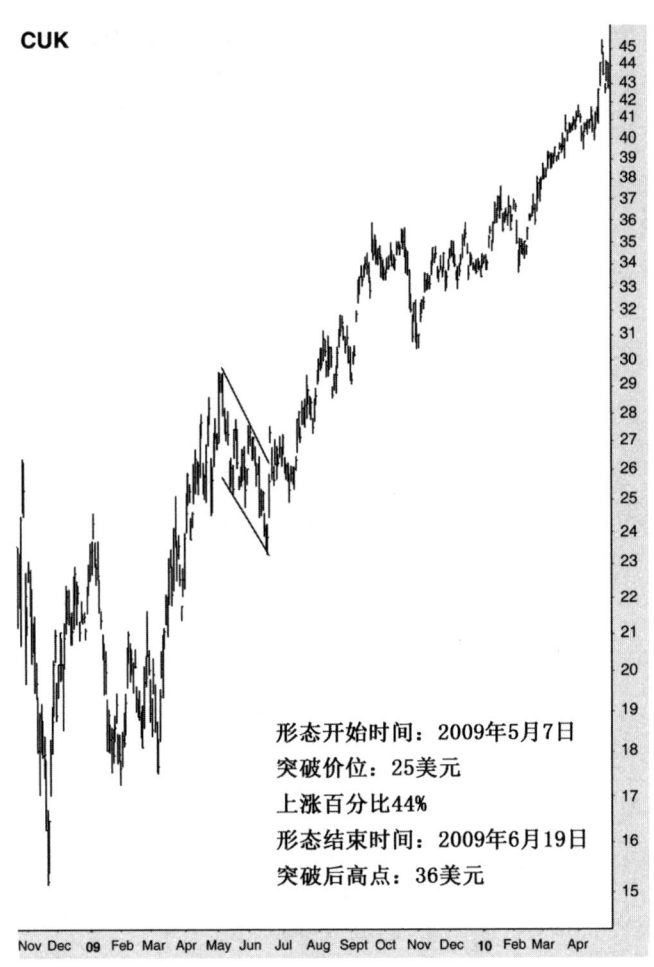

图 12-4 这个形态所预测出的价格变动非常完美

在 2009 年的大部分时间里梦工厂动画（DWA）股票一直处于强劲回升中，在此过程中股价至少出现了四个缺口（缺口是另外一种图表形态，在其他的章节中会介绍）。在第一个和第二个缺口之间，有一个比较陡峭的下跌旗形。

尽管有缺口的存在，它们仍然被计算在旗杆高度之内。把图12-5中梦工厂的图作为例子，第一个旗杆从18美元到29美元，高度为11美元。突破点大约在28美元，那么目标价位则是39美元。股价在2009年末遇挫下跌，有趣的是，这个价位也正是股价上涨停顿的地方。缺口是股价回升的重要确认标志，但旗形可以让我们预先知道在何时卖出获利。

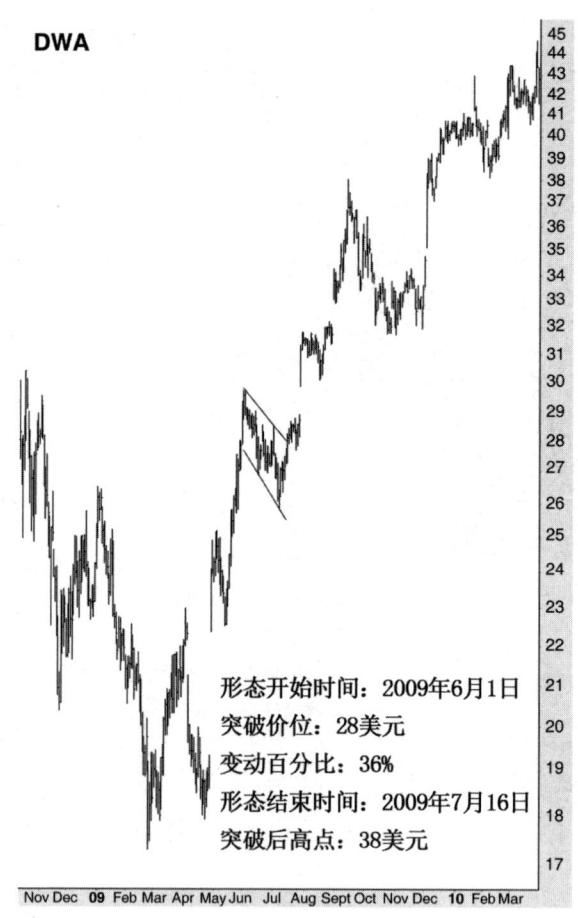

图12-5　在这个股票的上涨趋势中有一系列巨大的缺口

尽管设定目标价位是一个排除主观判断进行获利的好方法，但有时股价的上涨可能会远远超过这个目标价。因而你会发现更聪明的做法就

第 12 章　旗形

是在股价上涨到目标位时只卖出一部分头寸，剩下的头寸设置一个很小的止损区间，这样你就不会错过更大幅度的获利机会。

如图 12-6 所示，西斯科公司的股票就是这种情形的很好示例。股价从 19 美元上涨到 23.5 美元，然后开始形成旗形。在 21.5 美元旗形被突破，目标价位应当是 26 美元。但是在股价涨到目标价位之后，一直继续上涨到了 30 几美元。如果在 26 美元的目标价位实现之后，你继续持有一半的头寸，那么在这波涨势力竭之前你就能获得额外的 5 美元/股的收益。

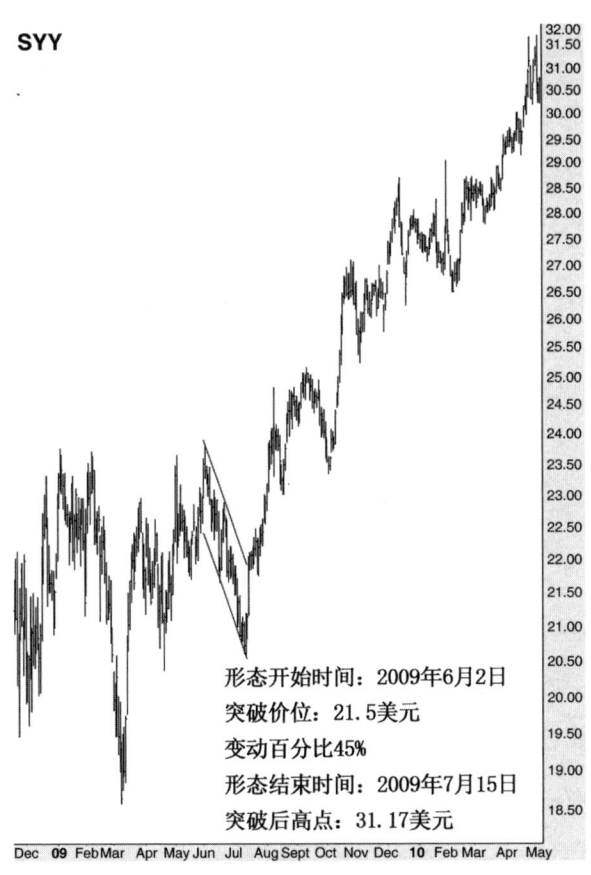

图 12-6　股价的上涨幅度远远超过了目标价位

对于下跌中的股票，旗形同样也是一种整理形态。图12-7是代码为DTE的股票的示例，之前应用在牛市股票的规则同样也可以应用在熊市股票上，只不过方向相反而已。

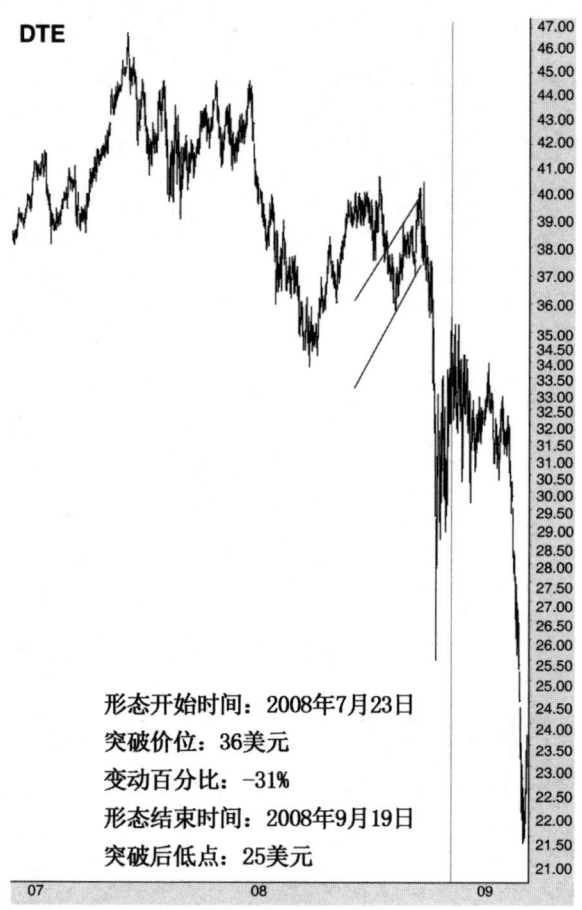

图12-7　这只股票在2008年中期看起来好像要回升了，但从旗形被破坏可以确认它的下跌趋势仍在继续

图 12-7 中标示出的旗形位于股价最高点和最低点的中间。也就是说，旗形两侧旗杆的高度是一样的，这点与旗形的特征是一致的。股票从约 47 美元开始下跌，而旗形从 38 美元开始形成，左侧的高度为 9 美元。旗形在大约一个月后于 36 美元处结束，预示的目标价应当是 27 美元，该目标价后来被实现并超过。

要注意的是，本章当中其他的牛市股票所形成的旗形是下斜的，而这个旗形本身是上斜的。这与旗形的概念是相符的，因为旗形是在一个大的变动趋势中的逆向休整。股价短暂地努力上行，但形态逐渐被抛售压力所打破，之后价格像之前一样继续下跌。

图 12-7 和图 12-8 的例子都说明熊市旗形的时间长度比牛市旗形的要短得多。

图 12-8 中，股价于 2007 年 10 月 5 日从 11.38 美元开始下跌。当旗形于 2008 年 8 月 6 日开始形成时，股价是 6.31 美元，旗杆的高度为 5 美元多一点。2008 年 9 月 25 日旗形形态结束，突破点为 5.6 美元，预示着右侧旗杆的底部应当为 60 美分。

令人惊奇的是，股价的低点与这个目标价非常接近。股价在 2009 年 3 月 17 日跌到底部 83 美分，随后开始了幅度高达 1000% 的反转。相对于延续几年的大跌过程，尽管这个旗形显得非常短小，但它对于股价最低点的预测能力是令人瞩目的。

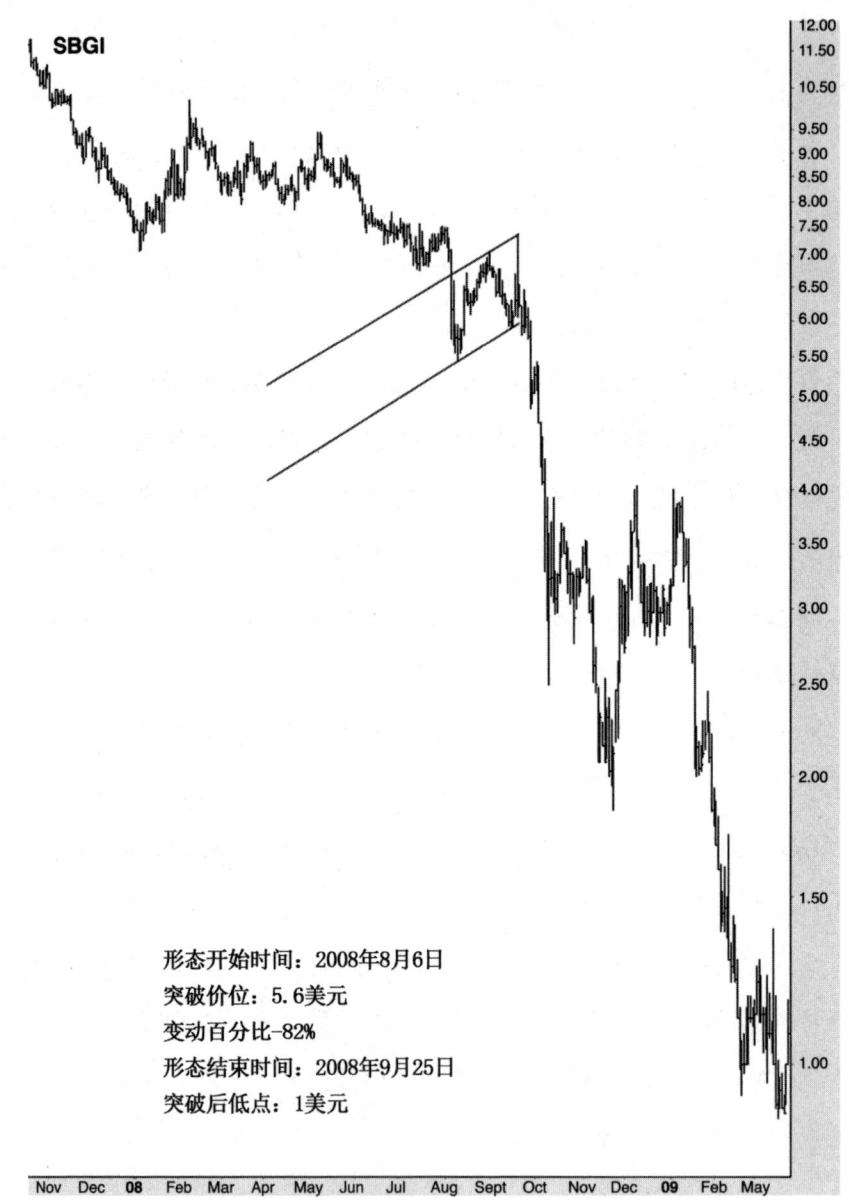

图12-8 这个旗形的持续时间非常短,因为抛售压力太过沉重使得股价没有耗费很长时间的休整就步入全力下跌的状态

小结

旗形的力量主要在于它预测目标价格的能力。旗形正在构建时,很难识别出它们,然而如果你跟踪关注的股票刚刚经历了一波很大幅度的上涨或下跌,你就应该留意寻找一下看是否存在旗形,因为它不仅是一个停止点,而且也是一个预测方法。

需要牢记,不管是在牛市还是熊市中旗形都有可能出现,但是它们的走向必须是和总体趋势相反的。同时旗形的构建还要求在两条平行趋势线之间的价格变动不超过三个月。如果你的观测对象符合这些条件,那么将会有一个非常有用的助手来帮你预测相应证券下一个重要的价格点位。

第 13 章　缺口

当一个证券的价格突然（通常是意料之外的）上涨或下跌时，其价格柱形图上就会有一大段竖向的空白区域，这种情形叫作缺口。很多事情都可能导致价格缺口，比如超出预期的收益增加或下降，医药公司某种重要药品获得 FDA 批准（或否决），公司的收购等。缺口通常是市场中的一些突发事件使得股票买入或卖出力量远远超过平时成交量导致的。

止损价很有帮助，但它并不能完全保证你的安全，而缺口正是原因之一。比如你在 10 美元买入股票，设置止损价位 9.99 美元，但这并不能保证在任何情况下都能使你的损失最小化。这家公司可能公告称它过去五年的财务报表都是伪造的，那么它第二天很可能在 2 美元买入价上开盘（还要你比较幸运才行）。这种冲击事件就是一个缺口。

形态定义

缺口最简单的定义就是证券某一天的最高价低于第二天的最低价（反之亦然）。如果周一的最高价是 15 美元，而周二的最低价是 16 美元，这就是一个缺口。如果周四的最低价是 14 美元，而周五最高价是 13.75 美元，这也是一个缺口（虽然很小）。

我们所关心的缺口通常是 25 美分以上的，它们在图上很容易就能识别出来，而且网上有大量免费的资源可以给你提供每天的上涨缺口和下跌缺口列表。如果你读过关于缺口形态的书，那么你很可能遇到过各种各样的专有名词，例如竭尽缺口、普通缺口、逃逸缺口等等。按照我的经验，这些分类没有什么价值，我们只需要去关注有意义的价格缺

第 13 章 缺口

口，正确利用它们就行了。

图 13-1 展示的是 Equifax 公司（EFX）的股价走势图，图中可以看到在 2003 年 4 月有一个上涨缺口，伴随着巨额成交量。你经常可以看到在缺口发生当日成交量都会大幅增长，这是因为买单（上涨缺口）或者止损单（下跌缺口）被大量执行。由于跳空上涨的刺激，股价继续走高，然后开始抛售下跌（这种情形经常发生）。股价回补了缺口，而这正是我们想要看到的买入信号，然后股价开始了一波更为持久的上涨，价格几乎翻了一倍，直到下一波调整为止。

图 13-1 在缺口发生后股价几乎上涨了一倍才遇到实质性的回调，由于图幅限制在该图上并没有完整展示随后的上涨过程

以下四个阶段：(1) 缺口，(2) 沿着缺口方向发生一波上涨，(3) 回调，(4) 沿原来方向一波更有力的推进，共同构成了本章当中一再阐述的形态——缺口。作为交易者，我们的工作就是识别出这些缺口，然后在最安全的时机介入相关股票。另外，你最好是能找到在相同的总体方向上突破的缺口形态。你将在本章后面看到的上涨缺口都是针对已经处于上升趋势的股票，而下跌缺口都是针对已经处于下跌中的股票而言的。

形态背后的心理

现在让我们假设有一只股票在过去的几年中从 10 美元稳定上涨到了 20 美元。这个表现相当不错了，股东们对自己持有的股票价值增长普遍比较开心。

在某一个周二，收盘之后公司突然公告了一个出人意料的收益利好消息。公司的新产品销售状况超出预期，其利润大幅增长。跟踪这只股票的分析师们将推荐意见从"买入"上调到"强烈买入"，尽管在之前的常规交易中以 20 美元收盘，但由于这些利好消息，已经有证据表明在场外报价中有大量的买单。

周三上午，股票以 22 美元开盘，比上一日收盘价上涨了 10%。这只股票自动出现在诸如涨幅靠前的股票列表、热点股票列表等排名当中。金融类网站首页也都提到了这只股票的良好状况，因而更多的买家蜂拥而入。

在随后的三周，更多的分析师开始关注这只股票并对其前景表示看好，股价进一步推高到 25 美元，在几周之内上涨了 25%。现在价格开始冷却，因为很多股票持有者认为几周之内 25% 的赢利已经足够了，决定落袋为安。那些继续持有股票的人，不管是早期买入者还是新进入者看起来有点不幸了，因为价格随后开始下跌到24.5美元、24美元、23.5美元以及更低。卖出力量在继续增加，因为很多止损单开始执行，那些不坚定的持有者决定卖出，而在25美元高点进入者开始后悔他们当初的买入，因而退出头寸把损失限定在较小范围内。

股票价格现在非常接近20美元，而这是利好消息公布之前的价位。那些在22美元至25美元价位的新进入者此时要么卖出了头寸，要么在持股等待。那些在10美元至20美元之间买入的长期投资者仍然在坚定持有，因为他们的头寸仍然处于赢利状态，而且公司的优良前景并没有改变。卖出力量耗尽，慢慢地多头力量开始再次占据上风。毕竟现在股价位于20美元的水平，而这是所有利好消息出现之前的价格，因此一些人认为现在是非常好的廉价买入的时机，因为他们不需要付出缺口所带来的额外费用就能获得股票。

因而股价又开始上涨，不管股票价格如何变化，事实是公司的财富确实增加了。他们销售的产品很受欢迎，利润很好，公司收益在持续增加。现在股票价格的振奋或短暂的破灭都结束了，回到了正常的买卖轨道中，而总体上买入者比卖出者更多，将股票价格推向前期的高点25美元。

笼统来讲，这一情景是所有上涨缺口会发生的，而下跌缺口则相反。首先是投资者的兴奋（或恐惧），一波强力的上涨（或下跌），向着缺口的回调，最终股价沿着缺口形成之前的方向进行更为持久的变动。这也是你能利用缺口回补进行做多或做空的原因。当然，并非所有的股票都会回补缺口，但是如果它确实回补了，就预示着一个低风险进入头寸的机会，因为市场已经改变了股价下一波变动的方向。

示例

缺口在市场中相当常见，因此本章提供了大量的实例，并且包括了各缺口之后价格变动的幅度。

如图13-2所示，哥伦比亚广播集团公司（CBS）的股价图表使得交易者的决策变得非常容易，因为缺口的回补恰好就是一个非常清晰的头肩底形态的结束。缺口在大约10天之后回补，同时这也是对颈线的回调。

需要指出的一点是缺口回补并不一定意味着股价完全回到缺口发生时的水平。事实上股价可能在上涨缺口（或下跌缺口）之后并不回调。而在价格发生回调时，价格回调距离最初的缺口越近，风险也就越小。如果一个投资者一定要等待缺口完全回补，那他可能根本没有机会进入头寸。在这个例子中，缺口的低点是8.97美元，而CBS回调的最低点是9.4美元，在缺口之上还有5%的距离。没有放之四海皆准的规则告诉你什么时候一个交易是安全的，但是有一个好的办法就是在回调的时候逐步进入。

也就是说，如果一个人想要买入10000美元，他可以先在一个价位买入2500美元，而股票可能会再跌一些，此时再买入2500美元，股票可能会进一步下跌，再买入2500美元，然后股价突然飞涨标志着回调结束，此时再买入最后的2500美元。因为他并不知道价格会跌到什么程度，通过这种方式把风险分散了。虽然这样一来他所买入的价格比可能的最低价要高一些，但期望刚好在最低点买入所有头寸本来就是不现实的。至少通过这种方式，他不会一直坐视股票悄悄触底，然后回升上涨，使得风险收益比变得不再有吸引力。

第 13 章　缺口

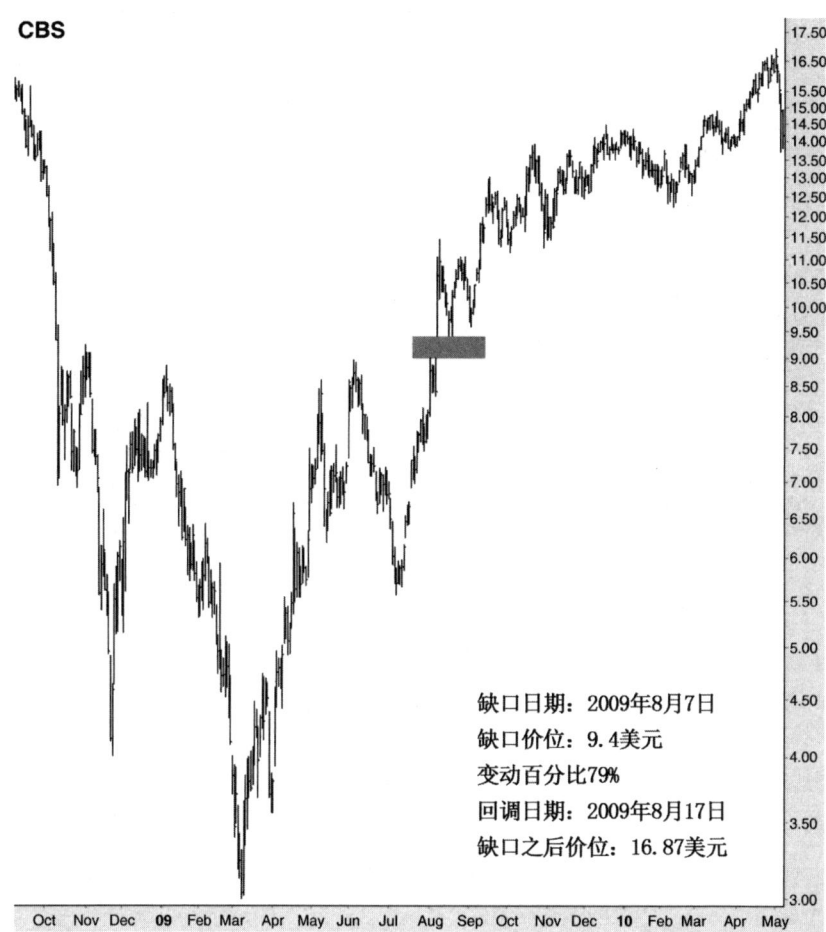

图 13-2　这张图上我们可以看到缺口的产生同时也代表着一个头肩底形态的完成

　　如果一只股票回调到接近缺口的价位，此时是一个相对低风险的进入点，但该股票也可能在不久之后重新回落到缺口附近。持有这种头寸的关键是把止损位设置在合理的水平。一些人会把止损位设置在比缺口低一点点的水平上，这样做当然可以避免股价翻转前下探到缺口以下几美分时出局的风险。然而如果你想在缺口交易中更保守一些，可以把止损位设置的再低一点，比如在缺口之下 0.5 个百分点。

图 13-3 的例子中，这只股票在出现缺口之后很快重新回调到缺口价位，然后在几个月之后第二次回调到缺口附近。很重要的一点，第二次回调没有击穿缺口价位，事实上它的低点比第一次回调要稍微高一点。这种较高的低点也是股票价格上涨的一个标志。

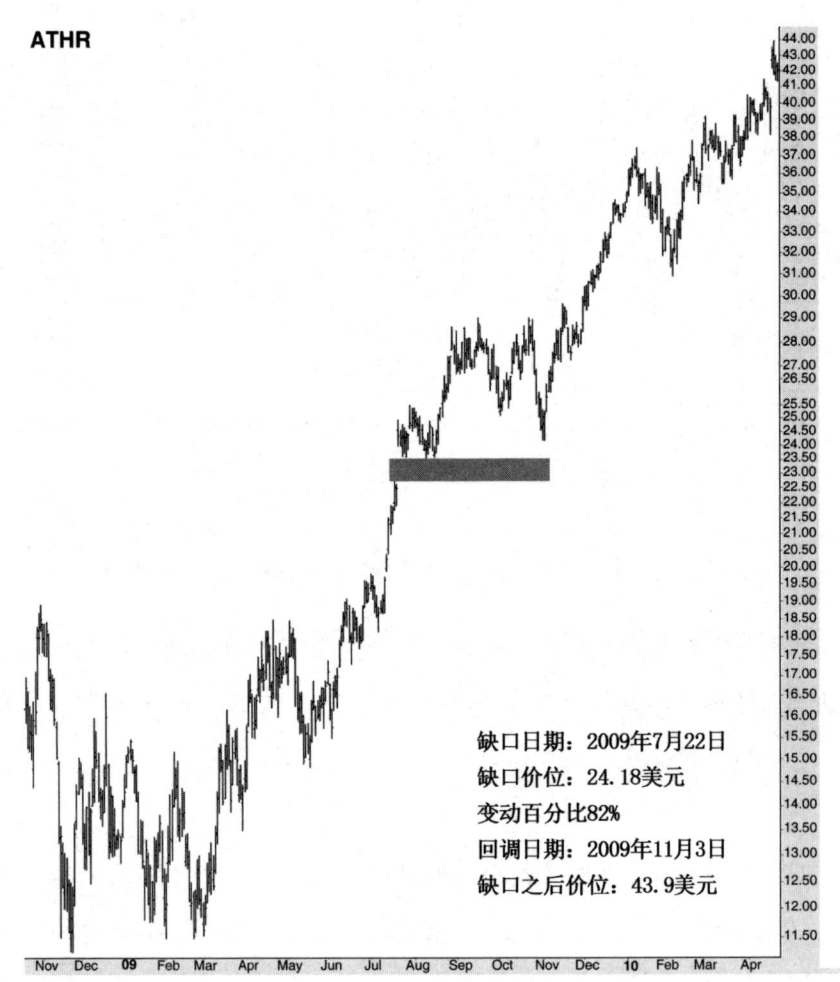

图 13-3　股价出现缺口之后回调了两次，但股价整体向好的趋势并没有因此改变

第 13 章　缺口

　　缺口之后的回调可能发生也可能不发生，如果确实发生了，整个回调耗费的时间可能很短也可能很长。这也是为什么耐心——逐步建仓——可能会使得整个回调的等待过程不那么令人难以忍受。

　　图 13-4 揭示出股票在经过最初的起飞过程之后迅速飞涨成为"黑马"的风险。达登餐饮公司（DRI）在 3 月 18 日经历了一波上涨，并在 4 月 22 日迅速创造新高。之后开始慢慢下跌，到 11 月 2 日跌幅达到 25%。你可以想象到投资者买入这只看起来非常火热的股票之后，只能眼睁睁看着市值不断缩水，他们的情绪是多么焦虑。

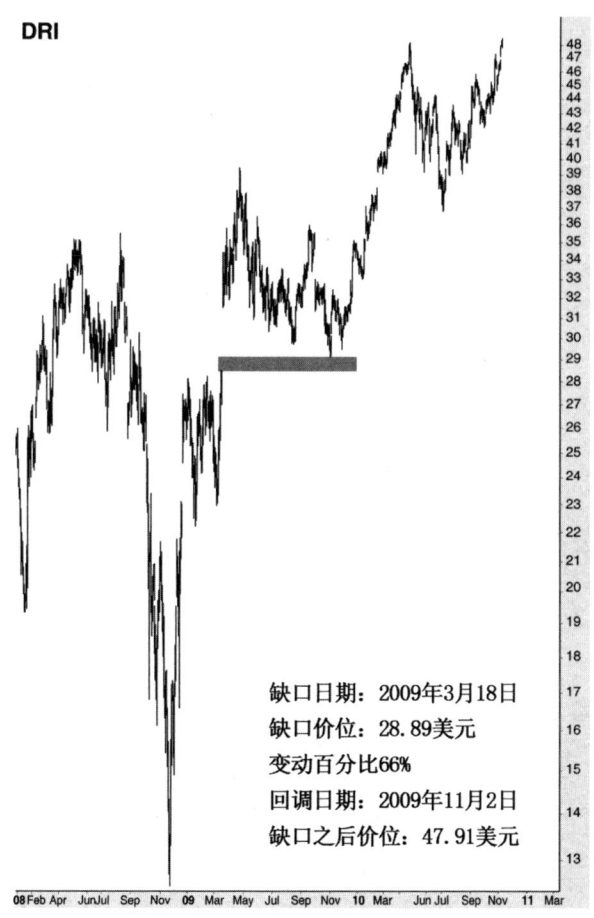

图 13-4　那些在缺口之后买入的投资者在股价真正走高之前，需要忍受高达 25% 的亏损

然而更精明的观察者会使用缺口作为指导，把 28.5 美元作为逐步建仓的基准。总之，回调可能会经历一段时间，因而耐心才会让你获利。

股票价格在大幅度上涨过程中必然会经历一系列的较高的高点和较高的低点，这是已经得到公认的。没有任何一只股票会直线式上涨，但是在总体上涨趋势中的股票，偶尔也会经历比较大幅度的下跌，但此时的抛售压力并不足以使得股价创造新低。

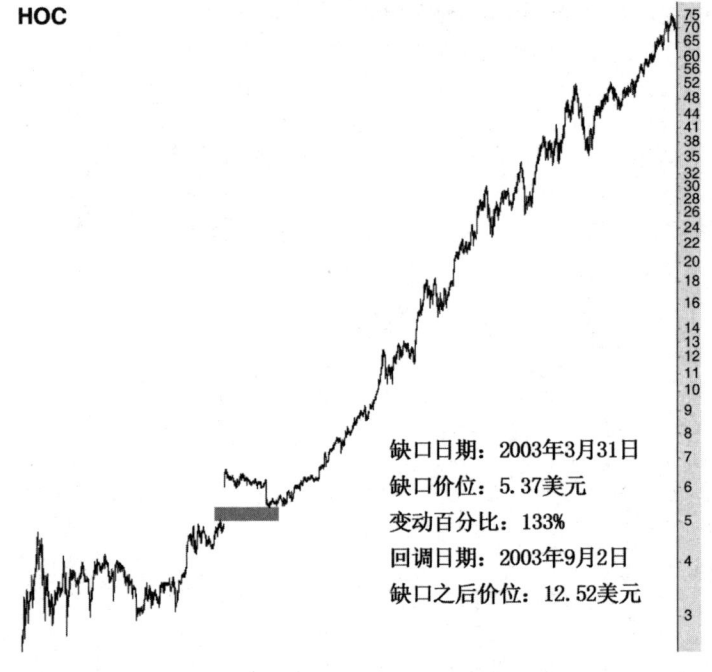

图 13-5 一个强劲的上升缺口和一个提供了很好买入机会的回调，预示了 HOC 的股价接下来令人震惊的稳步上涨

有时某种股票头寸可能会给其大量持有者带来翻天覆地的变化，而图 13-5 正是这样一个实例，因为冬青公司（HOC）股票上涨了超过四位数的百分比。在这波大幅上涨之前，2003 年 3 月 31 日有一个重要的缺口。当天的成交量也是一个非常强烈的信号，因为有 5316800 股成交，而前一天成交量还仅仅只有 120800 股。这一天的上涨就达到了股

价该年一年中的上涨幅度,但接下来的下跌则又导致这一年的账面收入灰飞烟灭。

很重要的是,这次回调并没有跌破缺口价位,而在年末建仓则提供了一个非常好的进入价位,因为已经证明这只股票可以不断创造新高。

我们接下来将要关注的是一些在总体下跌趋势中产生的下跌缺口的示例。

作为一家公众公司,KK甜甜圈公司(KKD)有一段非常有趣的历史。它在非常无情的熊市中上市,但却是2001年中为数不多的股价上涨的公司之一。实际上在美国发生9·11恐怖袭击的当周,KK在周末收盘时仍然是上涨的,这使得它看起来颇为惹眼。

这只股票在2003年8月13日达到最终的高点50美元,然后进入下跌趋势。在图13-6中所示缺口发生时,这只股票已经跌去了峰值价格的90%。

图13-6　在股价突然下跌之后,接下来的几个月一直处于弱势状态,但是大约一年之后,缺口像KK的果冻甜甜圈一样被填平了

现在我们来看图 13-7 中 Dish 网络公司股价在 2008 年 1 月 2 日的突然下跌。对于那些卖空股票的投资者来讲，选择卖空时机尤其重要，因为你可能会承受额外的股利负担。换句话说，如果你买入一只股票的价位过高，需要等待一年时间以期股价回升，在你等待的过程中你至少还可以获得股利收入（假设股票支付股利的话）。如果你卖空股票，则情形刚好相反。你不仅要承受股价可能走高的风险，而且还要因为做空特权而支付股利（在很多时候，你首先要支付借入股票的利息），因此缩短做空等待期限就非常关键。

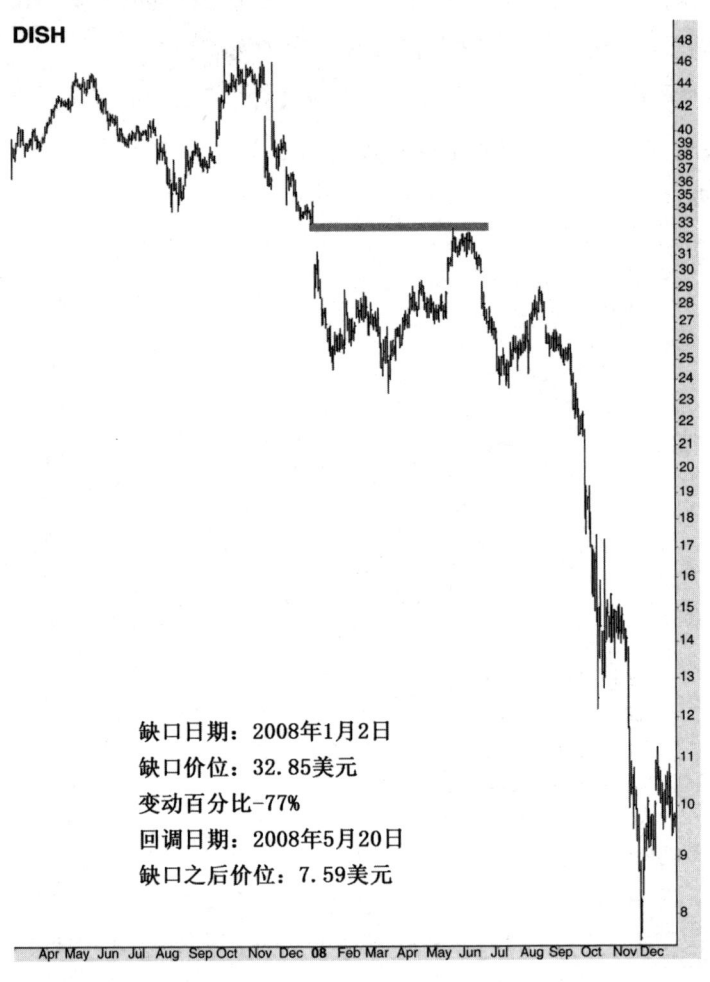

图 13-7　当股价回到 33 美元价位时，是一个非常理想的卖空时机

到 2008 年 5 月 20 日，股价回到了 32.85 美元，比缺口价位仅仅低 45 美分。股票价格在之前的下跌中已经触及 23.4 美元，因此等待缺口的回补对于那些想要卖空的人来讲是非常有利的（同时也是为那些不幸的多头提供了一个很好的出逃机会）。从那时开始，股票开始更为剧烈的下跌，一直到反转之前的 7.59 美元。

电子公司安捷伦在 1999 年 11 月 22 日上市，尽管该股票最初涨势很好，但随后 2000—2001 年的大熊市开始了，使得股票从 2000 年 3 月 7 日开始掉头下跌。在下跌过程中，股票于 7 月 21 日出现下跌缺口，伴随着成交量比前一天放大了 10 倍。

如图 13-8 所示，对于空头来讲，这只股票有两次很好的进入机会。第一次是在缺口之后不久即 8 月 29 日，第二次是下一年的元月 18 日。这两次情形中，股价都接近但没有突破缺口的顶部。在 8 月 29 日进入空头寸的人可能有点太快了，因为此时股价仍然表现良好。

元月 18 日的回调比之前的那次更高一点儿，随后股价下跌了 85%。很明显通过图 13-8 的例子，我们可以发现在利用缺口的基础上卖空头寸可以为我们提供非常好的风险/收益比率。假如一个投资者在 63 美元进入卖空头寸，设置止损价 72 美元，将会在交易中承受 14% 的风险，但会享受 85% 的收益，这个风险相对于收益是完全值得承受的。

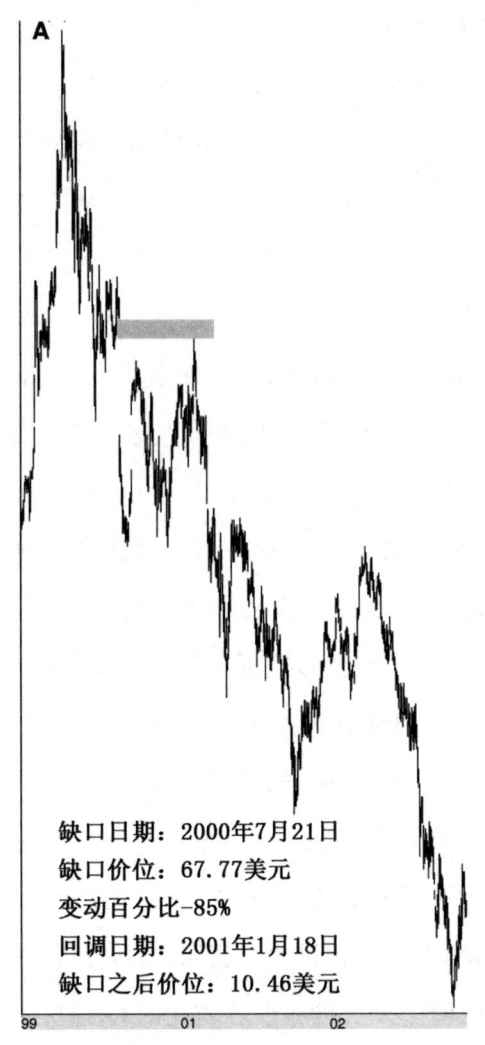

图13-8 这是一个非常突出的缺口回补情形,其中早早的一次回补尝试失败了,但随后更强劲的一次上涨完成了回补过程

接下来的一个例子,如图13-9所示,是非常精彩的,因为它描述了岛形反转现象。这种类型的反转不是由一个而是由两个缺口构成的。岛形反转非常稀少,不管是在牛市反转还是熊市反转中,它们都是极为

强力的指标。

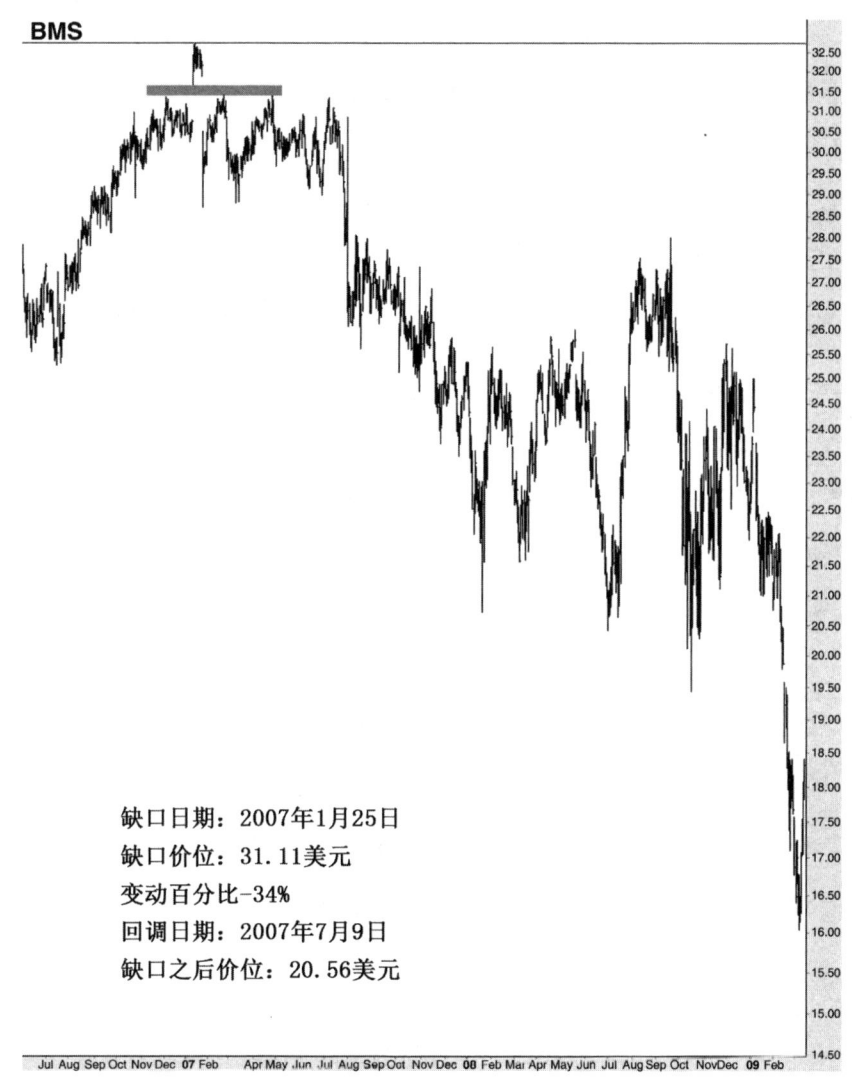

图 13-9　如此定义完美的岛形反转非常罕见，通常都是相当强力的

在图 13-9 中，股票于 2007 年 1 月 11 日跳空上涨，创造了历史高点。然后又在 1 月 25 日跳空剧烈下跌，同时伴随着巨额成交量。1 月

11日和1月24日之间的交易活动就是由两个缺口所造成的岛，对于股票来讲这是一种非常极端的熊市形态。

在2月22日股价回调到距离之前的缺口不足1美元的价位，之后股价开始上下震荡——但总是越来越低——直到在2009年3月6日跌到不足16美元位置。根据缺口建立卖空头寸是一个很好的主意，但是如果你曾经利用岛形反转形态这样操作过，你很可能就会理解为什么这种反转形态是如此受人推崇。

有时候一个突发事件可能会导致股票价格非常快速的下跌，这样的做空机会投资者很难抓住，因而没什么价值。在9·11恐怖袭击之后，BEAV航空公司股票急速下跌，在股市重开后5天之内就跌到了底部。那些持有多头头寸的人几乎没有机会出逃，那些想要卖空该股的人最明智的办法就是保持观望。然而，仅仅7天时间该股就又从底部上涨了三倍，这一价格变动给空头账户带来的不仅仅是损失，而是会将它们完全摧毁。

到2002年春，BEAV股价又恰恰回升到之前缺口开始发生时的价位，如图13-10所示。这个缺口的顶部是14.23美元（也就是说股票暴跌之前的低点是14.23美元）。2002年4月11日的股价高点是14.05美元，与缺口价位相当接近。尽管股价又经过几个月时间才再次真正下跌，但跌幅耸人听闻，超过了90%。

第13章 缺口

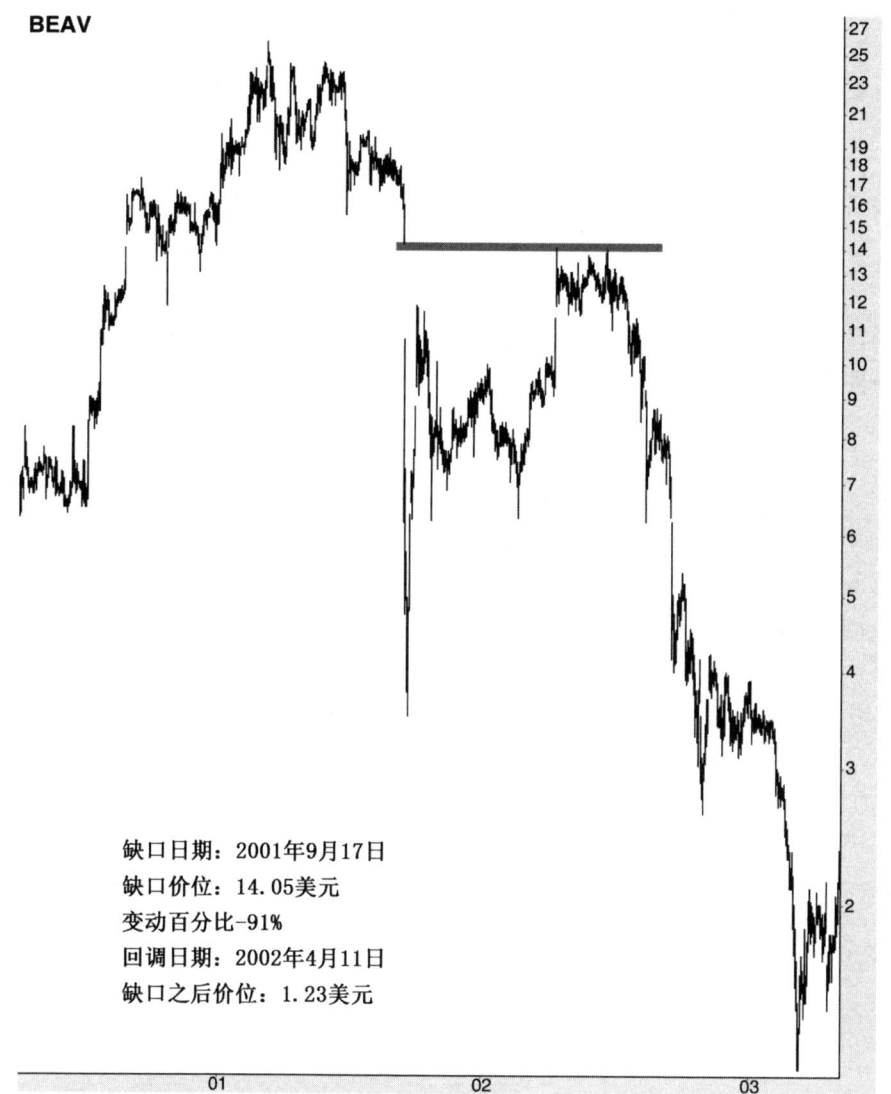

图 13-10 2001年末的突发事件导致这只股票的持有者承受了大量损失,但是那些继续持有的人在下一年有第二次机会可以在更好的价位卖出

在市场中也有一些股票会在比较短的时期内经历多个价格缺口。其中一些股票是由其自身的本质决定了他们是"缺口股",比如Google

（代码GOOG），经常会由于赢利情况的变动而产生上涨或下跌缺口，把投资者惊倒一片。

　　图13-11展示的是股票AFFX，它在四年之内经历了三个大的价格缺口。第一个缺口发生在2005年7月22日，并在当年11月22日被回补。随后股价跌去了64%。一个在长期卖空该股票的投资者可能会在小幅赢利之后止损退出，因为该股在2006年8月至2007年4月之间又重新变得非常强势。

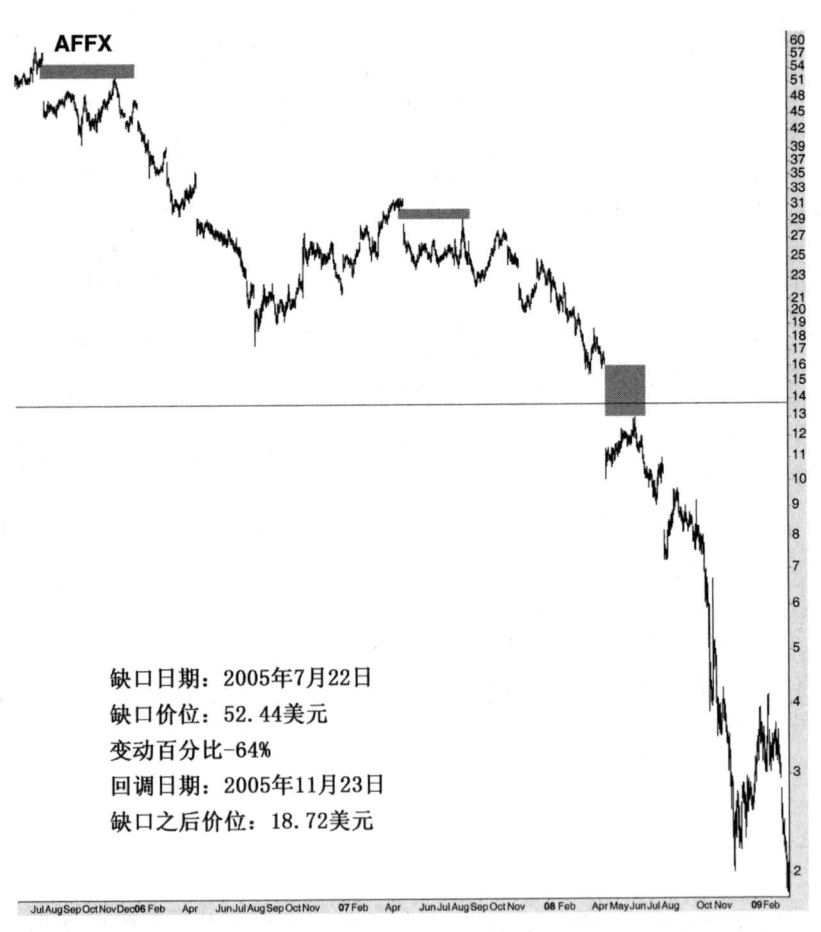

图13-11　这里我们看到了非常少见的三个连贯的下跌缺口

然而该股在 2007 年 4 月 26 日跳空剧烈下跌，之后在 8 月 8 日回补缺口，然后再次从 25 美元暴跌到 17 美元。然而事情还没有结束，股价在 2008 年 4 月 15 日再次跳空下跌，这次暴跌一直持续到 2009 年 3 月 9 日（这个时候，大多数股票都开始回升上涨），股价跌至 1.78 美元。

对于持有卖空头寸的人来讲，这种多重的跳空下跌完全是好消息。一只股票的跳空下跌会引起该股多头的绝望和恐慌，同时导致空头的鼓舞振奋。但是一只股票如果跌到了这个程度，像本例中从 52 美元跌到不足 2 美元，那么接下来它很可能会反转回升，除非公司走向破产了。

图 13-12 提供了另外一个多重下跌缺口的实例。有趣的是，这两个缺口的行为表现完全不同。第一个缺口发生在 2007 年 4 月 16 日伴随着巨额成交量，在 7 月 11 日回补，然后股价在 30 美元至 40 美元区间徘徊整理了 7 个月。尽管在缺口当日发生了巨量的抛售，股票并没有立即步入下跌趋势。它只是跌去了一部分市值，并试图筑造底部。

图 13-12　这只股票持续弱势，接连经历了两次下跌缺口

在 2007 年 11 月末股票筑底失败，开始迅速下跌。2008 年 4 月，也就是这次下跌的中段，股票再次跳空下跌，后于同年 8 月回调。此时股

票显得非常虚弱，多头们完全陷入恐慌以至于没有试图在任何价位展开有效抵抗。相反股价继续下跌，在经过一个微弱的回调之后，最终于2008年11月20日跌到最低点58美分。

第一次缺口发生后，有大量的机会让多头出逃和空头建仓。而第二次缺口，除非他们提前已经卖出（或建仓），否则一切都来不及。第二次缺口之后，股票行为的本质已经发生了改变，接下来的大多数日子除了卖出还是卖出。

股票在跳空下跌之后又以一个缺口跳空逆势上升的情形非常少见，但是如图13-13所示，eBay公司的股票为我们提供了一个这种实例。这种情形也告诉我们，如果一个人头脑足够敏捷的话，他在两个方向上都有机会获利。

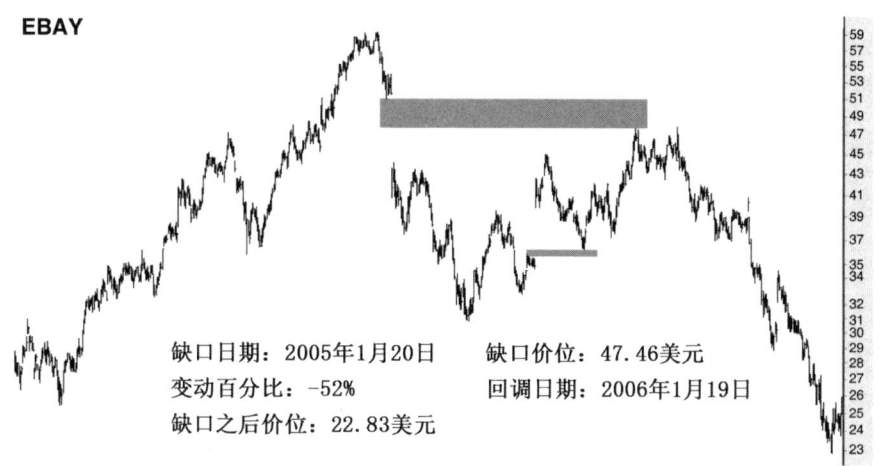

图13-13　图中有两个获利机会：一个是针对大的缺口做空，另外一个是针对较小的缺口做多

该股票在2005年1月20日跳空下跌。直到一年之后才回补缺口。但是在缺口回补之前，股票处于下跌过程中时，却于2005年7月21日

发生了跳空上涨。你可以想象得到这种情形必定令人困惑异常。对于一些卖空股票的人,这是一个令人不安的强力逆势上涨行为;而对于一些多头来讲,这很可能会让他们振奋不已从而以为最坏的情形已经过去。

非常精彩的是,两个缺口都确实回补了。上涨缺口在9月21日回补,为投资者在总体下跌趋势的中段提供了一个短期的做多机会。更重要的是,在2006年1月19日股票回补了之前的下跌缺口,尽管1月19日的股价高点距离一年前1月20日的低点(也就是下跌缺口的顶部)还有3美元。

从那之后,股价开始进入强力下跌趋势,没有任何停顿地一直跌到股价个位数位置。一个人是否能够同时利用这两个缺口获利,取决于他对时间期限的安排。一个长期的投资者很可能只是等待下跌缺口的回补,这需要一年时间,但最终的成交是非常精彩的。而一个更积极的投资者如果能够有时间密切关注市场的变化,就可以对下跌缺口做空的同时转而对上涨缺口做多,而在股价回补缺口攀升到47美元的时候再次转而做空。

小结

缺口是股票遇到重大变化的一个市场信号,而赢利交易者与亏损者的区别就在于他们知道如何应对这种变化。那些在股价上涨时蜂拥而入,在股价跳空下跌时慌忙出逃的人,将会发现他们不得不困守亏损的仓位以被动等待局势好转。然而那些能够利用缺口行为的人,将会在更好的价位建仓,在降低风险的同时扩大潜在收益。

第14章 头肩顶

头肩顶形态的名字非常有趣，同时它的目的也明确有力：就是标志着你正在分析的证券很可能面临价格的反转。这个形态是技术分析中最为知名、最容易识别，同时也是被误判最多的形态之一。顾名思义，头肩顶形态看起来就像一个脑袋位于两个肩膀中间，而这个形态的完成意味着股价很可能开始步入下跌趋势。

形态定义

这个形态的标准如下：

1. 左肩：一波价格的上涨（最好是在一段长期的总体上涨趋势之后），一段平台，然后弱势下跌到某一个支撑水平也就是颈线。

2. 头部：价格进一步上涨，超过左肩的高点，然后再次横盘整理，随后下跌到颈线。

3. 右肩：价格最后一次上涨，最好不要到达左肩的高度（当然也就不会到达头部的高度），横盘形成平台，下跌到颈线并随后伴随着大成交量击穿到颈线以下。

头肩顶形态一旦被向下击破，目标价格就是颈线的价位减去形态的高度。例如，如果颈线是20美元，头部的顶是25美元，那么形态高度就是5美元。因此20美元（颈线）减去形态高度（5美元）就等于目标价位15美元。用此结构预测股价将会有25%的下跌。

图 14-1 展示的是现在已经不存在的一家叫作 Technical Olympia（代码 TOA）的股票，这是一个很好的头肩顶形态的实例。图中在股价走势线上方用直线很清楚地标示出了肩部、头部和颈线的位置。而用圆圈标出的则是股价击穿颈线的位置，这里标志着头肩顶形态的结束，正如所预期的一样，股价随后进入快速下跌中。

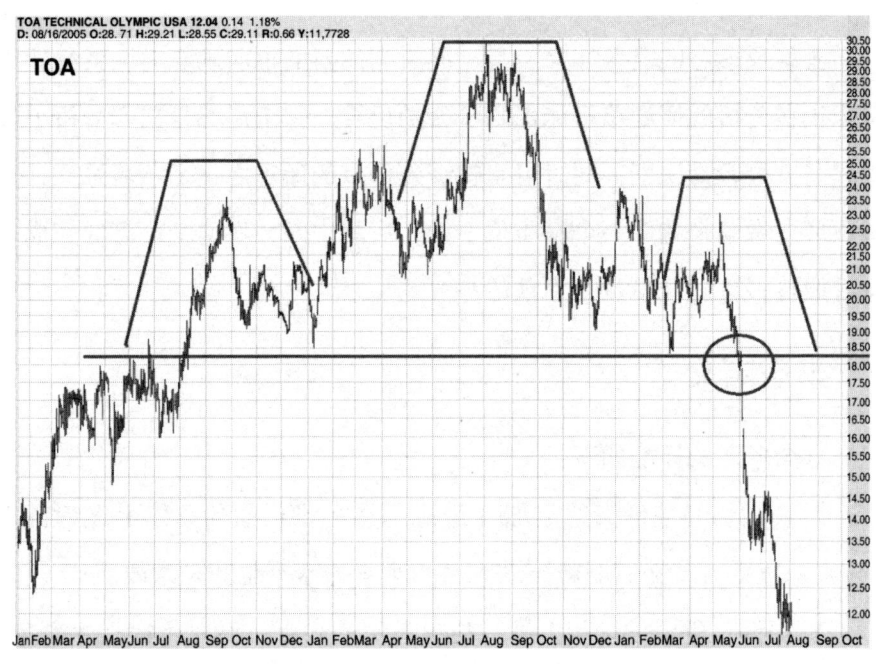

图 14-1　圆圈是颈线被击穿的位置，之后股价立即开始快速下跌

形态背后的心理

我们回到之前提过的一个基本概念，就是多头希望看到更高的高点和更高的低点这种稳步的上升。在左肩的构筑过程中，假设股价的上升过程比较稳定一致，多头会认为一切都很好从而对形势仍然非常满意。左肩的顶部可能标志着股价的又一个高点。

在头部开始形成时，多头仍然非常满意，因为他们再次看到了一个较高的高点。但是不好的情况出现了，因为价格又一次回落时，跌到了之前左肩底部的水平（也就是颈线）。于是一系列较高的高点和较高的低点不再持续。但至少，从看涨的观点来讲，股价在某个水平上（仍然是颈线）具有强劲的支撑。

当右肩开始形成时，多头们想要看到股价创造超过头部的新的高点。（注意，绝大多数关注这只股票的个人投资者并没有去认真观察这个图，更不用说去分析头肩形态了）但是股价不仅没有超过头部高点，甚至连左肩的高度也没有达到。现在人们开始确认股票的疲弱状态，而随着买方力量的耗尽，股价开始再一次停滞在颈线位置。

在这个点上，市场需要做出选择了。它可能在已经找到的均衡线上再次支撑股价，也可能出现抛售力量战胜买方力量，导致颈线被打破。在后一种情形中，头肩形态就结束了，股票价格很可能非常不妙（至少对于多头是如此）。

然而这个过程中需要再增加一个元素，那就是回调。就像杯柄形态中的回调一样，H&S 形态有时也会有回调出现。这种情形下，经过一段短暂的快速下跌之后，那些想要捡便宜的投资者开始入场，暂时为股票价格提供了支撑。如果 H&S 形态保持住了，价格将会回升到平衡点（颈线），但不会更高。这为那些想要卖空这只股票的人提供了黄金时机，因为很可能在回调完成之后，股价会再次开始下跌，而且跌幅会超过之前获得支撑的价位。

颈线的重要性

H&S 形态最重要的特征莫过于它的颈线了，因为颈线定义了这个形态是否完成。与技术分析中的其他线条一样，颈线是多头和空头的分界线，而颈线本身则是多头和空头力量的一种均衡。颈线之上的交易代表着强势和希望，颈线之下的交易则代表着弱势和恐惧。

对于理想的 H&S 形态，颈线有 5 个独特的接触点。第一个点位于左肩的左侧；第二个点位于左肩的右侧（同时也是头部的左侧）；第三个点在头部的右侧；第四个点在右肩的右侧，也就是在这个点上价格击穿了颈线；第五个点（根据具体情形有时会有）是价格在进一步剧烈下跌之前回调到颈线的位置。

理想情形下颈线应当是水平的，因为价格均衡应当是集中在一个狭小的、一致的价格区间。然而你应当允许颈线出现一定的倾斜，斜度不管是向上还是向下的 10°之内。那些图表分析的新手经常会把看到的任何一种三个相连的价格峰值当作头肩形态，而不管这个形态是多么混乱或颈线的倾斜度有多陡峭。形态的质量越高，那么它作为预测指标的可靠性也就越强。

一旦价格跌穿了颈线，那么只有当价格位于颈线之下时，头肩形态才是有效的。（当价格回调时，在判断形态失效之前，你可能要允许价格高出颈线几个美分）虽然价格回升超过颈线高度并不意味着股价绝对终止跌势，但它确实不是一个完好的头肩顶形态在正常情况下被打破时应该出现的情形。与没有这种噪音的形态相比，你应该对这种具有噪声的形态持更谨慎怀疑的态度。

示例

下面是这个重要技术形态的一些实例，让我们一起分析检查一下。

我们先从一个不太完美的例子开始，如图 14-2 所示，这个比 18 美元低一点的颈线定义的比较粗糙。该形态的三个构成部分用斜顶标示了出来，形态的高度——从 17.3 美元到 43 美元——相当大。事实上，由于这个形态高度太大,据此测算出的目标价位是一个负值,而这明显是不可能的。然而这个预测至少很清晰地告诉我们,颈线被击穿之后股价将会有一个非常剧烈的下跌,实际证明这个下跌幅度达到了93%。

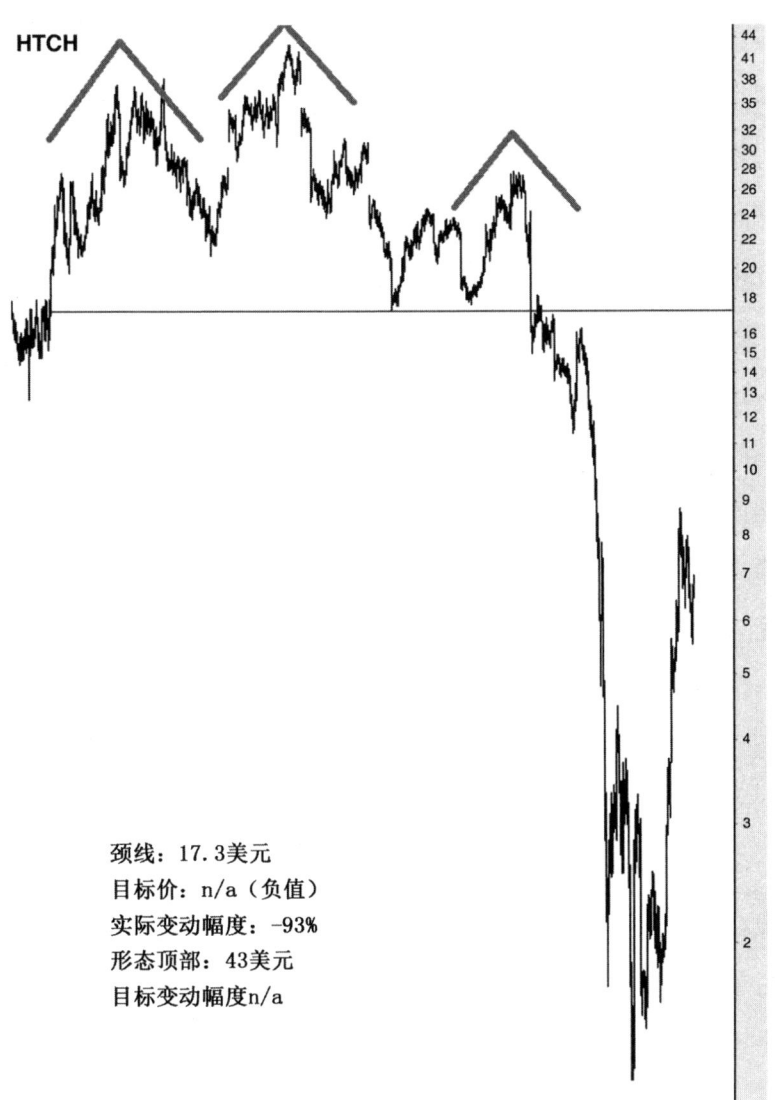

颈线:17.3美元
目标价:n/a(负值)
实际变动幅度:-93%
形态顶部:43美元
目标变动幅度n/a

图14-2 尽管本例中的颈线有点粗糙,但回调及之后的暴跌在图形上很完美

尽管颈线形成的并不完美，本例中的回调却十分精彩。颈线被击穿之后，股价跌到约 12 美元之后回升到大约 17 美元。这创造了一个极好的卖空机会，因为颈线已经失败，股价的下跌动能已经被证明，你可以在颈线价格之上设置一个相对安全的止损位。换句话说，如果你在这个价位卖空，而股价又继续攀升到了 19 美元，那么这个形态已经被严重违背，你可以止损平仓。

回顾这只股票的历史价格，我们可以发现这种情形并没有发生。在短暂地向着颈线回升之后，股价快速地进一步下跌。这说明了空头市场（或者卖空股票）的强烈要求之一——价格变化会快得令人恐怖。你可能听说过这句格言：股票攀上焦虑的高墙，沿着希望的斜坡下滑。攀上焦虑的高墙需要时间，因为总有大量的持怀疑态度的人抑制了股价的上涨。然而当股价开始雪崩时，卖出者争相出逃，而抛售本身又会引起新的抛售力量。像本例中一样，股价需要耗费几个月甚至几年才能上涨到的高度，这里只用了几个星期就跌个干净。

与前面的例子相反，图 14-3 给出了一个定义非常完美的不存在回调的颈线。该图所描述的证券 XLU 是公用事业股票的 ETF 基金（交易所交易基金）。这个头肩正是你希望找到的与书中标准定义一模一样的形态，位于 32 美元的颈线持续期大约两年。像很多股票一样，此股票的颈线在 2008 年被击穿，尽管有一个从 30 美元至 32 美元的微小回调，但之后股票很快在几周之内就跌去了 1/3 的价格，空头们几乎没有时间去抓住这个机会。

第14章 头肩顶

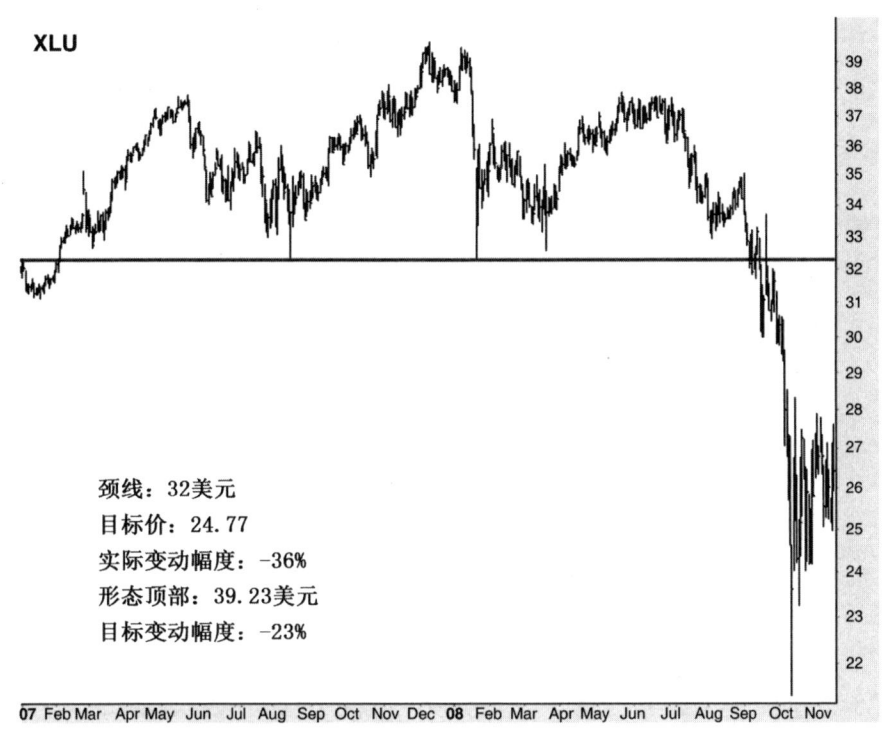

图 14-3　这只交易基金是由公用事业股票构成的，它在不到一个月的时间里就从 32 美元跌到了 22 美元

对于像 XLU 这种股票，交易者必须要考虑股利发放问题。当你做多一只发放股利的股票时，你会获利。然而你卖空这只股票时，你就必须要从自己腰包拿钱来发放股利，因为股票的持有者被剥夺了在正常情况下能够收到的股利。在 XLU 这个例子中，即便股票价格在很长时间内停滞不变，你也会有亏损，因为你要支付股利。而那些在 2008 年秋季卖空的人则完全不必担心这个问题，因为股价崩跌所带来的收益远远超过了股利的损失。

接下来的图 14-4 提供的形态更为复杂，其结果也非常剧烈极端。首先注意这个形态的左肩部分（仍然在图中用斜顶标示出了形态的三个构成部分），其自身看起来就像是一个头肩形态。尽管这个形态并不完美，但也不是非常差，一些人可能根据这个形态在 2007 年试图卖空普洛斯，但结果显然并不如愿。股票确实从 60 美元跌到了 45 美元，但它接着重拾涨势，并创造了历史新高。

股价继续构筑头部，然后又在 40.75 美元企稳，形成了右肩，接着在颈线附近横盘了几周。你可以发现图中颈线附近有非常多的噪音，因为股价一直在颈线上下 5% 范围内波动。这个已经成立一年多的颈线代表着卖方和买方力量的均衡，而在 2008 年 9 月发生的激烈拉锯战表明这个完整的颈线已经破裂，但还没有失败。

在颈线附近的持续紧张争夺，一旦抛售克服买方力量，股价的下跌将几乎不会遇到任何抵抗。股价从 40.75 美元一直跌到了不足 3 美元，几乎跌去了所有的市值，然后又剧烈反弹回升到 15 美元。这里要注意的是，这个迅速的上涨提供了一个在几月之内超过 400% 的回报机会。然而很明显价格如此变动的股票，其风险也是非常高的。

想象一下假如你是一名旁观者，发现 PLD 股票跌到 3 美元后，你认为完全值得购买了。当然，你还要承受股价跌到 0 美元（或者接近）的风险，因而你会继续观望。股价开始不断上涨到 4 美元、5 美元、7.5 美元、10 美元……一直到 15 美元。你不能再忍受继续观望自己一直关注的股票上涨下去了，虽然它最近已经上涨了 3 倍，但很可能再回升到以前的价格高位，因此你最终买入。而就在此时，股价开始掉头下跌，直到 5 美元，摧毁了你账户中 2/3 的价值。

第 14 章 头肩顶

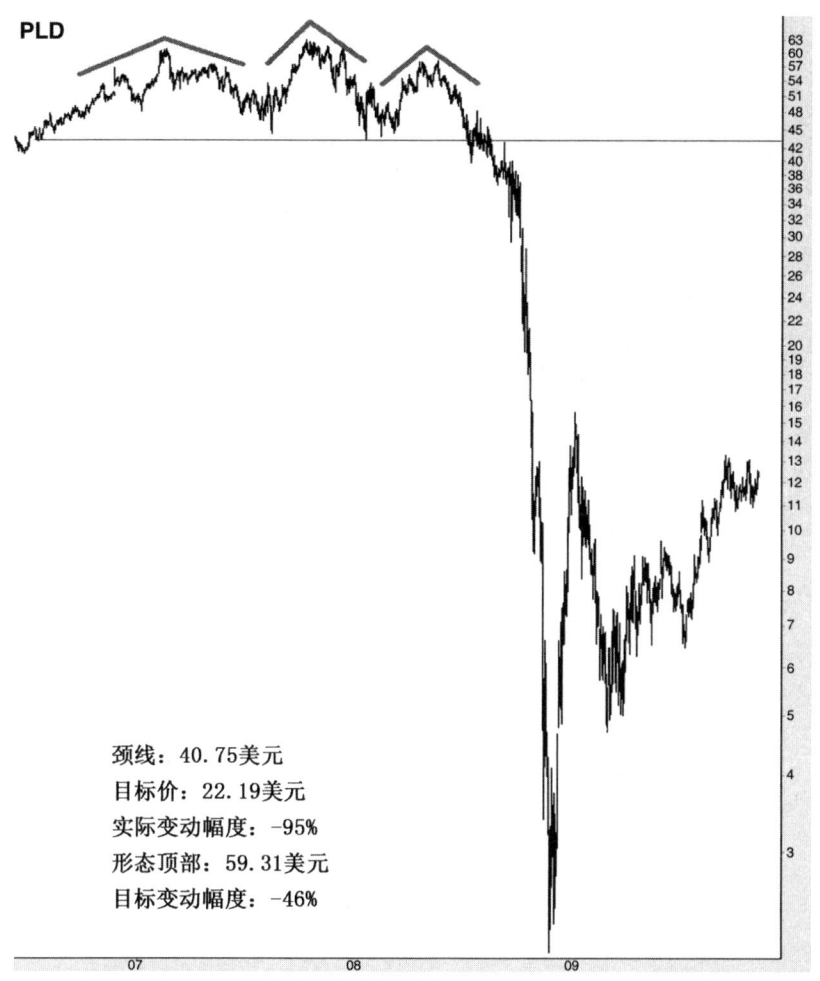

图 14-4 即便在 2008 年金融危机中，也没有多少股票像 PLG 这么剧烈波动

当然，这是一个过于极端的例子，但确实当一只股票已经陷入狂暴动荡中时，不管是做空还是做多都比赌博好不了多少。而那些能提前预见到价格走势的人，则承受的风险要小得多。如果你在 45 美元卖空 PLD，当它跌到 3 美元时，你有充足的时间去做出风险很小的合理决策，因为你此时退出的话不可能不赢利的。

投资者有非常多的金融产品可以选择。指数期权就是其中之一，而罗素 2000 指数中的这个头肩顶形态的例子，如图 14-5 所示，则向我们陈述了如何利用对指数走势的预见力来获利。

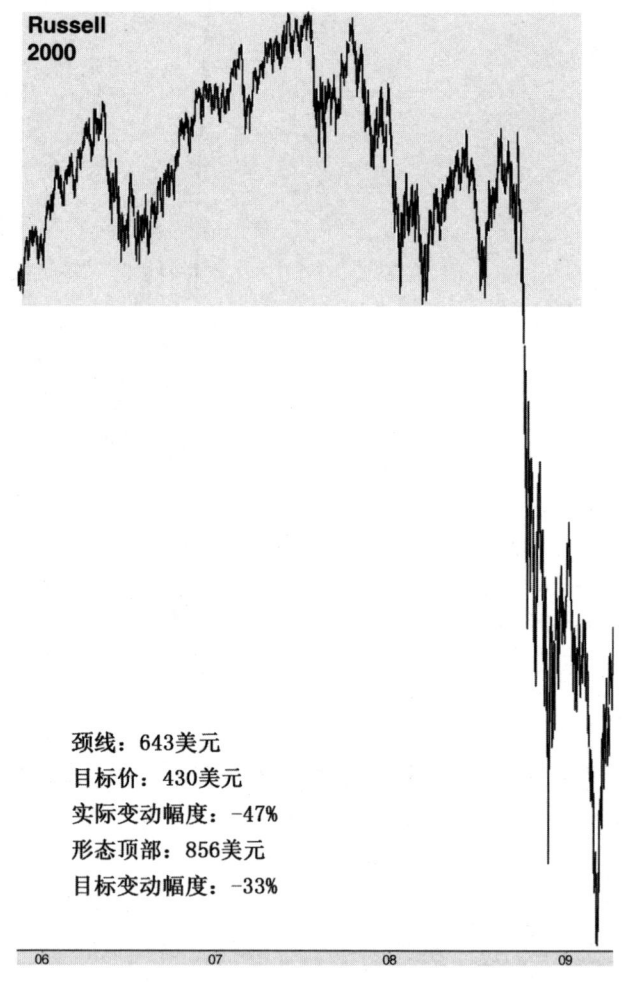

图 14-5　在罗素指数的暴跌过程中买入看跌期权会获得令人震惊的回报

这个形态引人关注的是其正规性和长度。从 2006 到 2008 年，这个由小资本规模股票构成的罗素 2000 指数，经历了一个非常少见的长期头肩顶形态。另外，如果你单独审视这个形态的头部，就会发现其上半部分是由一个比较粗略的头肩形态构成的。在价格历史图上可以很容易地看出这些形态，考虑到这个形态的规模如此之大，那么随后发生金融历史上最严重的暴跌也就不会太令人惊讶了。

当知道指数将要下跌时，你有好多种方法可以用来获利。最简单的方法就是卖空代码为 IWM 的针对罗素 2000 指数的 ETF 基金。而更激进的，杠杆程度更高的，（在这个例子中）获利程度更大的技术则是买入指数的期权。罗素指数在颈线击穿之后最终跌去了 47%，意味着卖空 IWM 基金可以获得 47% 的回报，但是通过买入看跌期权你可以获得百分之几千的回报率。当然这种惊喜在一代人中也仅有一次，因此这个极端的例子不应该被当作一种准则。

近年美国股票市场中最令人关注的头肩顶形态之一就是博通公司（BRCM）在 1998 年至 2002 年之间形成的。通过观察这只股票形成头肩顶形态以及随后打破形态的反转下跌过程，你就会更深入地了解如何用这个形态进行获利。更重要的是它表明一个形态虽然可能会营造一个甚至是几个虚假的启动，但仍然会完全发挥它的作用。

博通公司在长达几年的时间里都具有很好的涨势，从个位数的股票价格一直上涨到 180 美元。这是在 20 世纪 90 年代末的互联网泡沫时期，博通作为互联网相关的半导体产业的主要力量，是当时美国最火热的股票之一。当纳斯达克股市在 2000 年 3 月之后开始崩溃下跌时，博通公司股票也从 160 美元暴跌到 80 美元，损失了 50% 的价值。但是网络相关的股票重新获得了力量，到 2000 年夏季博通股票又创造了新高。

回顾历史价格，如图 14-6，我们会发现在 2000 年 7 月至 10 月之间

高胜算形态交易

发生了很精彩的事情,也就是一个定义相当清晰的头肩顶形态。这个形态有点不同寻常,因为它有两个右肩。这点并非没有听说过,但它说明市场在把股价推下颈线时是比较犹豫的。

近距离审视头肩顶形态构筑的这段时期,你可以看到在约 130 美元有一个非常清晰的颈线。而在 2000 年 10 月 26 日发生了重大事件:股价伴随着巨额成交量击穿了颈线,但却再次回到了颈线以上!你可以想象得到这会让这只股票的空头多么绝望,因为他们所普遍预测的形态被打破确实开始发生了,但在当天就又被修复了。

8 个交易日之后,股价再次跌破颈线,但这次没有再返回。更重要的是,这次破位伴随着成交量的巨幅上涨,因为股票持有者都在争相出逃。尽管之前曾经有一个虚假的破位愚弄了大量投资者,但看来这一次是真实可信的。

图 14-6 注意在真正的突破发生时,成交量放大了很多倍

第 14 章　头肩顶

这次破位下跌之后发生的事情也不同寻常。从 2000 年 11 月 7 日到 2001 年 4 月 4 日，博通股票在五个月之内就跌去了市值的 90%。这个头肩顶形态尽管有一次虚假的启动，但仍然对这只股票未来的走势给出了令人惊讶的准确预测（见图 14-7）。

股票于 2001 年 4 月 4 日触底以后，又用了 14 个月的时间从 12 美元大幅上涨到 36 美元。很明显大多数投资者已经陷入混乱和恐慌，正在试图对该股票给出一个合适的估价。在这次扰动之后，估价开始再次失去支撑，最终于 2002 年 10 月在 6 美元多一点触底（只有原来顶峰价格的 3% 多一点）。

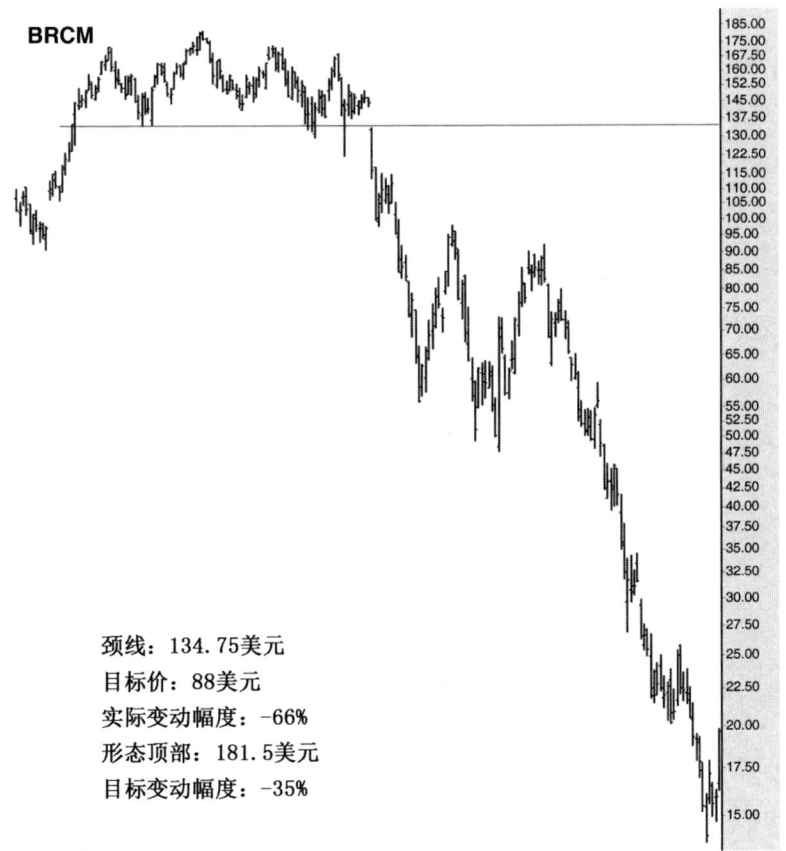

图 14-7　尽管这次下跌幅度很大，但跌势远未去尽，因为在后面的最低点中博通几乎跌去了全部价值

我们前面曾经提到过，颈线不一定要绝对水平才会有效。图14-8展示的是代码为MELA的股票，它的颈线有些轻微向下倾斜。你可能会认为这对于该形态来讲是一个正向的信号，因为它只是强调了所描述股票的弱势而已。在ProphetCharts软件中，你应当选择趋势线工具而不是价格水平线工具，因为颈线上接触点的精确性更重要，即便颈线不是完全水平的。

图14-8 稍微向下倾斜的颈线显示了这只股票的弱势

与图14-6的罗素2000指数相似，MSCI指数基金同样表明在2008年金融危机中市场整体的下跌非常规整。图14-9中的形态本身与教科书中的标准定义完全吻合，注意到右肩比左肩要矮一些，这与股票随着时间推移逐渐趋弱的假设相一致。尽管这个指数代表着几百种个股的组合，在颈线被打破之后它的价格下跌了足有一半。

图14-9　像这里的MSCI之类的广泛交易的ETF基金的产生，让今天的交易者可以更容易地利用各种交易机会

图14-10提供的例子在本章当中比较独特，因为在形态打破之后它具有两个而不是一个回调。这只股票的颈线稍微向上倾斜，一旦击穿颈线之后，股价从35美元快速下跌到20美元。然后股价又立即回弹到35美元附近，给了空头第二次卖空该股的机会。而这次股价的下跌没有那么剧烈，然后再次反弹到大约35美元。头脑灵活的空头就可以趁

此机会多次在这只股票上获利,在第二次回调之后股价就开始了最剧烈的暴跌。

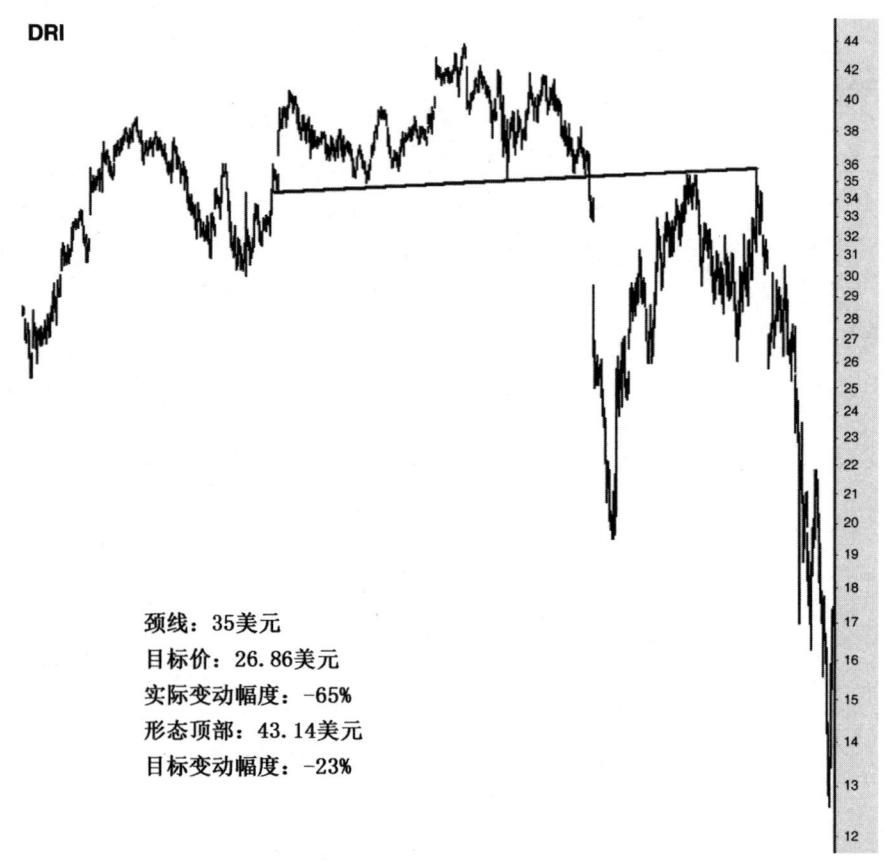

图14-10 达登公司的股价走势有点反常,因为它完整回调了两次,这可以让空头们多次从该股的下跌中获利

交易者可能会疑惑:什么时候才是卖空一个头肩顶的最好时机,是在颈线击穿之前还是在回调发生之后?这个问题没有一个很明确的答案,当然在股票回调时卖空肯定比颈线突破时要更加安全。预测股票的未来走势确实非常危险,因为虚假的形态在市场中到处可见。因而交易者应当等到颈线确实被突破之后再采取行动,尽管这样赢利少一点,但

总比在形态结束前就卖空股票一直等着形态最终破位要好。

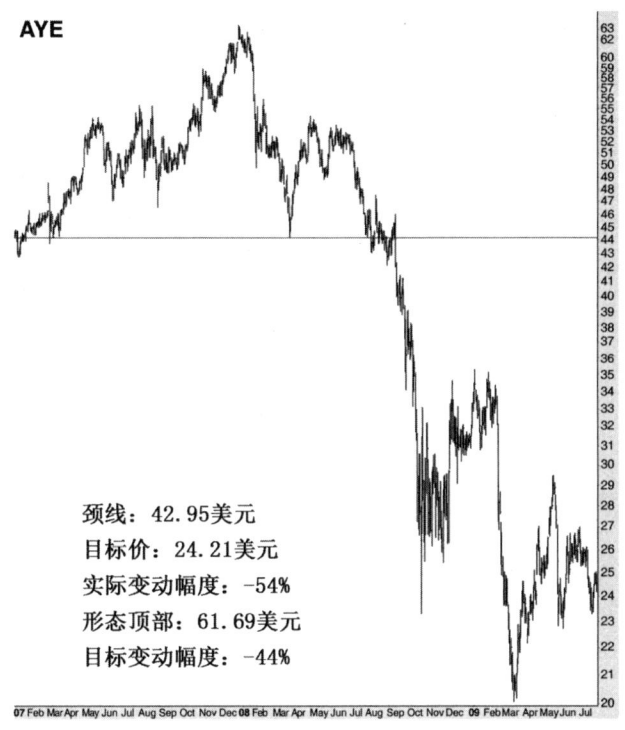

图14-11　该股跌破颈线之后经过数月才发生一次回调动作，而且这次回调高度只有原跌幅的一半

至于回调，也并非一定会发生的。有时股票可能从开始下跌就一直不回头。图14-11就是这种情形，AYE从44美元没有任何停顿地一直跌到24美元。此后股价开始试图反弹，达到了不足30美元的水平，但是如果一个投资者一直等待股价回调到44美元再开始卖空，那么他永远也没有机会了。

为了更清楚地认识到"回调并不一定会发生"这一点，我们看一下图14-12，一个博彩公司的股票。颈线在约17美元被击穿，一个聪明的交易者会在比这个价格低一点的位置卖空股票，并获得大量利润。股价跌到4美元附近，然后反弹到大约10美元，之后继续下跌，最终跌去了88%的市值。抛售压力阻止了向颈线的完整回调。

图14-12 很多其他的赌博类股票如拉斯维加斯金沙集团，其下跌过程与该股非常相似

投资银行摩根士丹利（MS）的股票在2008年经历了一段非常具有戏剧性的时光，这你可以想象得到，然而导致其股价变化的形态同样有趣。尽管金融危机直到2008年秋才得到广泛承认，然而摩根士丹利在2007年的大部分时间里都在构筑一个向下倾斜的头肩形态。在当年末，股价跌破颈线，然后又有数次温和地回调到颈线之下。那些买入该股的人可能会认为股价已经企稳，但是那些分析过该股走势图的投资者却知道这只股票很可能要大跌了。

2008年3月随着贝尔斯登危机爆发，这只股票发生了更为严重的下跌，但由于摩根士丹利毕竟并非贝尔斯登本身，随着后来抛售压力减少，股价又反弹到倾斜的颈线延长线附近。股价继续温和地上下波动，但总体向下，直到 9 月份来临。一旦巨额抛售开始启动，股价迅速暴跌到个位数水平（这在几个月之前是绝对无法想象的），股价的跌幅超过了头肩顶形态所测算跌幅的三倍，如图 14-13 所示。

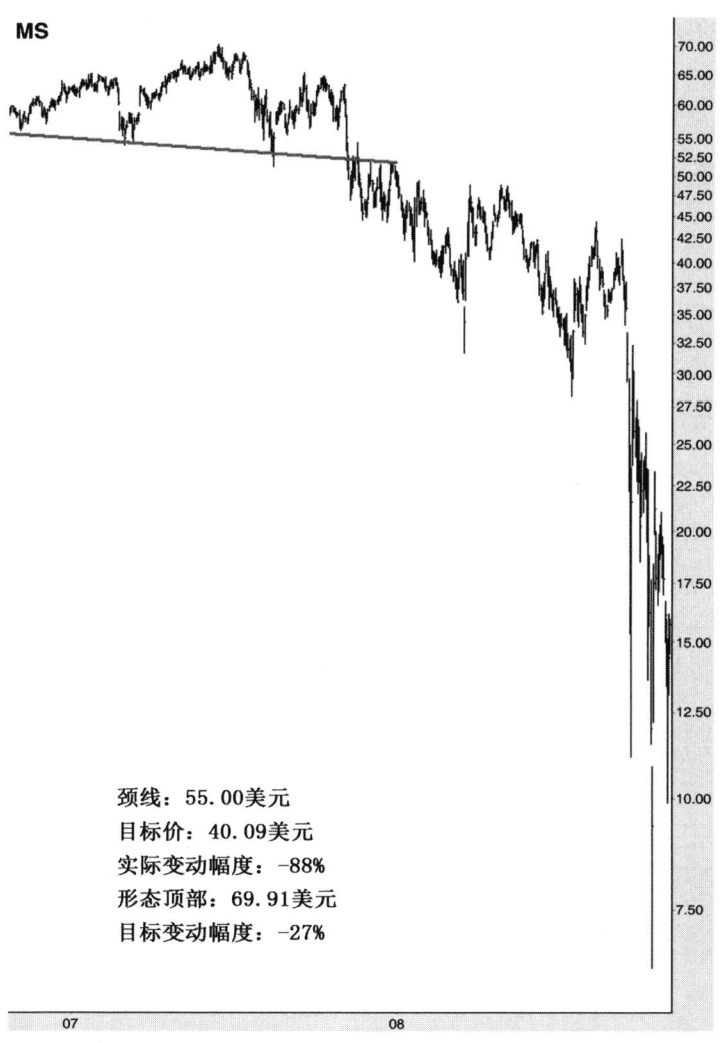

图 14-13　摩根士丹利在 2008 年的前三个季度都在不断下跌，但真正的暴跌从当年的 9 月末至 10 月初才开始

到目前为止我们所提供的形态示例都是比较理想的，因为它们的右肩要么与左肩持平要么比左肩要低一些。然而，这并不是头肩形态的绝对必要条件。图14-14所示案例中，实质上右肩比左肩要高（尽管它比头部要低），而且右肩的左侧接触点与颈线并不是非常接近。这表明这只股票比空头希望看到的要强势一点儿，因此在进入卖空头寸之前等待颈线的明确破位非常重要。

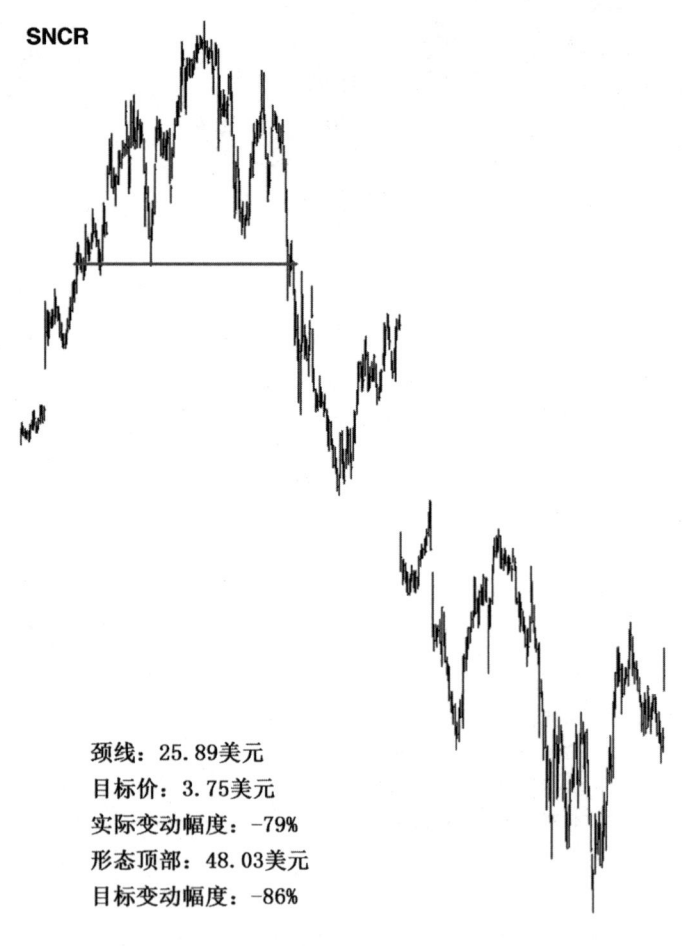

图14-14 这只股票在回调之后就有一个很少见的大幅下跌缺口

图14-14令人感兴趣的另外一个原因是在一个相当有力的回调之

后，下一个交易日一开盘股价就来了一个大幅跳空下跌。那些一直等待着这个回调发生后要卖空股票的人，看到这突如其来的大跌所创造的新低肯定会兴奋得全身发抖了。

我们的最后一个示例，如图14-15，不管是形式还是力量都非常出色，两个肩部都比头部要低，而且右肩低于左肩。一旦颈线被击穿之后，股价快速下跌，只有小幅回调。也许最引人注目的就是股价的变动了，因为这只股票在最终回升之前从高峰值到最低点下跌幅度高达99%。

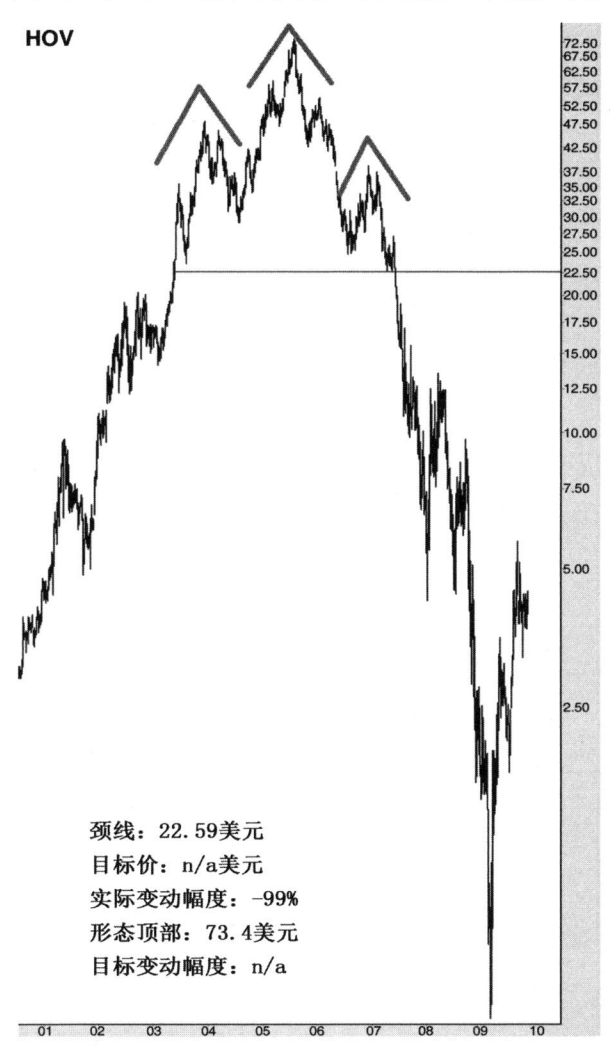

图14-15 房地产泡沫的破裂导致HOV的市值从高峰下跌了几乎100%

小结

因为非常容易识别,即便是新手也都知道头肩顶形态。而业余人士和专业人士的区别就在于是否能够区别出真实的形态和混乱的形态,以及能否在风险和机会之间取得合理的平衡。你可以看到本章中很多示例之间会有各种各样的差别,包括倾斜的颈线、虚假的突破以及回调的类型等等。在你自己的交易中,每当你相信自己发现了头肩顶形态,你最好都对照本章的示例进行研究,以搞清楚它是否值得你关注和投资。

第 15 章 头肩底

头肩顶形态的另一个比较特别之处就是它有一个影子形态，叫作头肩底。头肩顶通常发生在顶部，而头肩底则发生在底部。这个底部形态差不多就是把头肩顶形态上下颠倒了一下而已，尽管方向是相反的，但其他所有的规则都是相同的。

形态定义

这个形态的标准如下：

1. 左肩：一波价格的下跌（很可能跟随在一段长期的大跌之后），一段平坦的横盘，然后是一波强力的回弹至某一个支撑水平也就是颈线。这段时期的成交量应当有显著的放大。

2. 头部：价格更进一步的下跌，低于左肩所形成的低点，然后再一次横盘并回升到颈线位置。

3. 右肩：价格最后一次下跌但是成交量萎缩，最好不要低于左肩的低点（当然更不要低于头部），一段平坦横盘，然后是回升到颈线，并最终伴随着巨额成交量突破颈线位置。

目标价等于形态的高度加上颈线价格。例如，如果颈线是在 20 美元，头部的低点是 15 美元，那么形态高度则为 5 美元。因此，20 美元（颈线）加上高度 5 美元，等于目标价 25 美元。因而根据这个假设的结构所预测的股价涨幅为 25%。

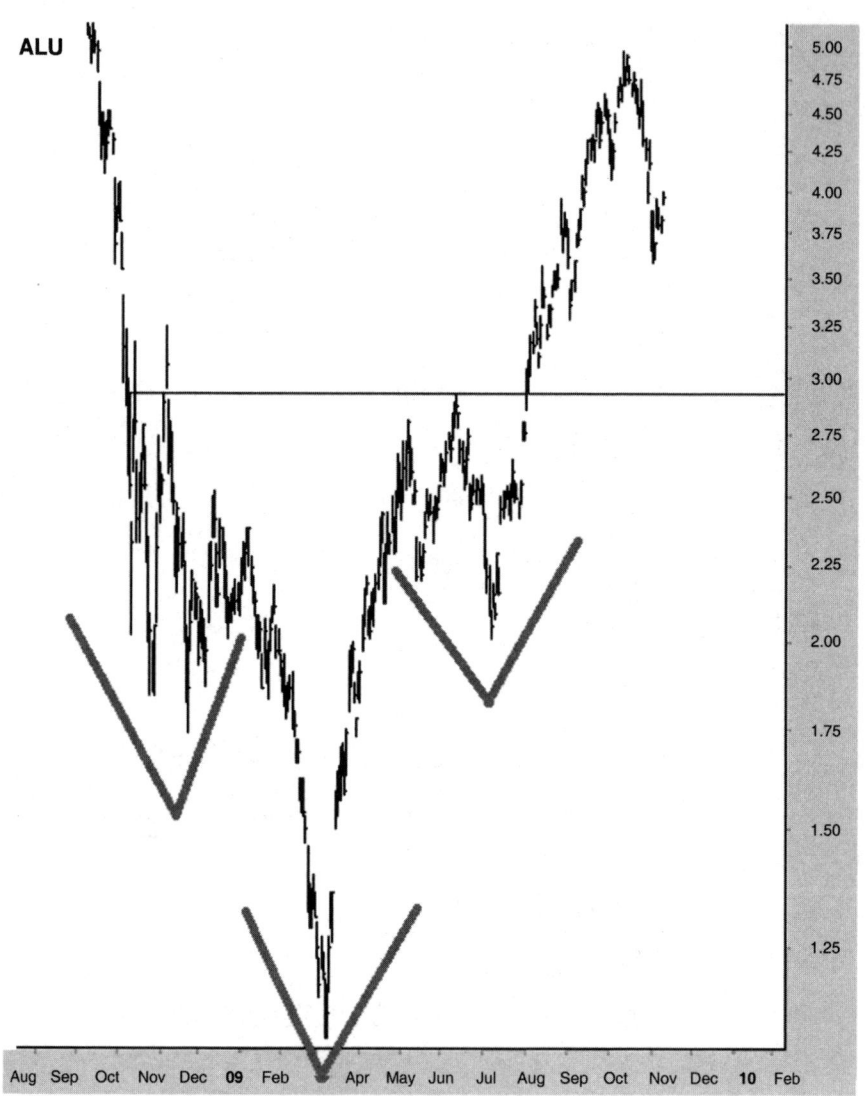

图 15-1 用 V 型线标示出了这个头肩底形态的三个构成部分

如图 15-1 所示，Alcatel-Lucent 股票的颈线是 2.93 美元，底部为 1.09 美元，意味着目标价为 4.77 美元，价格涨幅为 63%。实际上颈线被突破之后，股价上涨了 69%，稍微超过了目标价格。在这些例子当中，有一些价格涨幅最终更是远远超过目标价，但我们这里所使用的最高价是在下一波比较大的下跌发生之前的高点。

形态背后的心理

我们再次使用图15-1的例子来探索这个形态背后的心理因素，假定自己就是2007年夏季Alcatel公司的股票持有者。股票当时的价格是14.5美元，然后开始下跌。一年多后，也就是这个形态的左肩开始形成时，股价已经下跌了80%（补充一点，在2000年时该股价格还是82美元，因此一些人在此时实际上承受了96%的损失）。

ALU跌破3美元，然后是2美元并试图探底。股价在2美元左右徘徊，一直延续到下一年。此时对于股票的长期持有者来讲，不管是放弃卖出还是继续持有等待损失减少，都是非常痛苦的事。新的购买者开始进场，他们认为一只比顶峰时期价格低了96%的股票会是一笔不错的买卖。左肩的形成表明买卖双方力量在不断角逐以寻找股票的合理价位，至此股票停止了暴跌。

然而在元月初到3月初这8周时间内，股价再次开始暴跌，唯一可以肯定的清晰的底部就是0美元。2009年3月6日和9日，股价跌到最低点1.06美元，而在3月13日股价却跳空上涨。从3月6日到5月6日，股价涨了一倍多，给那些冒险者带来了高达三位数的收益率（对于长期持有者来讲，这样的一波上涨可能只是将他们的损失从97%变为96%而已）。这样，从1月8日到3月6日的下跌，以及随后到5月6日的上涨，共同构成了形态的头部。而股价也下探到最低点，所有的卖方力量都已耗尽。

接下来的三个月令那些股票持有者更为沮丧。在这个形态的每一个部分——左肩、头部和右肩——我们都会发现股价并没有剧烈地上涨或下跌，而是在卖方和买方之间的对抗中取得短暂的均衡。尽管ALU股价在6月11日努力攀升到2.93美元，但随后再次下滑，又跌去了1/3。

7月8日至31日之间，股价回升到颈线位置，并最终于8月3日跳空上涨突破了颈线，伴随着比上一日增长了65%的成交量，一个新的目标价位产生。这整个过程清除了抛售压力，引入了一些非常开心的新购买者,并最终把股票推入回升进程。

顺便讲一点很有趣的事儿,这个相同的场景和相同的形态曾经在几年之前,于2002年7月至2003年元月之间,同样发生在这只股票身上。像2002—2003年一样,这个发生在2008—2009年的倒头肩形态引导了一场强劲的回升行情直到股票再次遇挫为止。

颈线的重要性

像头肩顶形态一样,颈线定义了这个形态是否结束,因此具有重要含义。与技术分析中的其他线条一样,颈线代表着多头和空头的分界线,而颈线本身则是空头和多头之间的一种均衡。颈线之上的交易代表着强势和希望,而颈线之下的交易代表着弱势和恐惧。

对于一个理想的头肩底形态,颈线有5个独特的接触点。第一个点位于左肩的左侧;第二个点位于左肩的右侧(同时也是头部的左侧);第三个点在头部的右侧;第四个点在右肩的右侧,也就是在这个点上价格击穿了颈线;第五个点(根据具体情形有时会有)是价格在进一步上涨之前回调到颈线的位置。

理想情形下颈线应当是水平的,因为价格均衡应当是集中在一个狭小的、一致的价格区间。然而你应当允许颈线出现一定的倾斜,斜度不管是向上还是向下的10°之内。那些图表分析的新手经常会把看到的任何一种三个相连的价格谷底当作头肩底,而不管这个形态是多么混乱或颈线的倾斜度有多陡峭。形态的质量越高,那么它作为预测指标的可靠性也就越强。

一旦价格上涨突破了颈线,那么只有当价格维持在颈线之上时,头肩底形态才是有效的。(当价格回调时,在判断形态失效之前,你可能要允许价格低于颈线几个美分)仅仅因为价格跌穿了颈线并不意味着股价绝对终止上涨,但它确实不是一个完好的头肩底形态在正常情况下被打破时应该出现的情形。与没有这种噪音的形态相比,你应该对这种具有噪声的形态持更谨慎怀疑的态度。

示例

下面是这个重要反转形态的一些实例,让我们一起分析检查一下。

新港公司,如图15-2所示,是一个头肩底形态的非常好的示例。它的各个构成部分定义非常完美,右肩比左肩要高一点,颈线相当清晰,11月30日的回调为多头提供了一个理想的、低风险的建仓机会。

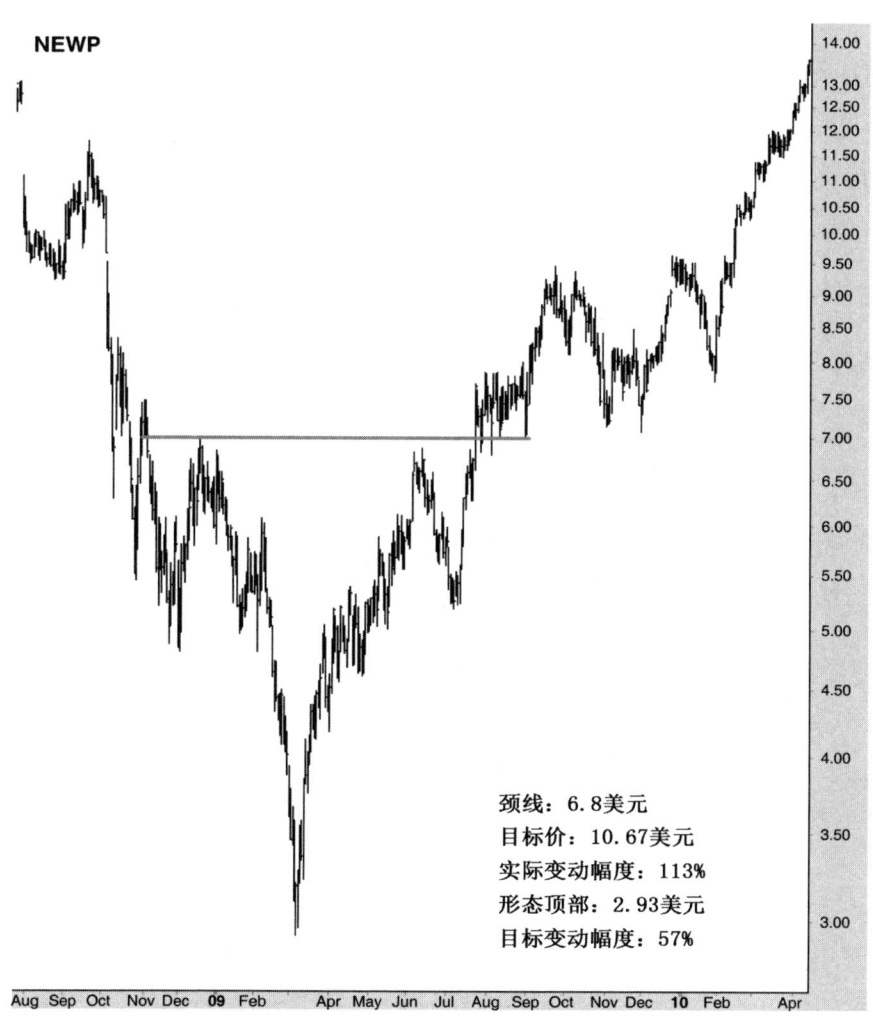

图15-2 新港公司的股价在突破6.8美元水平之后几乎翻了一番

图15-2的回调也格外有趣，因为从最初的突破到股价的回调之间，间隔了整整四个月。这说明你不需要总是去监控股价每一刻的变化以寻找好的介入机会。你有充足的时间去发现这个形态，决定颈线位置，建立头寸并为你的止损订单设置合理的止损价。那些在颈线突破之后就立即进入交易的人只会因为股价的盘整而焦虑不安，尤其是当股价下行威胁到颈线位置时。然而所有的购买者最终都得到了丰厚的回报，因为股价从颈线的突破点上涨了一倍。

如图15-3所示，迈兰公司（MYL）的股票是倒头肩形态比较难确认的例子之一，因为它的左肩定义很不清晰，甚至没有接触到颈线。同时它的右肩比左肩要高，无形中放大了股票重拾升势的可能性，而稍微向上倾斜的颈线也是可以接受的。

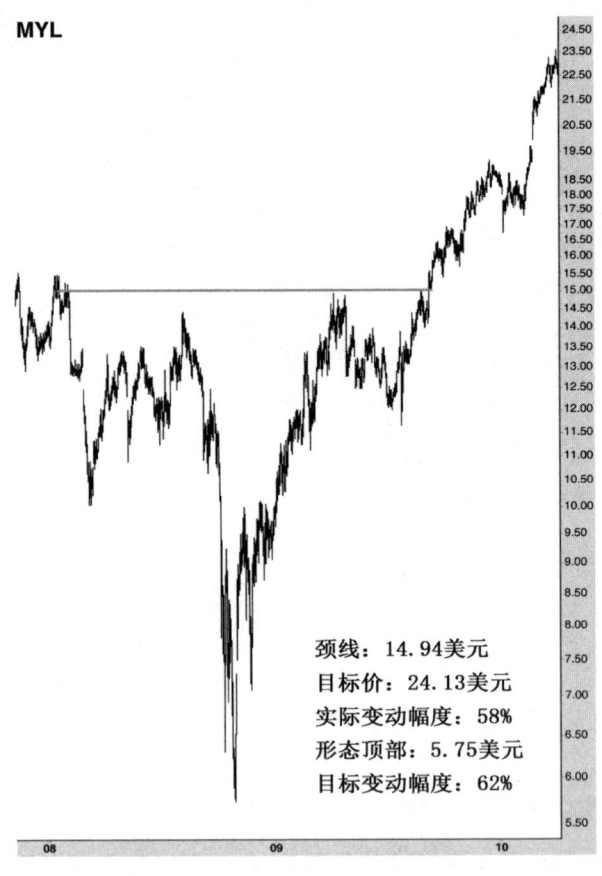

颈线：14.94美元
目标价：24.13美元
实际变动幅度：58%
形态顶部：5.75美元
目标变动幅度：62%

图15-3 右肩比左肩高一些，总是比较好的一个现象

在图 15-4 中，我们再次获得了一个非常棒的回调的示例。注意，回调并非必然发生的。有一些突破发生之后永远都不会再回头调整，而另外一些则会给予人们第二次（有时候甚至有第三次）建立多头头寸的机会。该例中突破发生在 9 月 4 日，而几乎刚好是两个月之后的 11 月 3 日，股票在经过 65% 的回升之后再次回到了颈线位置。尽管所有的购买者最终都获得了 192% 的回报，你还是会非常庆幸能在颈线位置买入股票而不需要付出 65% 的溢价。

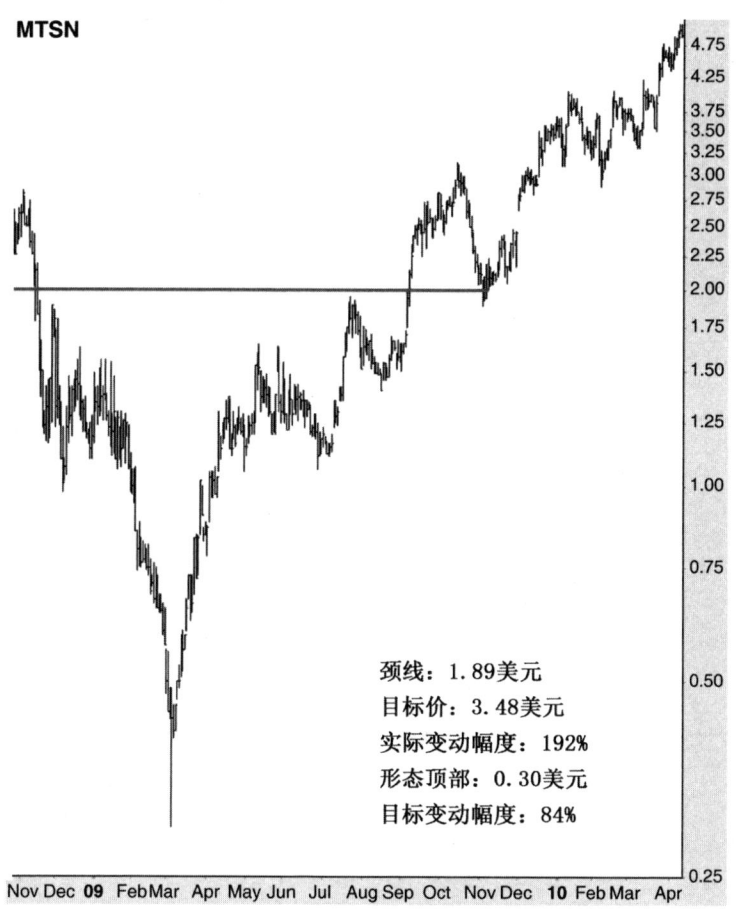

颈线：1.89美元
目标价：3.48美元
实际变动幅度：192%
形态顶部：0.30美元
目标变动幅度：84%

图 15-4 这个回调轻微跌破了颈线，但这一点点的偏差并不会影响到头寸的存在

虽然等到回调出现时再建立头寸会更安全，但有时也会导致你完全没有建立头寸的机会，因为在有些情况下回调根本就不会发生。我们来检查一下图 15-5 的例子，股价在 2009 年 7 月 27 日伴随着巨额成交量突破形态。随后仅仅两周左右股价就上涨了 70%，并在短暂停顿后继续攀升，直到股价飞涨了 350% 也没有比较大的停顿发生。一个应对这种股价变动并降低风险的措施就是在形态突破时买入一半的头寸，而剩下的一半在回调时买入（至少有一个会发生）。通过这个办法，即便股价没有再回调到颈线附近给你买入机会，你至少也可以获取一部分的赢利。

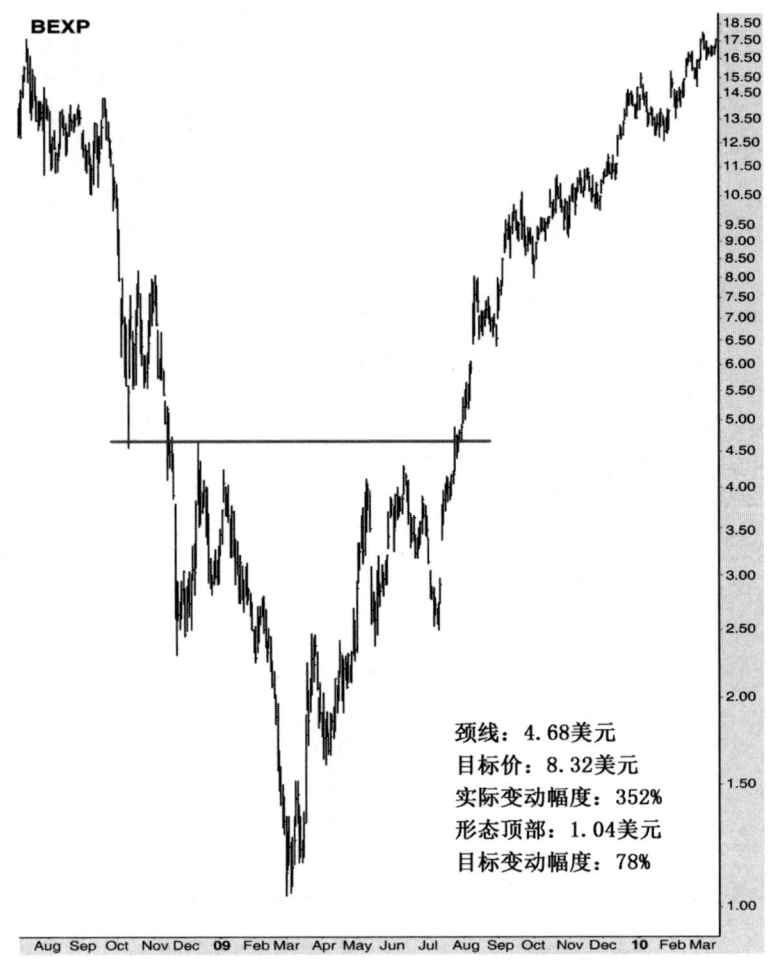

图 15-5　有一些突破会比较强劲，而此例就是格外强劲的一个，仅仅几个月时间就让股价的上涨百分比达到 3 位数

第15章 头肩底

有时候股票可能回调到比颈线低一点点的位置。如果你的止损设置得太松，就要承受一个赢利的头寸转为亏损的风险（甚至更糟糕的会使你陷入跳空下跌缺口中，导致大幅度亏损）。而另一方面，如果你的止损太紧，则有可能导致一个轻微的形态异常就会使你退出一个本来是赢利很好的头寸。

而这第二种可能性就出现在图15-6所给出的示例中，这里股价在11月7日的回调中跌破了颈线以下几个美分。当然，在当时没有人知道这个颈线的击穿是不是意味着形态已经失效，价格将会进一步下跌。毕竟，那些根据这个底部形态买入股票的人将会急于退出，而那些在颈线上设置止损的精明交易者也会导致卖单满天飞。

图15-6　这个形态预测的上涨幅度69%，几乎非常完美地实现了，实际上涨达到66%

在这种情形下，没有一种固定不变的规则可以应对。如果你倾向于更为保守，你可能会喜欢严格按照书本来进行操作，把止损位精确地设置在颈线之下1美分。另一方面，如果你允许股价跌破颈线之下一个你认为合理的数值（1%、2%……），你将会减少并不必要的头寸退出风险，同时又会增加由于止损位设置太过灵活而蒙受不必要损失的风险。

如图15-7，国际船舶融资公司（SFL）经历了一波深度下跌。在下跌过程中，首先形成了一个左肩（大约从13美元到7美元），然后是头部（大约从12美元到3.5美元的低位），最后是右肩（从9美元上升到13美元）。

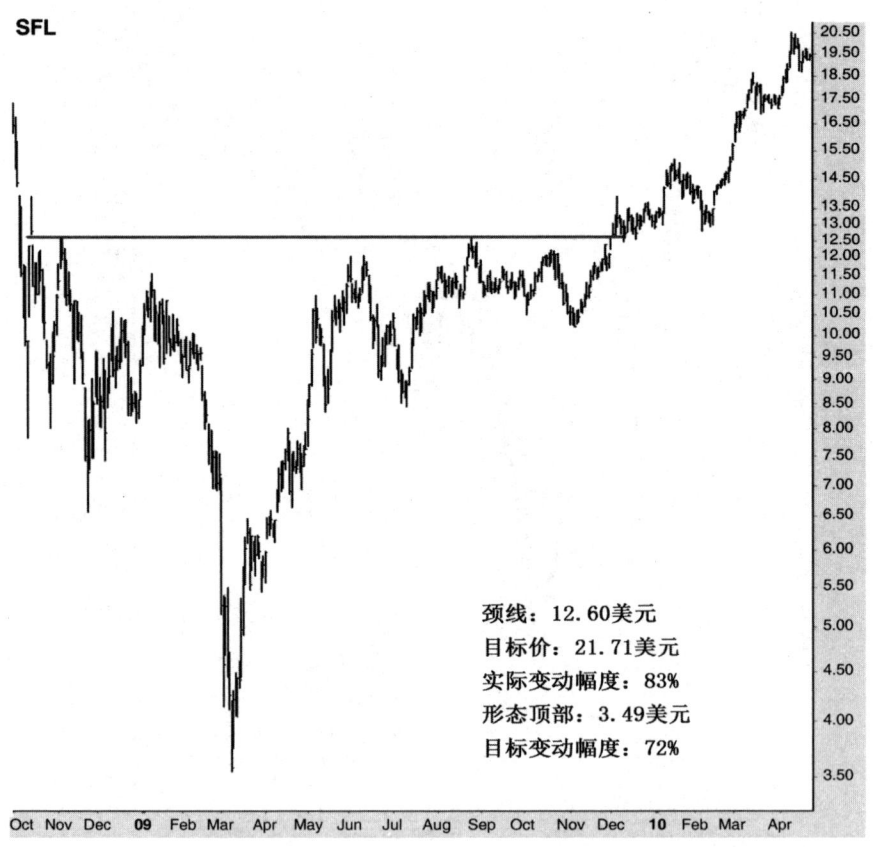

图15-7　以往关于技术分析的研究表明，像本图中这样比较高的形态比宽浅的倒头肩更为可靠

图15-7的不同寻常之处就在于它的极大深度。一张图表的深度是指从颈线到极值点（在这个例子中也就是倒头肩的底部）的距离。该例中，颈线在13美元，而头部的底则低得多，在3.5美元。这意味着一旦股价向上突破了颈线就会带来一波非常强势的上涨（本例中也确实如此）。在技术分析领域中的一些研究已经确认，与宽而浅的头肩底相比，像本例这样比较深的头肩底往往更为可靠。

通常来讲，价格变动幅度最大的股票都是低价股。毕竟，如果一只像Google一样的股票，每股600美元，有了意外的利好消息，它的价格可能会上涨5%或10%，但你不大可能会发现一年之后GOOG的价格在3000美元。然而一只低价股票会对大量散户格外具有吸引力，它能提供远远超出普通水平的收益（当然，还有相应的风险）。

这只代码为POL的股票，其价格走势如图15-8所示，在2008年11月至2009年7月之间形成底部。后来即便股价从底部上涨一倍多之后，仍然只有3.5美元/股，但很重要的一点是在7月初股价突破颈线时成交量有明显放大。股票的预测上涨幅度是63%，但它实际上暴涨了231%才遇到回调（在几个月之后，它甚至又一次大幅上涨）。

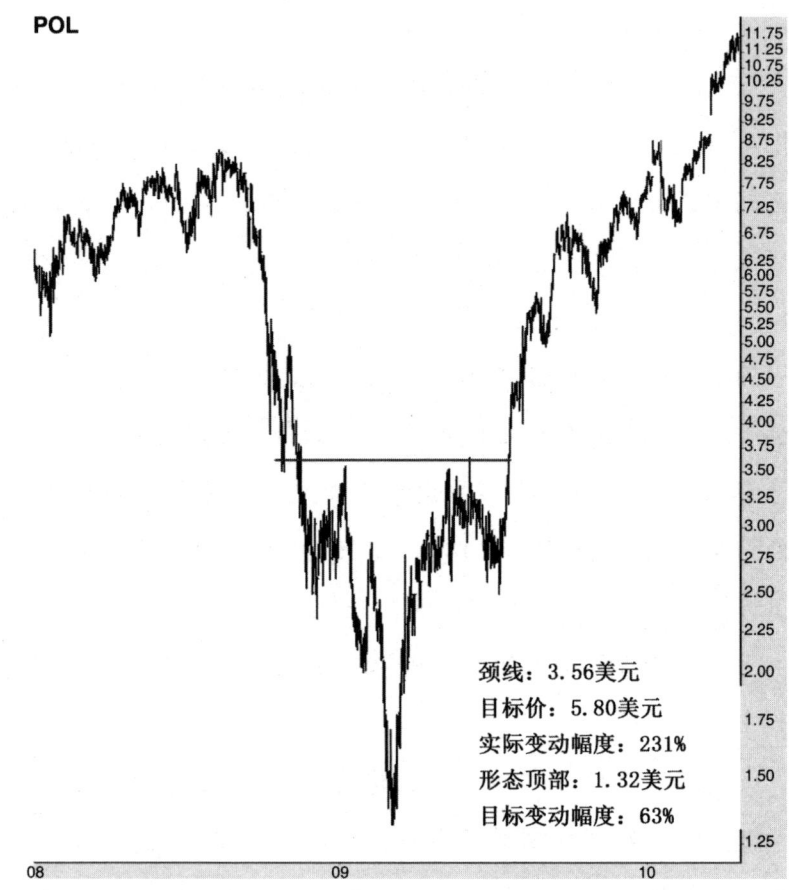

图 15-8 这只股票的价格变动不仅强力而且持久,导致股价上涨了几倍

这种情形就引出了如下问题:投资者是否应当在目标价格一经达到后就卖出全部头寸呢?对于保守的投资者,答案是肯定的。如果你更激进(或贪婪)一些,可以采用几种其他的方法。其一就是继续持有头寸的同时设置一个比较紧的止损位,如果你比较幸运的话就可能从股票的继续上涨中获利。因为你的持股成本很低,无论如何都不会亏损。另外一个方法就是在目标价达到时卖出一半的头寸,然后不断更新调整你的止损价和剩余的头寸比例,也可以择机把你已经取得的收益再投入进去。

第15章　头肩底

图 15-9　该例中回调刚好到达颈线，是一个非常标准的回调示例

图 15-9 的价格图表可能是本章所提供的示例中回调最清晰的一个了。位于 24.43 美元的颈线于 2009 年 8 月 3 日被突破，股价在上涨了几周之后，最初来自于突破点购买者的力量逐渐淡去，在接下来的几周开始缓慢下跌，并在 25.07 美元形成低点，只比颈线高了大约 0.5 美

元。那些一直在监视 SM 图表的分析者此时就可以搭车建仓,因为亏损的风险已经达到最小。

例如,假设最保守的交易者在 25.10 美元的价位买入股票并把止损位设置在颈线 24.42 美元之下,他们可能的亏损就低于 3%。形态已经非常清晰,颈线被突破使得股票上涨了 15%,而且成交非常活跃,每天都高达几百万股。在这个区域购买股票,将会获得非常卓越的风险/回报比,而股票持有者到下一年 7 月获得了超过 100% 的回报。

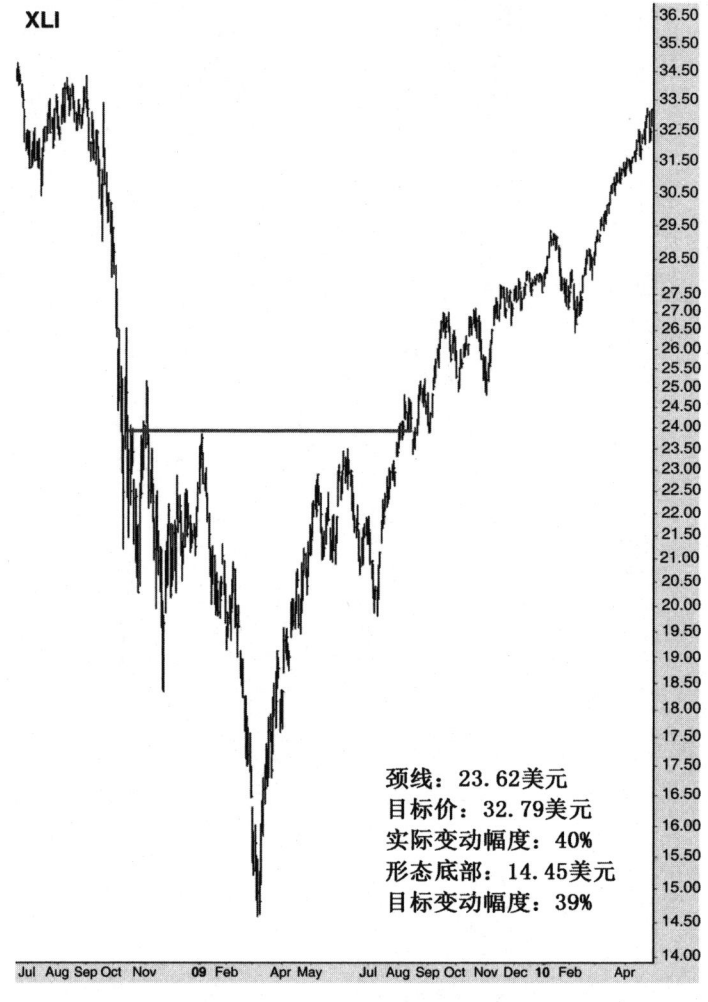

图 15-10　形态突破后上涨中不断有下跌,但不足以改变长达一年的上升趋势

图 15-10 提供的例子并不像其他一些示例一样具有非常大的涨幅，因为它是由许多个股组成的交易所交易基金（XLI）。然而它的收益仍然是非常抢眼的，在大约 9 个月的时间里获得了 40%的回报，这表明非传统的金融工具如 ETF 基金也像股票一样存在获利机会。没有任何理由表明我们不需要根据这些形态理论去检验那些流行的 ETF 基金，因为它们具有很强的流动性，很小的买卖价差，也并不缺乏普通股票所具有的令人吃惊的元素（换句话说，如果你在某天早上发现某只广泛交易的 ETF 基金因为意外的利空消息而突然暴跌一半，你也并不会特别震惊）。

小结

头肩底形态是最容易识别和探索的形态之一，因为它的交易参数非常清晰。分析这个形态，你需要特别关注成交量，尤其是在形态突破期间，因为一旦颈线被击穿，你希望能看到的是大量购买力量的涌现。像往常一样，在颈线确认被突破之前要格外小心，不要介入进去，因为股票市场中有太多类似的形态，其前面 95%都已经完成，但最后又跌落下来并没有实现喷薄而上的局面。

第16章 多重底

进入长期牛市状态的股票通常都不是从一个下降趋势中突破实现反转的。他们几乎总是需要首先构筑某种类型的底部，而这种底部的形式在股票之间则各不相同。

最常见且容易理解的底部之一就是多重底。你会经常看到双底的提法，三重底相对较少出现，但事实上股票在最终聚集买方力量突破到高位之前，有可能4次、5次、6次甚至更多次地触及某一个特定的低位。本章检验了一些股票的实例，其股价在构造多重底之后开始进入大幅上涨阶段。

形态定义

多重底的第一个条件是股票必须已经经历了一波比较大幅度的下跌过程。毕竟，你不可能在一个结构的中间或顶部寻找到一个底部。多重底的前提假设是股票已经经历了严重的下跌，在一个比较低的价位上买入机会已经形成并持续一段时间。

仅仅发现某只股票多次跌到某一个特定价位，并不一定意味着它在形成一个多重底。还需要有以下情形：

1. 在各次下跌之间间隔比较长的时间。
2. 在再次下跌之前，股价有向上攀升的尝试。
3. 理想状况下，每次下跌触及低位时成交量在不断缩小。

在各低点之间的时间间隔可能是几个星期、几个月，甚至长达几年。如果你观察一只股票的日走势图，你会发现股票在两个低点之间

第 16 章　多重底

至少会有一两次试图——失败了——向上走高，而此时股价会出现大的上涨缺口。股票在一个特定的低价上不断试图巩固的行为，称之为构筑底部，这个构筑过程并非在一两周内能够完成的。它需要几个月甚至几年时间，因为我们所期待发生的是股票正在酝酿一个方向性的根本转变。

在形态形成过程中，理想的状态下会有一个总体一致的低价位，以及在股价试图走高时作为阻力线出现的一个总体一致的较高价位（这点相对不太重要）。这个高低价位之间的距离，如果有的话，将会为你提供一个目标价。例如，假设一只股票在两年时间内总是跌到10美元，上涨到15美元，再次跌到10美元，再次上涨到15美元，如此这般不断重复，那么高低点之间的距离就是5美元，当股价要向上突破15美元的阻力位时，你就可以很轻松地把20美元设置为目标价。

这个较高的价位水平有时被称为确认点，正是在这个点上，你希望看到股价伴随着巨额成交量向上突破。一只股票触及低价位的次数越多，试图但没有成功突破确认点的次数越多，那么一旦最终确实突破了确认点，形态的力量也越强大，因为将会有强大的购买力量驱使股价走得更高。

关于多重底的第一个示例如图 16-1 所示，在形态结束之后经历了一波高达 190% 的上涨幅度。你可以看到图中圆圈标出的区域，表明在四次不同的情形下抛售力量使得股价下跌到约 26 美元，但在这个价位上又有足够的买方力量驱使股价回升到 30 几美元。最终，在第四次上涨尝试中，股价冲破了这个阻力区域，没有再屈服于抛售压力并形成了新的上涨趋势。

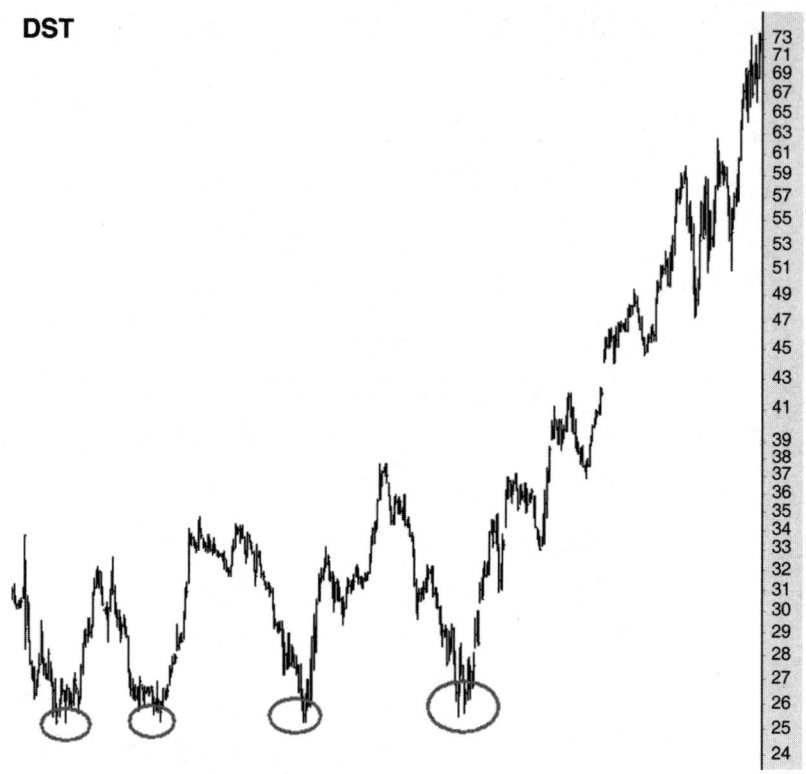

图 16-1　DST 股价在确认了 26 美元的底部后上涨了 190%

形态背后的心理

在前面的定义部分已经讲到过，股票形成多重底的一个前提是已经经历了较大幅度的下跌。几乎所有在近期买入的人所持有的头寸都是亏损的，即便是最近在较低价位上买入的投资者也会发现股价仍然在走低。

在某一个点上，卖方和买方力量达成均衡，股票形成底部。低廉的股价已经足以吸引新的购买兴趣，这些购买者将股价又推高了，比如说 15%。一段时间之后，这种上涨又吸引了新的购买力量，但是巨额的卖方供应——也就是那些持股成本等于或高于上涨之后价格的投资者——又居于主导地位，使得股价下跌。

第16章 多重底

然而,股价并没有跌破前期低点。现在近期购买者的力量开始显现,股价的跌幅并不像以前那么大,尽管很接近。交易者开始把这个视为一种潜在的双底结构,把近期的低点视为一个重要的支撑水平,因而购买者再次出现,使得股价再次上涨。再一次,股价在接下来的几个月上涨15%,然后再回头向下。

第三次,股价在前两次的低点找到支撑,而公司公告称他们的重要新产品受到市场欢迎。买方力量再次涌现,一方面是因为股价已经具有吸引力,另一方面是因为公司的新消息表明其未来利润很可能增长。在接下来的几个月中,股价上涨到——然后突破——近期高点,成交量也大幅增加,阻力位被成功突破。公司利润在随后的几年中稳步上涨,同时股价也在原来历经一年时间形成的坚实基础上,进入一个总体上升趋势。

因此我们通过这个例子可以发现,不管是什么利空消息导致的抛售总会在某个价位被买方力量所克服。这只股票用一年的时间积蓄力量,期间市场有三次行动设定了一个底部价位——也就是一个支撑水平——最终表明它有能力涨得更高,尽管前两次上涨尝试由于受到阻力而失败。这个最后的上下波动阶段清除掉了不坚定的持股者,在一个更好的价位上积累了大量新的购买者。这些近期的购买者持有股票的倾向更为强烈,因为他们总体上能获得一些赢利。

示例

形成多重底的股票有时可能会创造出最不可思议的收益。接下来的一些示例将向你展示这一点。

多重底的构筑可能需要几个月甚至几年时间。对于非常巨大的股价涨幅,长期的价格基底是最好的先行指标。而化妆品巨人雅芳公司

(AVP)，其股价走势如图16-2所示，为我们提供了一个很好的案例。

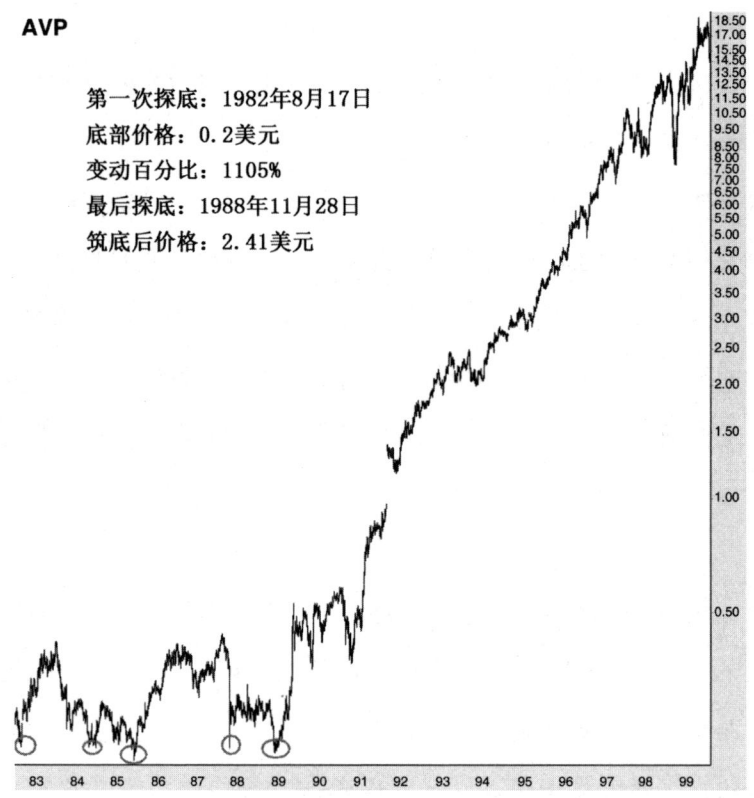

图16-2 这只股票底部的形成花费了7年时间，但在筑底结束之后，雅芳股价上涨了10倍有余

到1982年，雅芳股票在过去的两年中已经跌去了市值的2/3，股票的分割调整价跌到约22美分/股。你可以看到，在随后的7年中，股价有5次因不同情形下跌到这个价位。在1982到1983年期间，股价曾经涨了大约一倍，然后又跌到这一相同的低点。然后股价又一次小幅上涨，但在1985年又跌下来，紧接着股价经历了一波长达两年的上涨，股价再次上涨一倍。1987年的崩跌几乎将这波上涨完全抹杀，AVP股

价又一次回到22美分价位。

股价后来展开另一次上涨尝试，但再次跌落下来，最终在1989迎来一波幅度高达1105%的上涨，接下来的10年中上涨势头几乎没有被任何抛售所中断。这只股票在经历了几乎整个20世纪80年代的令人沮丧的折磨之后，获得了后来令人瞠目的整整10年的高成长时期。

那些采用自顶向下的方法进行投资的人，首先要判定主要指数的走势，然后把目光转向某个部门，最后是个股。如果你的交易部分依赖于指数分析，你仍然可以把本书介绍的形态方法应用于指数之上，就像图16-3所示的道琼斯运输指数的分析一样。

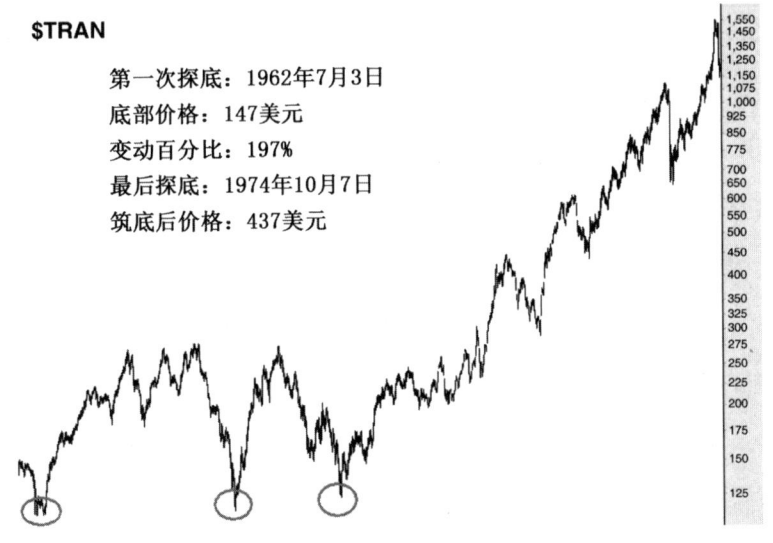

图16-3　很多投资者通过观察主要指数来建立自己的总体交易方向。在该图中，道琼斯运输指数在突破了长期的底部之后，确立了牛市走势

这一历史场景持续期格外长久，因为这个多重底跨越了12个年度。

然而，考虑到随后发生的近代史中时间最长、力度最大的牛市行情，这个时间期限的长度应当是合适的。

第一个低点发生在1962年。随后市场在20世纪60年代大多数时间里是上涨的，然后在1970年开始剧烈下跌，几乎回到1962年的价格水平。然后股价再次开始攀升，但是成为1972—1974年大熊市的牺牲品，在1974年10月重新跌到一个低点。这是令人震惊的，因为在1962年至1974年这12年间有相当程度的通货膨胀发生。

我们留意一下在此期间发生的事情——运输指数先是经历了几次持续几年的猛烈上涨（到达阻力位），然后经受几次大幅下跌（到达支撑位），在低点之间相隔有几年时间。期间，有三次指数触及130美元（在上下几个百分比之间）附近，但是像图中圆圈标出的区域一样，这几个低点的价位水平是相同的。

指数第三次上涨，经过几年的挣扎，在1980年，指数最终击穿了阻力位；它在二月份的第一次尝试很快以失败告终，但在7月份的第二次尝试重新战胜了市场。

然而我们需留意在接下来的两年中发生的事情。该指数一直上涨到1981年中期，但随后开始下跌，到1982年末又回落到之前的阻力位水平。不同的是，现在阻力转变成了支撑，而这个支撑位能否保持是非常关键的，因为它在很多年之前就已经形成了。这个在1982年的低点价位是运输指数所创造的一系列较高低点的第一个，从1982年开始，股价开始了一波几乎没有中断的上涨过程。

图16-4提供的是一个比较简单、比较短期的例子，这可能是一个最简单的多重底——双底。所有的先决条件这个图表都完全具备：首先是股价有一个大幅下滑（从15美元到不足原来的1/3）；然后是一个尖锐的反向上升，股价上涨了30%；又一波下跌使股价回到了与原来相同

的低点；最终，一波上涨突破了确认点。

第二个底比第一个稍微高一点，如果你希望看到股价上涨的话，这通常是一个好的信号。它表明，即便是在抛售力量形成第二个底部的过程中，买方力量还是比卖方力量稍微强大一点，而在股票试图创造一波持续升势时这股力量将会现身。

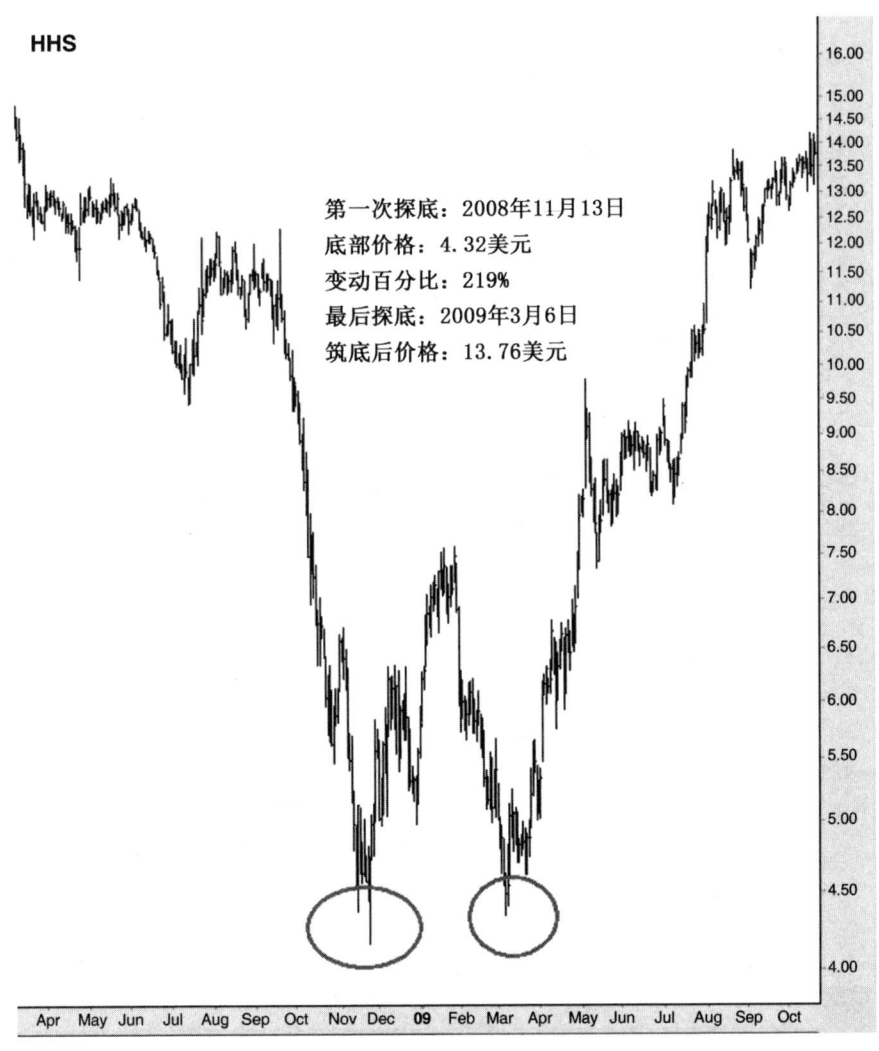

图16-4 这是一个最简单的多重底——双底

下一个示例稍微有点复杂，不仅仅是因为它有更多的低点（四个而不是两个），而且因为这些低点并不是非常接近地排列于一条直线上，见图 16-5。在四个圈起来的低点中，第二个和第三个更像是一个双底结构，因为它们几乎是相同的。而两侧的两个低点为这个结构增添了不同的色彩。

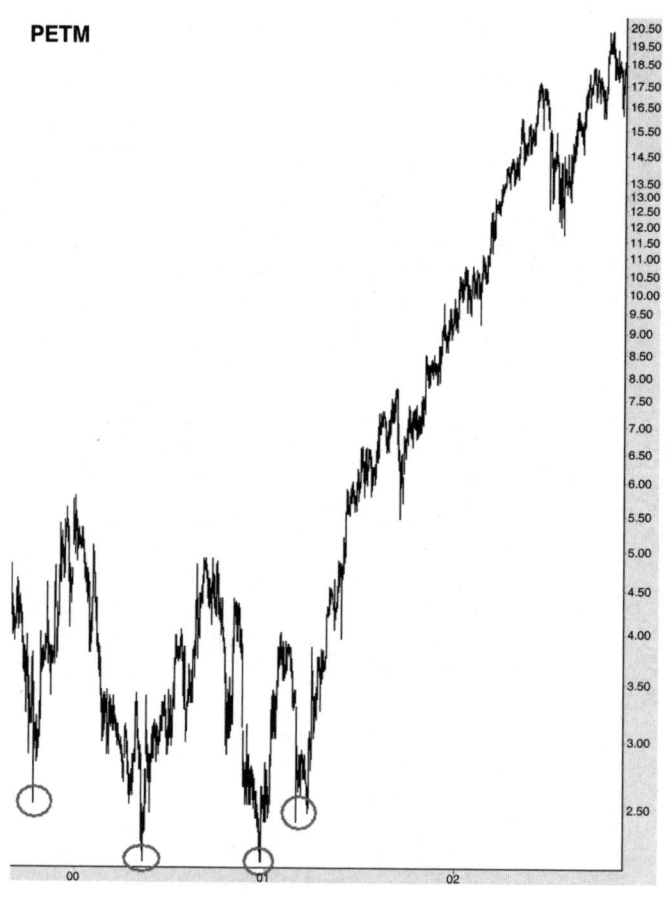

图 16-5　与其他的多重底相比，这个形态不太规则，但值得注意的是，第二个和第三个低点几乎是相同的，而最后一个底则稍微高一点

第16章 多重底

检查第一个和第二个低点,我们会发现第二个明显要比第一个低,见图 16-5;这意味着弱势,而在第二个低点发生时,后面是否会有更多的较低的低点出现还并不清楚。到第三个低点发生时,买方开始认为价格不会再进一步下跌了,而到第四个低点时,股价事实上已经有所上升了。换句话说,一个较高的低点已经产生了,意味着一个新的趋势可能正在到来。

在此之后,一波快速的涨势来临,尽管后来出现了严重的抛售,也没能使股价回到确认点即约 5.5 美元之下。我们再一次看到阻力转变成了支撑,而多重底的存在和力量也得到确认,因为股价的上涨已经击穿了阻力位,远远高于原来的低点了。

在多重底构筑期间,如何决定确认点的位置?答案非常简单,确认点是这样一个价位水平,即股票每当上涨到这个价位时总是回头跌落到以前相似的价格底部。换个说法,如果一只股票总是跌到 12 美元,涨到 18 美元,再跌到 12 美元,再涨到 18 美元,如此反复,很明显高低点之间有 6 美元的距离,而 18 美元就是确认点。

当然现实很少像这样一般清晰,因为上涨高点总是参差不齐的。图 16-6 为我们提供了一个这样的简单示例,当价格确认一个最终形成的底部时,情形并不是完全清晰的。在第一个底之后,股票上涨到 38.08 美元并开始下跌,回落到比原来的低点多几美分的价位。股价再次上涨,超过 38.08 美元,达到 42.31 美元。

股价上涨超过了第一个低点是否意味着底部已经形成呢?此时还并不清楚。毕竟你的判断依据只有一个数据点:第一个高点。股价有可能第三次回落到 25 美元区域。事实上,股价确实又开始下滑,跌到 38.08 美元之下,表明多重底并没有得到确认。

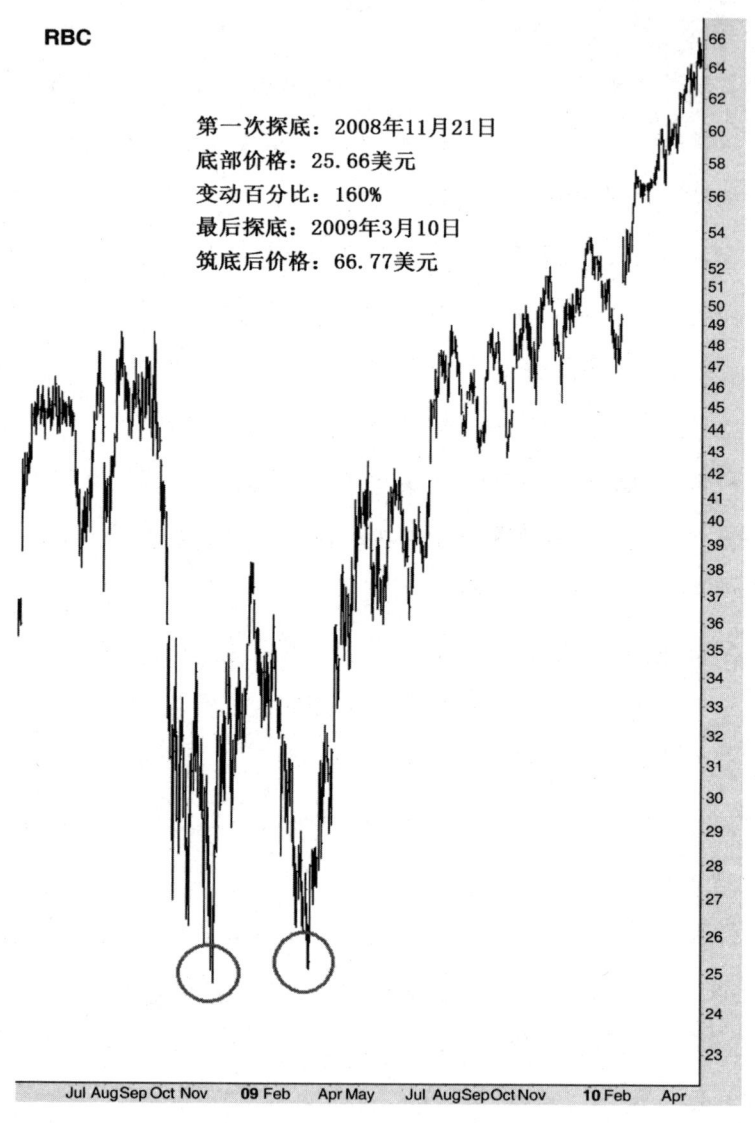

图16-6 这只股票后面的底比前面的高,是一个积极的信号

然而股价并没有进一步下跌——它当然没有回落到原来在25美元附近的低点——并且在几周之后又一次上涨超过38.08美元,最终在2009年7月15日跳空上涨。因而在这种情形下,一个结构(双底)被另一个结构(缺口,在本书中到处都有提及)所确认。缺口出现之后,股价飞速上涨。

低点和高点的数量越多,你估算出的他们之间的距离会越可靠。在本例中你需要做的工作很少,因为只有一个高点存在,因此一个独立的形态(缺口)最终提供了足够的说服力来买入这只股票。

本章的一些例子所展示的各底之间相隔长达几年,但最短的有效间隔会是多久呢?一个月可能是很少见的最小值了,而几个月则可能是更加可靠的数值。

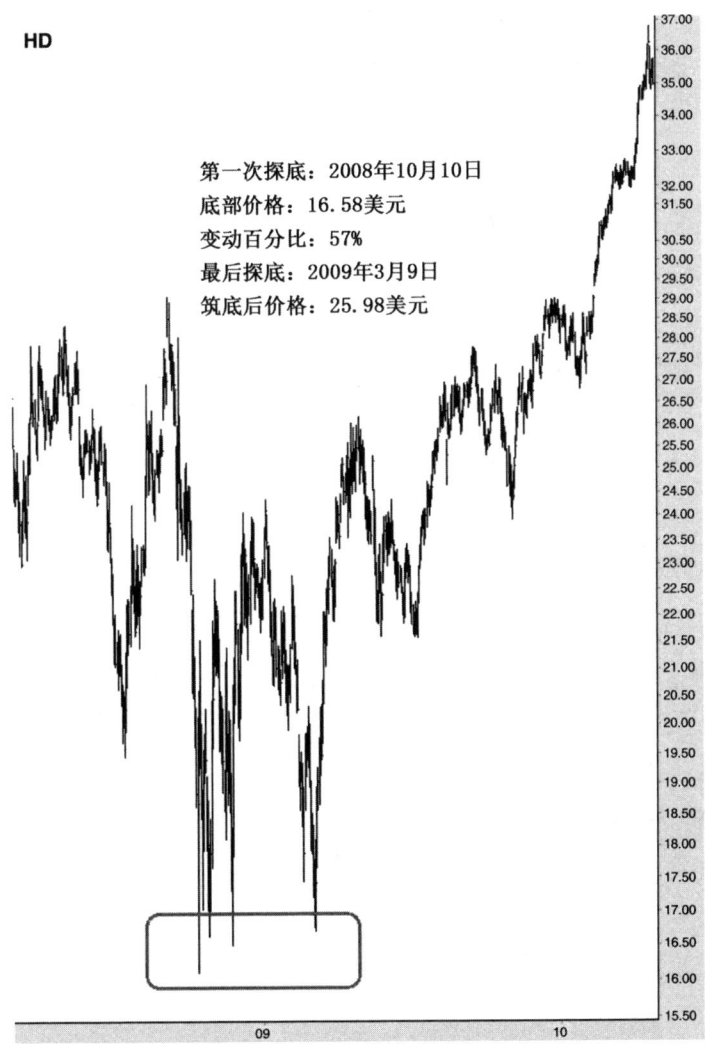

图16-7　家得宝经历了几波比较严重的抛售,但足够的买入力量在17美元价位形成了有效支撑,阻止了股价进一步下跌

如图16-7，家得宝（HD）股票在2008年末剧烈下跌，分别在当年的10月10日、10月24日和11月21日出现了几个相似的底。看起来这只股票有点像是在形成位于这个价位的阻力线，但是这些紧密挨在一起的低点并没有太大意义。股票可能只是在进一步下跌之前遇到了比较轻微的支撑，因为大量的市场参与者还没有足够的时间去评估和决定他们下一步的操作策略。

在上涨30%之后，股票开始下跌——很重要的一点——它并没有跌到上年秋季的低点，直到3月9日，也就是整整5个月之后。而这段时间足以形成第二个底了。股票随后一直上涨到4月份，然后小幅下跌，之后更进一步上涨到9月份，创造了足够多的较高的高点和较高的低点，从而确认了这个多重底部已经结束，而股价将再次进入上升趋势。

关于形态的一个很好的经验法则就是，形态持续期越长，其潜在力量就越大。像前面家得宝公司的例子，仅仅在5个月之内双底就形成了，而随后57%的涨幅正是这个仓促形成的底部价值的证明。

下一个示例，见图16-8，时间期限要长得多，而股价增长幅度更是达到717%，也相应地高得多。几个底部分别发生在1980年12月、1984年4月和1988年5月，各点之间间隔大约4年，而整个底部时间跨度达到8年。在股票分割调整的基础上，这几个低点之间价位彼此相差都在几美分之内，这些时间相隔甚久但价格相差无几的低点组合表明，不管外部情形如何，这只股票已经形成了一个非常坚实的底部。

当然，没有人能保证股价一定会从这个底部开始发动涨势。它有可能会在这个区间内再横盘多年，就像1988年人们所看到的一样。然而在1989年5月，股价跳空上涨超越了确认点价位，这只股票开启了一波真正的牛市。在底部设定之后，买方开始确定无疑地着手行动了。

小结

多重底结构由于其简单明了而充满诱惑力，因为它是如此容易被识别。然而错误应用的情形比比皆是，因为任何一只股票都有可能在某一特定价位上反弹多次。

一个去伪存真（把导致股价大幅上涨的有效多重底与没有意义的噪音区分开来）的好办法就是要坚持以下准则：多个底之间要有足够的时间间隔，两个底之间有一波有力的上涨（紧跟着下跌），多重底之前股价应当经历过大幅下跌。最后，也是最重要的一点就是，要确信股价上涨已经超越了确认点从而不会发生再次跳水，因为高点和低点之间如此之大的距离会使得这样的跳水不太可能发生。

时间跨度越长，底之间的距离越大，底部与阻力位之间的距离越大，证券将要迎来强势上涨趋势的可能性也越大。

第 17 章　多重顶

一只股票在经历过稳步攀升阶段之后，如果看起来无法突破某一个阻力位，它就很可能形成多重顶，从而面临股价大幅下跌的风险。多重顶可能由两个相似的、距离较远的价格高点（双顶）组成，也可能是多个相似的价格高点。当后面的价格高点依次比前面的要低时，这更强烈地预示着股价走势很可能会转变方向，因为买方的力量在逐步退缩。

形态定义

多重顶的第一个条件是股价必须已经经历了一波持久上涨过程。多重顶的前提假设是股票已经经历了价格的大幅上涨，在当前的高价位上，卖出（或做空）机会已经形成并持续一段时间。

仅仅发现某只股票多次涨到某一个特定价位，并不一定意味着它在形成一个多重顶。还需要有以下情形：

1. 各高点之间应当具有较长的时间间隔。
2. 在再次上涨之前，股价有下跌的尝试。
3. 理想状况下，每次上涨触及高位时成交量在不断缩小。

高点之间的时间跨度可能是几周、几个月，甚至是几年。如果你观察一只股票的日走势图，你会发现股票在两个高点之间至少会有一两次试图——但失败——向上走高，而此时股价会出现大的缺口。

在形态形成过程中，理想的状态下会有一个总体一致的较高价位，以及在股价试图下跌时作为支撑线出现的一个总体一致的较低价位（这点相对不太重要）。这个高低价位之间的距离，如果有的话，将会为你提供一个目标价。

其中较低的价位水平有时被称为确认点，正是在这个点上，你希望看到股价伴随着巨额成交量向下突破。一只股票触及这个支撑价位的次数越多，试图但没有成功突破确认点的次数越多，那么一旦最终确实突破了确认点，形态的力量也越强大，因为将会有大量紧张不安的股票持有者认为必须要卖出股票了。

多重顶的一个示例，如图17-1所示，是安捷伦公司的股票，它在击穿支撑位之后下跌了68%。你可以看到在两年半的时间里，该股票有四次试图突破约40美元的价位，图中每次都用圆圈标示了出来。第三个近似的高点要比第二个低一点，而第四个则又比第三个低一点。在每次股票下跌时，看起来在30美元价位都存在一个支撑。当这个支撑位在2008年9月末被击穿后，股价开始剧烈下跌。

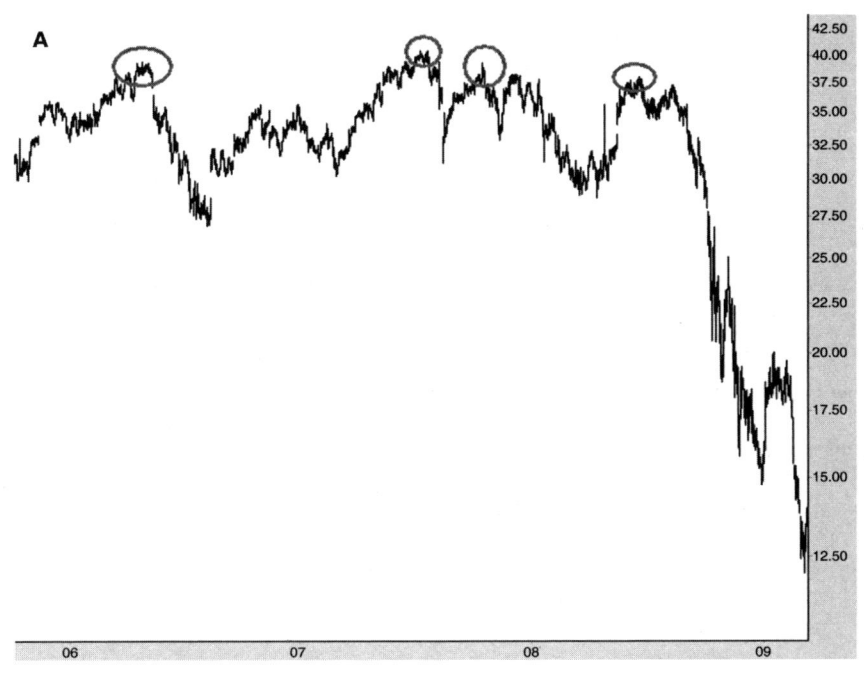

图17-1　从2006年到2008年交易行为很不规则，但事实证明在40美元价位的阻力非常强大

形态背后的心理

买方希望股票上涨，而且他们最想看到的是股票能规则地、稳定地上升。当一只股票看起来无法突破某一个价位时——也就是说，抛售力量与买入力量相比足够强大——股票持有者会变得沮丧、紧张并且充满疑虑。

假设有一只股票在过去的一年里从 20 美元稳步上涨到 30 美元。很明显股票持有者会由于这个高达 50% 的收益而非常开心，然而正像谚语所说，股票爬上了忧虑的高墙，下跌的可能性总是盘桓在股票持有者头脑中挥之不去。

股票现在由于持有者的卖出获利而下跌到 27.5 美元，在一个月之内跌去了过去一年收益的 1/4。股票的新近关注者更有兴趣买入了，因为股价下降后比较有吸引力，因而在接下来一个月中它们开始积累力量，而股票的长期持有者看到股票在不同寻常的下跌之后又重新回到他们所熟悉的上涨轨道，也松了一口气。

但股票并没继续上升创造新高，相反却再次下跌。现在人们开始怀疑这只股票在 30 美元是否已经估值充分，从而不可能再进一步走高了。股票被抛售到 27.45 美元，企稳并第三次上涨，这次历经几个月之后上涨到 29.5 美元。关注股价图表的人会发现，一个可能的第三个顶出现了，但这个顶甚至没有能力回到原来 30 美元的价位。另外，投资者的购买兴趣开始降低，因为每次股价上涨时成交量都在下降。

股票又一次开始下跌，而那些做多这只股票的人已经对过山车式的股价产生厌倦。他们决定卖出，他们的巨量抛售导致买方力量无法将股价再维持在 27.5 美元。股价剧烈下跌到 27 美元以下，很多止损单被触发,那些紧张的多头开始在仍有利润的情况下卖出头寸,从而在接下来的几个月中产生大量卖单。股票一直跌到约 22 美元才有企稳迹象,而原来在 20 美元价位买入所获得的 50% 的收益仅剩下 10%。

能够导致这种反转情形的事件有很多,从股票前期涨的太高造成价值高估,再到公司赢利前景恶化,再到遭遇市场整体抛售等等都有可能。不管原因是什么,一只股票在经历多重顶之后都没有能力聚集力量再进一步上涨了,而股票持有者的耐心和紧张会逐渐转变股价变动的方向和速度。

示例

以下是这个重要顶部形态的一些示例。

如果把多重顶和多重底相比,就会发现他们有着重要的区别:一个非常接近或一致的价格水平对于多重底要更为重要,因为股价需要一个良好的坚实的底部以支持后期的上涨。而对于顶部形态来讲,如果高点价位相对接近(在上下 5% 范围之内)并且呈现出略微的下行趋势,则形态就仍然是有效的。实际上,不断弱化的顶部正放大了股票未来下跌的可能性。

阿卡迪亚房产信托(代码 AKR),如图 17-2 所示,很好地说明了这一点。在五次不同的情形下,股价试图上涨但没有成功。有两次股价快速下跌到 19 美元,而后三次高点逐渐下降。通过后来的股价走势,我们可以看到这只股票的牛市在 2007 年 6 月 4 日结束,接下来 15 个月所有的交易行为与这个终结日差不多,都是那些小心谨慎的股票持有者将他们的股票转手到新的买入者那里。

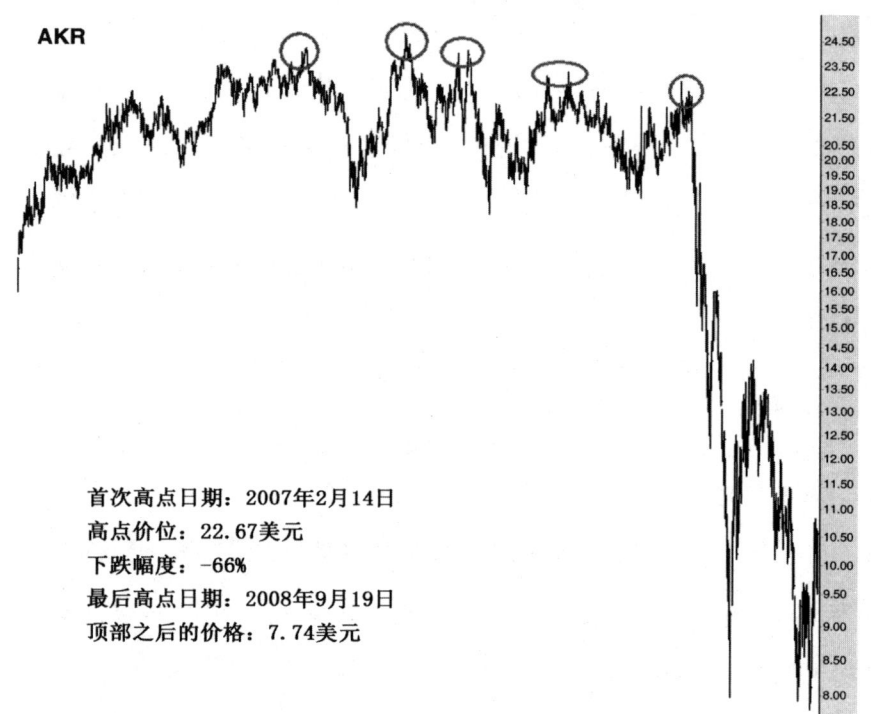

图 17-2　该股票存在一系列轻微下降的较低的高点

通过持续跟踪一只股票的高点，也可以用圆圈儿在你的图表上标出来，你就可以跟踪股票的整体趋势（不管这个趋势多么难以捉摸）并且把握趋势的转换。图 17-3 中，前面的三个高点构成了一系列较高的高点，尽管这些高点之间的差异并不明显。然而从第四个高点开始，首次出现了较低的高点——再加上 22 美元的支撑水平位于高风险区域——表明一个顶部可能正在形成。

第17章 多重顶

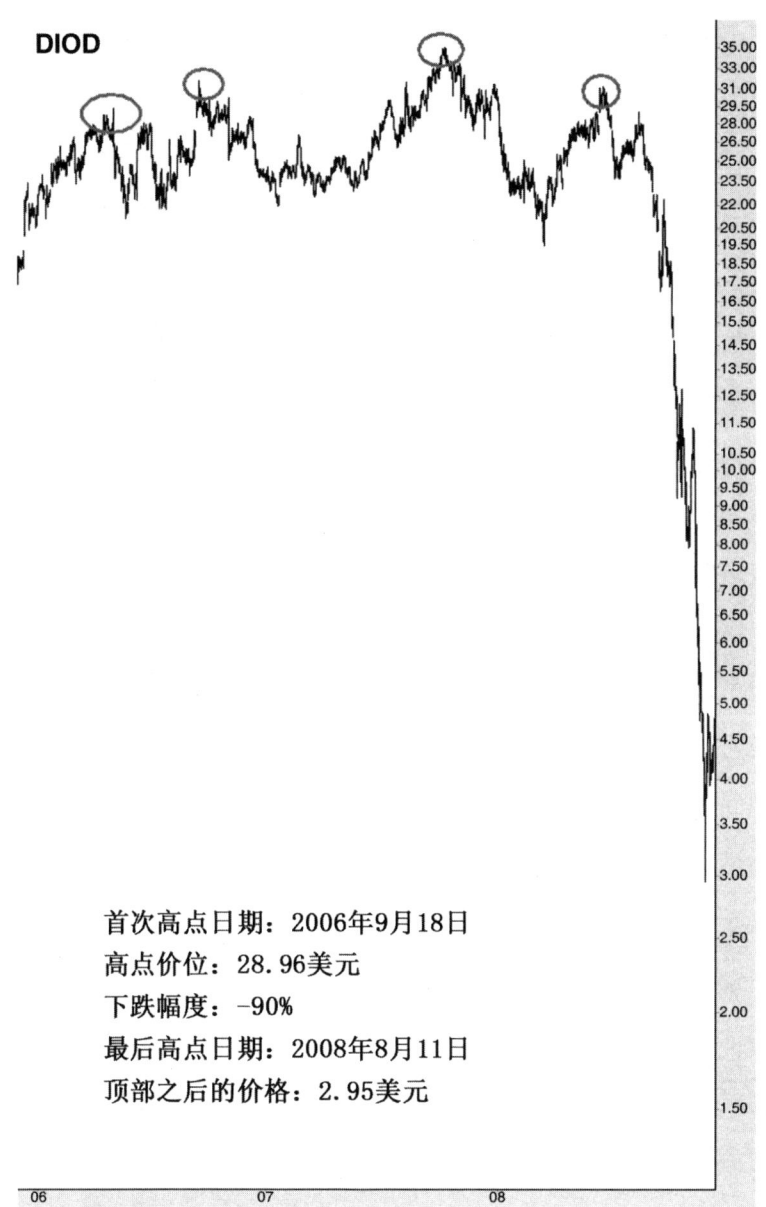

图 17-3 跟在三个较高的高点之后出现的较低的高点,标志着股价方向的转变

图17-3四个高点在价位上不太相同，但这一点并不重要。重要的是第四个圆圈预示着股价失去了创造较高高点的能力。而且，最近打破22美元的下跌威胁着重要的支撑位，也是风险加大的信号。那些做多股票的投资者如果明智的话应当能够认识到这个微妙的转变并在方向转变完全之前提前卖出股票。

当然，当多重顶的高点价格非常接近时，交易者会更容易操作。对于多头来讲，这提供了一个进行监视的重要价位，因为向上突破一个密集的价格区域将表明股票已经积蓄了足够的力量以继续上行。对于空头，它提供了一个考虑卖空股票的价位，因为股票在这个价位之上出现的任一价格都是合适的止损位。

在这种情形下，最安全的卖空区域就是在确认点之下。因为股票创造了一系列相似价格的高点并不能证明股价就要转头向下了。股票也可能正在通过一个整固阶段，一旦它向上突破了阻力，股价就会快速上涨从而彻底摧毁任何一个空头头寸。

如图17-4所示，考文垂医疗公司（CVH）股价有三次都触及几乎同一个价格高点62美元，这些价格高点之间的时间间隔非常大，这可以确保交易者有机会寻找多重高点。仅仅因为其位于这样的一个高价位而去卖空该股是不明智的（尽管事后证明会赢利丰厚），因为股价在跌破44美元的支撑之前，在技术上并没有破位。当然，这两个价位之间差距非常大，但是在62美元卖空股票只能是一种猜测行为，而在44美元之下卖空则是基于合理的技术分析所做出的正确交易。

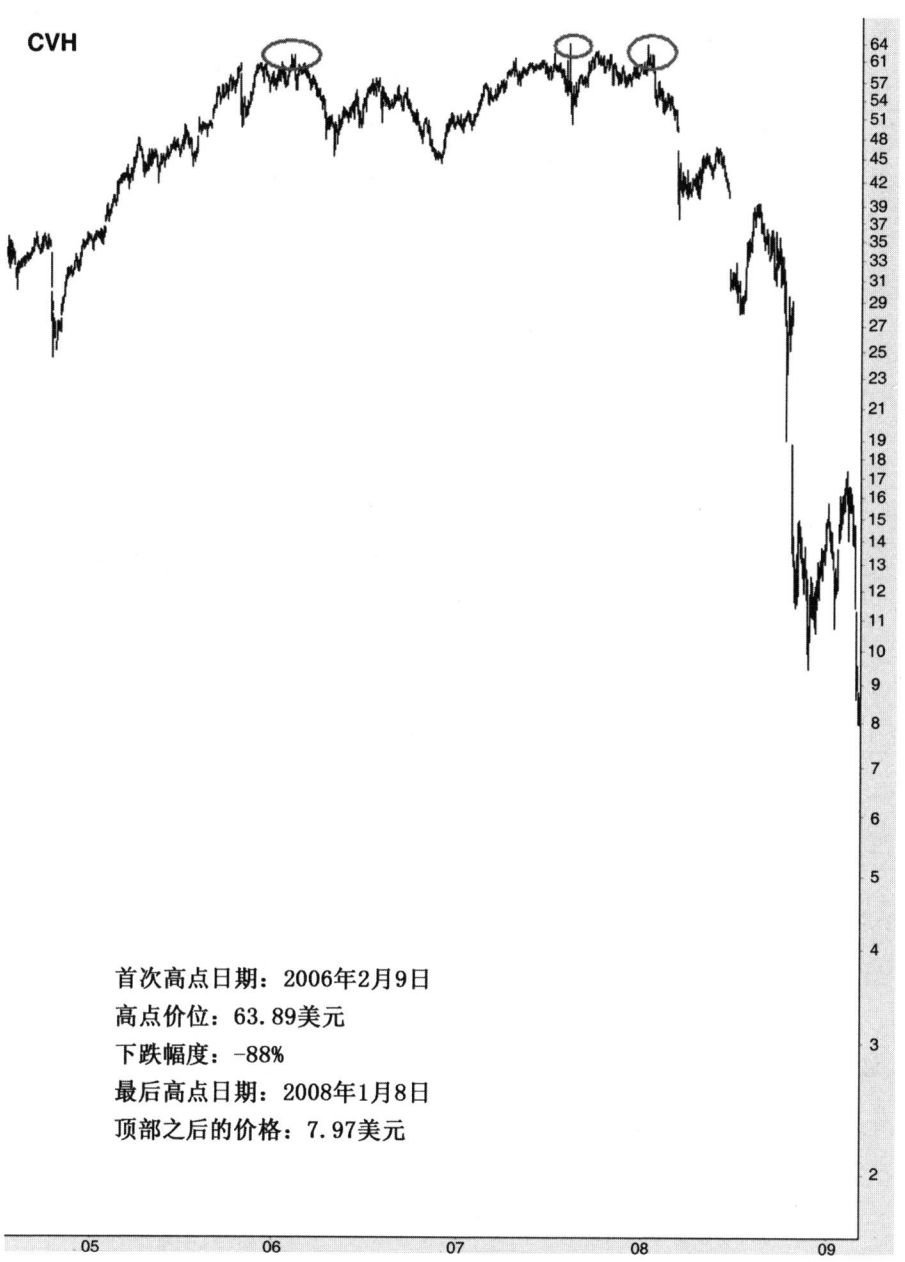

图17-4 考文垂医疗公司的三顶导致了股价的大幅下跌

一旦这个支撑被打破,股价在随后非常长的时期内都在下跌。在这次下跌中,一个非常有趣的事实就是存在两个非常大的下跌缺口,而每一个缺口之后都存在一个清晰的回调。对于持续如此之久的一个下跌趋势,存在非常多的卖空获利的机会:首先,在44美元支撑被打破时;其次,第一个缺口回补时;第三,第二个缺口回补时。

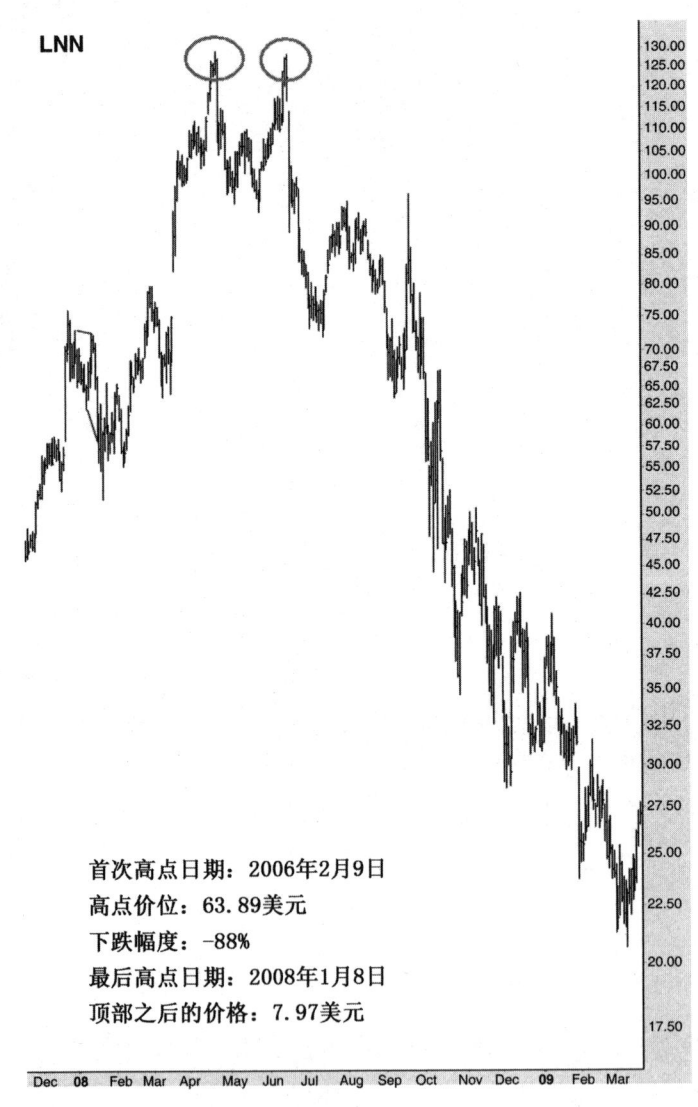

图17-5 这个位于同一价格水平的双顶可能是最简单的顶部结构

与前面的例子相比，双顶更容易交易和跟踪，图 17-5 展示了一个双顶的示例，其中两个高点之间的价格仅仅相差几美分。很重要的是，这两个高点之间的距离也足够大——第一个在 4 月 22 日而第二个位于 6 月 17 日——说明这是一个正规的形态结构。这个示例中也存在一个非常清晰的回调。在股价打破支撑位 95 美元之后，下跌到 80 美元之下，但是到 8 月 4 日又回升到原来的支撑线之下。像本书中大量的其他图表示例一样，这为多头和空头都提供了很好的机会。对于多头，它提供了一个绝好的第二次出逃机会，因为位于这种形态中的股票不太可能会向上突破前期的支撑线；而对于空头，它提供了一个精彩的、低风险的卖空获利机会。

有些时候回调只是部分性的，这意味着你要想等待完整的回调出现可能是充满困难的，因为这种机会可能永远也不会出现。

图 17-6 中波音公司的股票所形成的双顶在形式上与图 17-5 非常相似。双顶分别位于 2007 年 7 月 25 日和 10 月 2 日，其价格也仅仅相差几美分。当你发现交易量很大的股票出现这种非常清晰的双顶结构时，非常值得密切关注，因为这两个高点价格的对称绝对不是一种巧合。

支撑位在 85 美元，而 BA 在回头调整之前一直下跌到 66 美元。之后股价努力回升到 81 美元，但还差 4 美元没有达到前期的支撑线水平，之后便开始下跌，最终跌到 28 美元以下。那些等待着股价回调到 85 美元的人会非常失望。

当你在等待回调时，最好随着回调的推进逐步建立头寸，而不要一直等待一个完美的价格出现。例如，你可以在回调完成 50% 时建立 1/3 的头寸，回调实现 75% 时再建立 1/3 头寸，而在回调完全完成时建立最后的 1/3。如果股票非常有力地完成完整的回调过程，那么你的平均价格将会非常低。另一方面，假设股价只是完成了 60% 的回调，你至少还有一部分头寸可以用来获利。

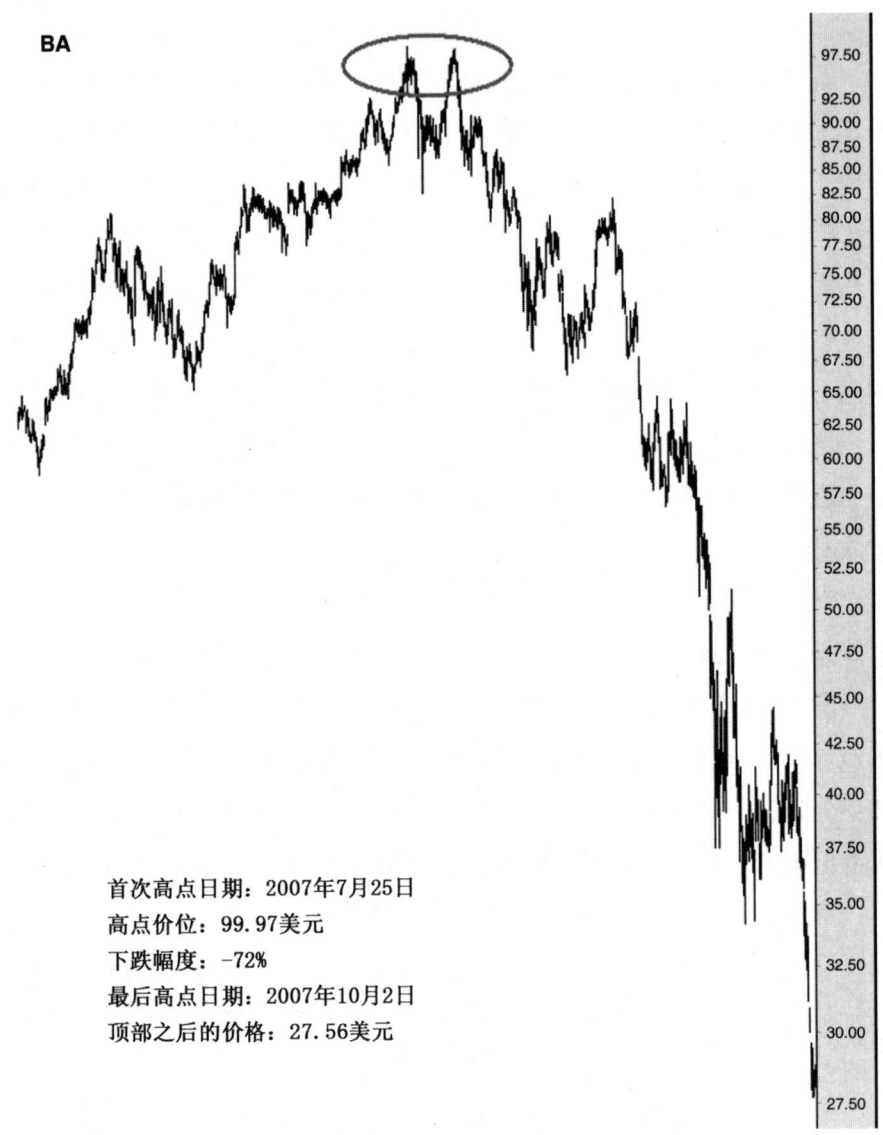

图 17-6 这是另外一个堪称完美的双顶

小结

在交易中有一个古老的谚语，树长不到天上去。换句话说，即便是最好的股票也不可能永远涨下去，而通过监控股票的上涨能量耗尽的可能迹象是在股票仍然安全时卖出获利的最好方法。在你的图表分析过程中，如果你看到股价在一个比较长的时期内形成了几个相似价格的高点，那么把这几个高点圈出来加以监控，在这些高点之下找到一个具有支撑能力的价位。你最好关注以下几个方面：

1. 相似的高点。
2. 高点之间有比较大的时间间隔。
3. 一个容易识别的支撑基础。
4. 支撑位，也就是你的确认点的打破（如果发生的话）。

双顶是多重顶中最容易识别的，但是在一个长期的图表中，多个高点的存在能帮助你跟踪股票走势的微妙转变，并预见到多头并不希望看到而空头则非常欢迎的股价下跌趋势。

第 18 章　三角旗

三角旗在很多方面与旗形形态（见第 12 章）极端相似，只是其线条具有夹角而并不平行。在价格柱上下两端的两条线向同一个方向交汇，这个整理形态通常意味着股价走势的延续。

本书当中介绍的一些形态时间跨度可能会非常大，从几年到甚至几十年，但三角旗却不在此列。相反，它是一个相当短期的形态，通常仅持续几周时间。同时它也是一个整理形态，使得股价在沿着原有主导方向变动前，进行短暂的休整。

形态定义

三角旗形态的第一个条件就是股价在前期经历了强力的变动。这个变动可以是上涨也可以是下跌，但必须是强力而迅速的，因为旗形形态的全部基础就在于，它是股价在总体剧烈变动中的短暂停顿。即便价格在横盘整理的过程中也可能形成三角旗形状，由于它没有发生在价格剧烈变动的背景下，这种三角旗是没有意义的。

其次，三角旗的价格趋势应当与总体趋势是相反的。由于它的逆向特征，在股价上涨中的三角旗应当是斜向下的，而股价下跌中的三角旗则是斜向上的。不管方向如何，平坦的、呈对称三角形的三角旗形态也是可以接受的。在三角旗构筑过程中出售或买入行为应该在减少——经常伴随着不断下降的成交量——可想而知在这个过程中股价的变动与总体方向是相逆的。

三角旗形态由限定在一对交汇趋势线中的一组价格变动线构成。如果两条趋势线是平行的，则构成旗形，这在第 12 章当中已有介绍。三角旗本身的时间跨度不能太长，三个月很可能是可接受的最长时间区间了，最典型的则是一个月或更短。

最后，当股价突破三角旗形态时，这个突破应当伴随着成交量的放大。价格很快又步入总体趋势，经过几周的等待之后买方（根据具体情况也有可能是卖方）通过大量的买入（卖出）活动促使股价进入长期趋势中。

尽管三角旗并非很大的形态，但他们所预示的价格变动却可能是非常巨大的。从总体大趋势（不管是上涨还是下跌）的起点到三角旗的起点，称之为旗杆（有点不太恰当），它的高度正是后面测算未来价格变动幅度所要用到的数字。未来价格应当等于三角旗尾部的价格加上（如果是在下跌趋势中，则是减去）旗杆的高度。

例如，如果一只股票在很长一段时间内价格都在 20 美元至 22 美元之间，然后它突然从 22 美元快速上涨到 30 美元，接着形成三角旗，则旗杆高度就是 8 美元（也就是 30 美元减去 22 美元，因为 22 美元是股价从原来的平稳状态迅速攀升的起点）。我们假设这个三角旗是稍微向下倾斜并持续了 3 周，然后股价放量上涨在 28 美元价位突破三角旗。因此测算的目标价位应当为 36 美元，因为 28 美元（三角旗的突破点价位）加上 8 美元（旗杆高度）等于 36 美元。

形态背后的心理

让我们通过一个现实中的三角旗形态的例子来理解这只股票众多交易者的想法。图 18-1 展示的是大型连锁零售商好市多公司（代码 COST）的价格走势。该股从约 54 美元上涨到 65 美元，这个旗杆高度为 11 美元，意味着在形态完成之后，股价上涨幅度将在 11 美元以上。

三角旗形态的持续期基本上是 2010 年 10 月之间，如图 18-1 中两条实线所示。这次整理使得不坚定的持有者卖出获利。股价在 11 月 4 日开始发动涨势，突破价位是 63 美元，目标价位应当是 74 美元。到

2011年1月3日，实际股价距离该目标价仅仅相差几美分，然后COST股价首次遇到了上升趋势中的弱势时期。

因而，三角旗两侧的旗杆高度——从54美元到65美元，以及从63美元到74美元——是相同的，而这个三角旗形态也阐明了它的预测能力，而且成为股价上涨途中的一个整固点。

图18-1　好市多的股票在上涨阶段的正中间形成了一个三角旗

示例

以下示例向你阐述了形态的起始日期、结束日期、突破价位以及形态完成之后的股价变动百分比。

见图18-2,在三角旗结束之后获得了高达74%的上涨。左侧的旗杆从7.18美元开始到12.87美元价位,在这个点上三角旗开始形成。形态延续了大约6周,当其结束时,目标价位是17.69美元。股价在形态结束大约9个月之后,也就是2010年3月,实现了这个目标价位。

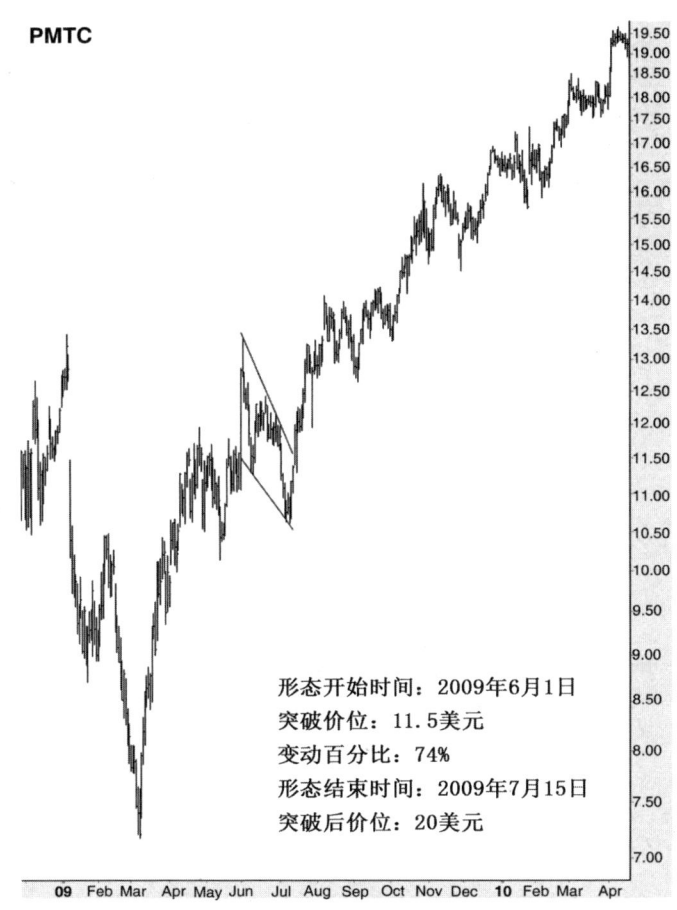

图18-2　股价在三角旗之后上涨了74%,一个相当大的涨幅

尽管右侧的旗杆比左侧要高很多，目标价位仍然实现了，而且股价在形态完成之后几乎没有什么中断地产生了一系列较高的高点和较高的低点。

由于三角旗是一个逆向结构，它们的出现意味着这只股票可能情况不妙。然而已经完成的三角旗明显不是这种情况，因为股价在胜利突破三角旗之后将会进一步上涨（作为牛市的延续）。图18-3阐明了这种情形。

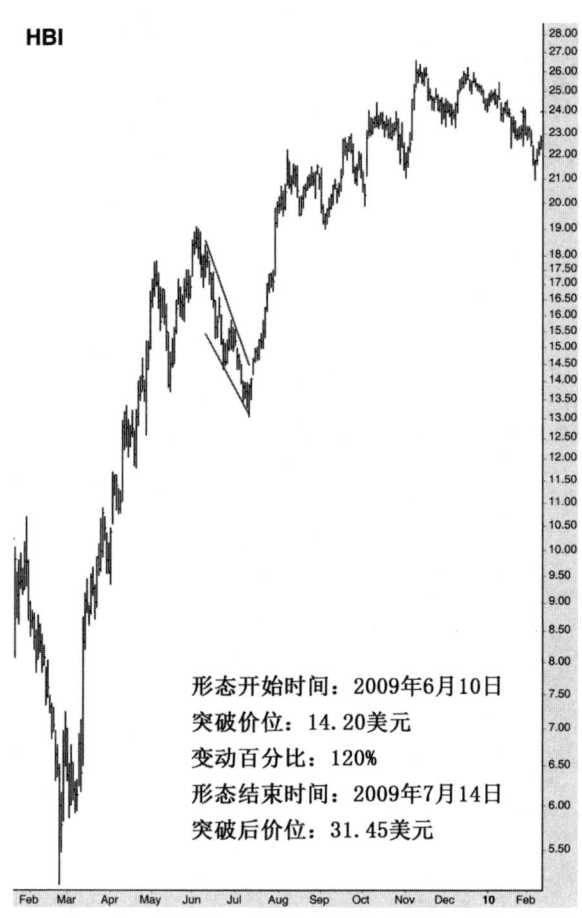

图18-3　形态结束之后上涨的步伐慢了下来，但目标价位仍然达到

第18章 三角旗

恒适公司的股票先是从5美元强势上涨到18美元，然后股价开始走弱。当股价又下跌了25%时，一些人可能错误地认为股价的涨势已经结束。然而股价从14美元开始突破三角旗，目标价27美元，在2009年11月9日股价几乎刚好到达这个价位（只比目标低了几美分）。有趣的是，股价在达到目标后几乎立刻进入疲软状态，随后跌去了30%。这也说明当你按照形态进行交易操作时，头脑中时刻记着那个刚性的目标价会很有用。

形态的价值，除了预见股价走势的能力之外，它们还能够帮你在一个比较好的价位上介入交易，从而避免在股价过快地上涨或下跌击穿某一个合理价位时你来不及操作而错失良机。金伯利（KMB），如图18-4所示，在2009年初的几个月时间里从40美元上涨到51美元，然后在整个6月和7月的上半月期间构筑了一个三角旗形态。

股价于7月15日轻微突破了这个形态，并在第二天即7月16日确定不疑地向上突破了形态，而此时就是一个明显的买入信号。此时买入的价格将是大约51美元/股。仅仅在几天之后，7月23日股价强力跳空上涨，一天之内就上涨了8%。一个已经持有KMB头寸的人会很乐意见到预期的涨势获得如此强烈的确认。而那些对这个不久前发生的技术事件一无所知的人，只能在事后跟风买进，导致其承受更高的风险。

当然，这个形态不论如何仍然对这些后来者是有用的，正如我们从图18-4中看到的一样。然而，如果股价后来走弱，在54美元进入的人比51美元买入者要承受更大的风险。不管怎样，在50美元的突破价位加上前期的旗杆高度11美元，得到目标价61美元。这个目标在当年11月实现，甚至超过了几个百分点。在这个点上，股票开始遭到抛售并跌去了大约15%，表明那些在61美元目标价获利了结的人做出了正确的选择。

图18-4 识别出这个三角旗形态将会帮助交易者提前建仓，从而降低在几天之后随着股票跳空大涨而跟风买入带来的风险

服装制造商拉夫劳伦，其股价图表如图18-5所示，所形成的三角旗在时间框架上与前一个例子完全相同。这两个形态的时间范围相似程度精确到了具体日期，只是这个例子的上涨幅度为79%，比前一例子的

30%明显更高。这个差异的原因是该形态左侧的旗杆高度很大，因而右侧的目标价也相应会很高。

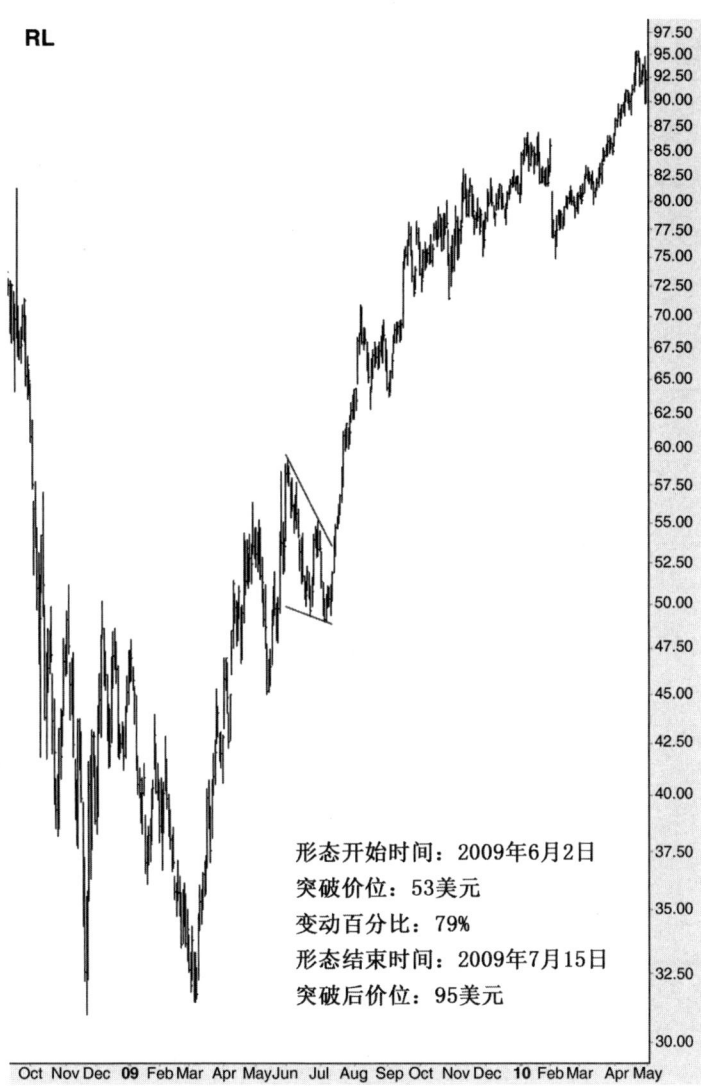

图 18-5　这个三角旗的突破非常急速

左侧旗杆从 31 美元到 59 美元，高度为 28 美元。53 美元的突破点意味着目标价为 81 美元，该目标价在 11 月 10 日得以实现。这个形态的时间对称性也很好，左侧的旗杆持续了 3 个月多一点，而右侧的旗杆也是用了 3 个月多一点。股票继续强势上涨，直到 95.27 美元，完全超越目标价，之后由于整个股市的走弱该股也下跌了 1/4。

小结

在现实的交易过程中三角旗形不太容易识别，你会发现在它们形成过程中使用一个形态识别系统会很有帮助。这个形态并不经常发生，然而当它确实发生时，你会发现它是预测目标价位的很有价值的助手，而且你会知道何时形态会给出（如果有的话）信号以指出原来的主导趋势将继续推进。

第 19 章　碟形

也许在技术分析中最简单、最清晰，也最容易识别的形态就是碟形了（也叫圆形底）。顾名思义，这个形态就是价格在下跌底部所形成的一条曲线，之后就反转上涨。有一些最强力的持久的价格变动就是在圆形底之后发生的，此时的交易相对比较安全，因为市场已经用了大量的时间构筑了底部并把空头和不坚定的持有者都清除出局。

形态定义

简单地说，碟形是这样一种价格形态，首先股价逐渐下跌，在一段时间内保持稳定，然后又逐渐上涨，最终伴随着巨额成交量向上突破阻力位。图 19-1 提供了一只代码为 RAX 股票（Rackspace 托管公司）的示例。该股价在半年之内慢慢地从 22 美元下滑到 16 美元，然后反转并开始缓慢回升。在 9 月份，股价伴随着巨额成交量突破了 22 美元的阻力位，在接下来的几个月中上涨了 50%。

这个例子表明了该形态的两个核心要素——一个清晰的、定义完好的、类似于相对平滑的碟形的底部，以及一个伴随大成交量的价格突破。这个成交量的放大表明交易者对股票重新感兴趣，所有近期进入的购买者现在享受着获利头寸所带来的欢愉。

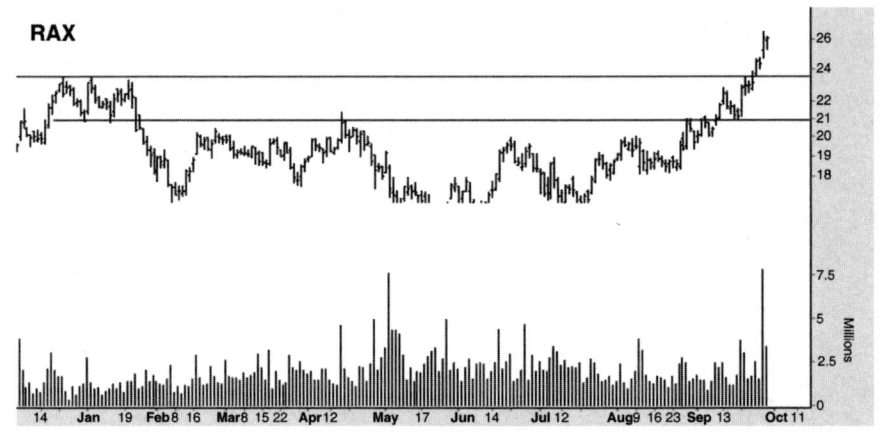

图 19-1 突破点的巨额成交量并不是必需的，但它极大地增加了股票后续上涨的可能性

形态背后的心理

在某个特定价位建仓的大量股票持有者背后的心理，是非常重要的，它是技术分析的基础。一般来讲，交易者都喜欢利润而不是损失。如果一只股票不断上涨，其持有者会对股票越来越乐观从而倾向于更多地买入，因为他们的利润在增长。如果有大量的购买者，他们的行为将会进一步吸引更多的买入者。

一只股票如果长期在一个比较小的价格区间内徘徊，将会有两点要素导致它具备后期上涨的潜力：（1）大量持有成本在这个价格区间的购买者，在股价突破时将会急不可耐地进一步增加他们的头寸；（2）这个价格区间具有强大的支撑力，一旦最初的突破失败，这个支撑将会成为价格底部从而防止股价进一步崩溃。如果股价突破这个价格区间，然后开始下滑，一大批股票持有者将会不情愿地卖出股票，当卖出力量耗尽时股价稳定下来。在这个价格区间的股票持有者既是推动股价进一步走高的生力军，也是防止股价跌穿这个坚实底部的潜在力量。

这种突破的一个很好的特征就是他们经常会在突破之后为投资者提供第二次的买入机会。股价在突破之后的短暂缓和被称之为回抽，这是由于一部分持有者在股价上涨后急于卖出获利造成的。

想象一下，假设有1000人都持有某一个公司的股票，而该股票已经在10~12美元之间徘徊了几年。如果该股票最终突破并上涨到15美元，你可以理解这些持有者会多么兴奋，因为他们持有这只无用的股票很多年终于看到了希望。

尽管这些股票持有者中的大多数人都有足够的耐心继续持股等待利润增长，仍然有一部分人想要立即卖出股票落袋为安。这个群体背后的心理也是可以理解的——毕竟，他们的股票一直毫无作为，而现在有了一个机会可以退出并额外赢利。因此一些人——假设这1000人中的100个——立即下单以市场价卖出股票。

这一批卖单将会导致股价缓和下来，至少暂时如此。股价通常会跌回到原来那个价格区间的高点，此时卖方力量耗尽，因为这个群体所新发现的快速卖出获利机会已经消失。价格能够保持在突破点之上，非常重要，否则这个形态的完整性就会遭到破坏。

这时股价的短暂的缓和就是回抽，那些密切监视这只股票价格图表的人就可以利用这个机会以"突破前的价位"买入股票。这个机会格外具有吸引力，还因为这只股票最终突破了价格区间后已经指出了股价未来的方向。

示例

一些不可思议的收益就是在圆底结束后创造的，通过以下示例图表你会发现这一点。

本章中提供的示例有时时间跨度会长达几年。但这并不意味着碟形都必须在非常长的时间区间内才会发生。不管你是在观察 10 年期间的股价还是 10 分钟的，这个形态的关键要素其实是相同的。

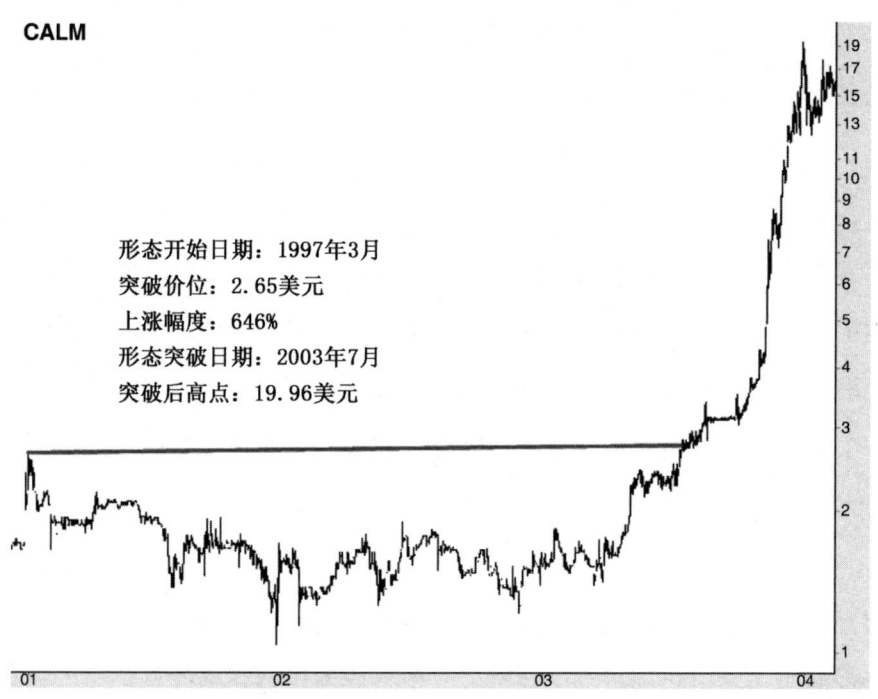

图 19-2　卡尔梅尔股票在从长达 6 年的碟形形态突破之后，仅仅 8 个月时间就实现了幅度高达三位数百分比的上涨

第一个示例，卡尔梅尔食品，属于那种"持续几年"的类别。这个碟形持续了 6 年（图 19-2 只是提供了这个形态的右半部分）。这只股票横盘了一年又一年，但是当它最终向上突破了 2.65 美元时，交易量又略微增加了。作为一个示例，这只股票的关键日期是 2003 年 6 月 25 日，其成交量为 7600 股。而到了同年 12 月，在某些交易日成交量会达到 500 万股。

股价在回落之前经历了非常惊人的大幅上涨，到 2004 年 2 月上涨了646%，而此时距离形态突破仅过了8个月时间。

接下来如图19-3，是考虑回抽容忍度的一个很好示例。碟形形态持续了几年时间，终于在2007年4月4日股价突破了代表着阻力位的水平线。问题是，随后股价开始围绕着这个水平线不断上下徘徊，一直持续到6月13日，股价再次突破上涨。这次上涨到7月12日创造新高，然后开始再次疲软。到8月16日，股价再次回到突破线之下，跌去了其峰值价格的30%。

那些在最初的突破时买入股票的交易者，如果使用了一个比较保守的止损位，将会迅速地止损出局。当股票持续围绕重要的11.36美元的价格水平上下徘徊时，那些不断尝试买入却一次又一次止损出局的人，只能为经纪人创造交易佣金并给自己带来亏损。

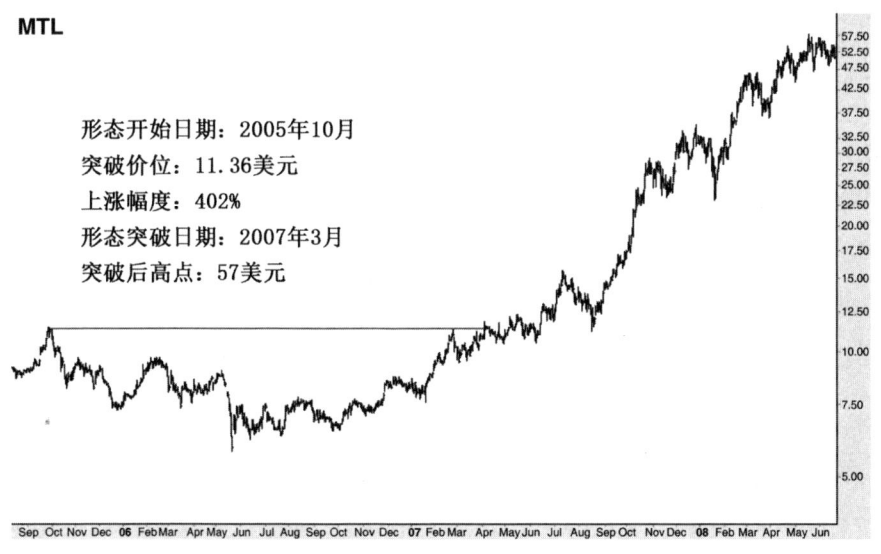

图19-3　麦哲伦股价有几个月时间一直在突破点上下波动，让交易者陷入混乱状态

事后回顾，我们现在知道8月16日的低点是这只股票的底部，

随后股价就开始了真正的上涨，到 2008 年 5 月股价翻了 5 倍。从这个例子我们可以获得的一个关键的教训就是，一旦形态完成，形态的力量就会得以发挥，而股价绝对不会再回到突破点以下。毫无疑问，MTL 的碟形形态定义良好，通过事后观察我们也看到其涨幅非常巨大。然而那些试图根据这个形态进行交易的人会非常抓狂，因为股价从 4 月到 8 月一直都在突破点价位上下徘徊，使得多头和空头统统都被挫败。

如果你使用更宽松的止损来解决这个问题，成本会很高昂，因为没有人能保证使用宽松的止损会最终让你以低价位建立头寸。毕竟，MTL 股票跌到突破点之下也可能是股价将要再次回落到 7 美元的一个信号。一个比较明智的做法是关注这个价格线，持续地定期监控像这样的一个图表你并不需要付出太多代价，像 MTL 的例子一样，从而你可以及时了解这只股票是否摆脱了抛售压力开始真正向预期的方向发动攻势了。

与前面的例子截然不同，新浪公司（代码 SINA，见图 19-4）在 2002 年 10 月 28 日突破圆形底之后，股价没有再回头向突破点价位回调。购买这只股票的一个比较令人信服的理由就是突破当天放大的成交量。在前一个交易日，10 月 25 日成交量为 56000 股，而在突破当天 28 日成交量达到 1111000 股。

清晰的形态定义一经突破之后成交量的放大都是股价将迎来牛市上涨的积极信号，本书当中很多例子都表明股价在这两点基础上会大幅上涨，而 SINA 是其中一个不太寻常的示例之一。在 2002 年 10 月至 2004 年 1 月期间，SINA 股价令人难以置信地上涨了 1736%，然后才有部分回调。正是这种让人瞠目结舌的回报才会使得技术分析如此令人兴奋。

第 19 章 碟形

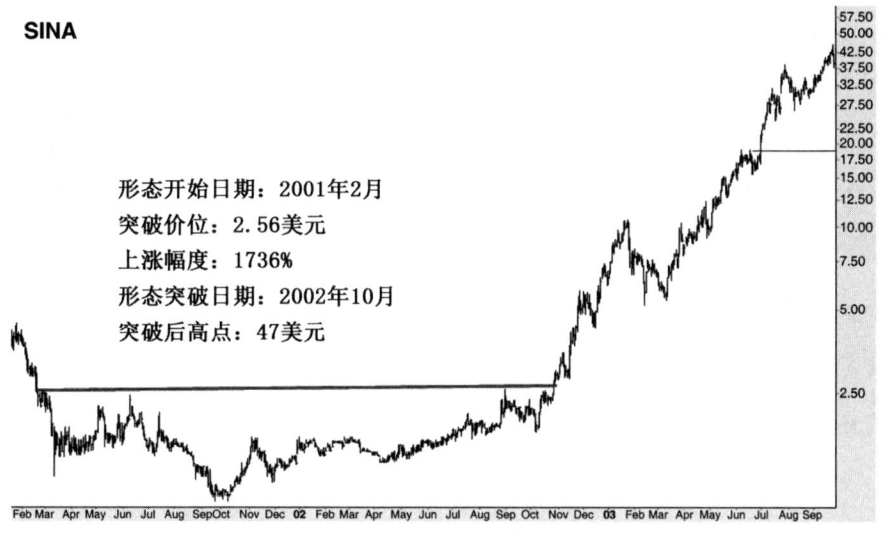

图 19-4 这是一个格外清晰的圆底形态

加阳公司股票，如图 19-5 所示，此类示例有点不太常见因为它的突破线是倾斜的。一个向上倾斜的突破线对于碟形形态来讲不仅不是问题，反而是一个积极的信号，因为它表明股票中所积蓄的上涨力量即便在形态的构筑过程中也在推动着股价走高。

图 19-5 稍微向上倾斜的突破线对于股票是积极信号

然而，如图 19-5 所示，AGU 的股价走势同样让交易者面临挑战，因为在 2004 年 4 月 29 日至 2004 年 5 月 19 日期间股价又跌到了突破点之下。如果交易者止损退出，他们将会有少量亏损，然而一旦股价在 2004 年末重新站稳，根据新的突破点再次进入头寸将是明智的行为。

针对黄金的交易所交易基金，代码 GLD，在 2004 年 11 月被引入市场，从那时开始它就成为美国最广泛交易的金融工具之一。这种基金为交易者提供了一种具有很强流动性并能参与商品市场的机制，而不像期货市场交易者还需要处理各种规则和杠杆等问题。

该基金在首次募资之后立即就开始了碟形底的构筑，如图 19-6 所示，在 9 月 15 日伴随着放大的成交量价格突破了形态。GLD 价格随后轻微走高，然后又于 11 月 4 日温和回调到突破点水平。此时是一个非常理想的买入机会，因为已经证明股价具有大量成交上涨的能力（在本例中，实际上是创造了历史高点），这个回调确认了它的支撑水平，并且为你提供了一个安全的止损价位。尽管 GLD 最初 27% 的涨幅并不像本章其他一些示例一样高的令人瞠目，但这一上涨仅仅在几周之内就完成了，而且在接下来的几年中 GLD 的价格上涨远远高出了这个水平。

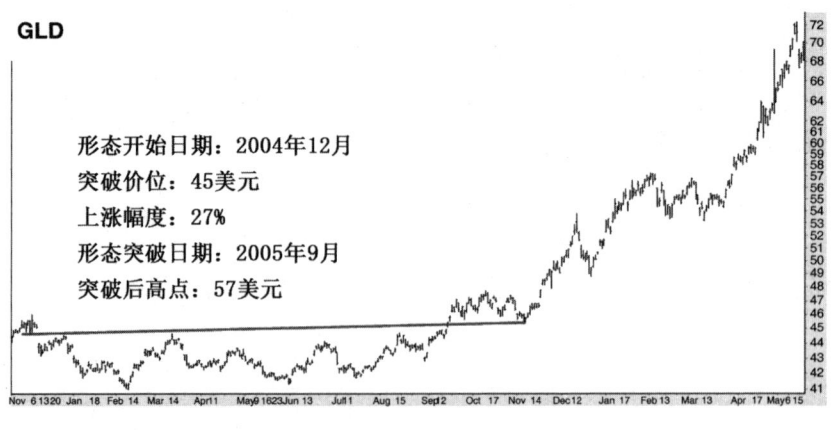

图 19-6　这是一个非常清晰的向突破线的回调

第 19 章 碟形

图 19-7 所展示的是伊利诺斯工具公司的股票在几十年期间的股价走势，在碟形形态突破之后其股价上涨了 479%。而关于这个形态格外令人感兴趣的一点就是，股价在随后的年份中走得更远。从最初的上涨所获得的收益只测算到 1987 年，因为那时市场的显著下跌导致 ITW 股价走势第一次出现转变（尽管头寸仍然利润丰厚）。除了将近 5 倍的价格涨幅令人印象深刻之外，股价在 20 世纪 90 年代里又多次重复了之前这波迅猛的涨势，后来股价的上涨达到了四位数的百分比。

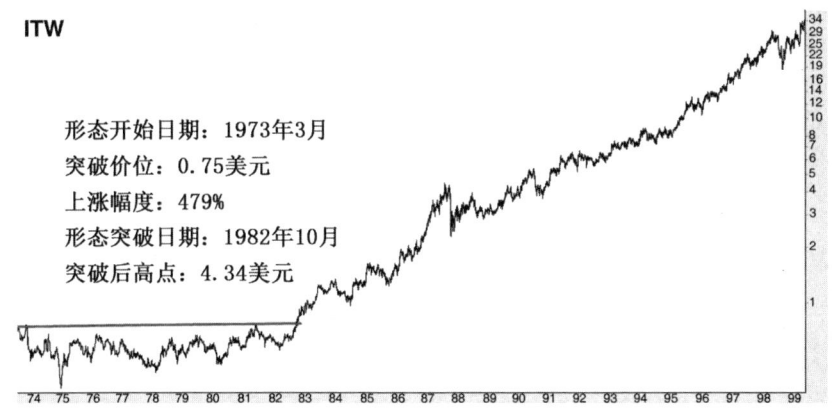

图 19-7　这个非常长期的形态表明，即便是 10 年之前的碟形形态仍然具有惊人的力量

这个示例所得出的主要观点就是碟形的价值不仅仅在于它们所提供的短期和中期的回报，而且它们还经常能够预示出那些长达一代人的大行情的出现，而这种行情的回报不是简单的小小赢利而是能改变你人生的收益。

默克公司股票曾经多次尝试突破其 1 美元（拆股调整）价位的阻力线——1981 年夏季、1983 年，以及最终的 1985 年（见图 19-8）。看起来令人难以置信，但这次突破却预示着这只股票开启了一个全新的时代，因为股价随后稳步上扬，到 2000 年高峰时上涨了 60 倍。从一个非常短的时间框架来看，到 1987 年 9 月股价也上涨了 343%，那时股价的涨势首次发生了停顿。

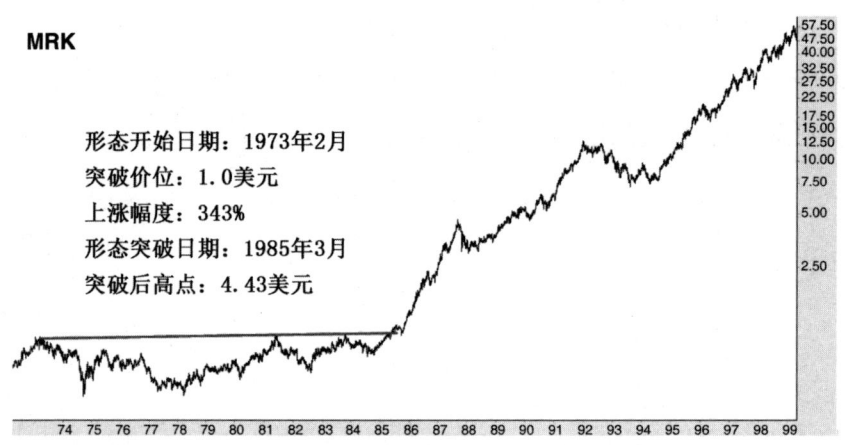

图 19-8　尽管 343% 的涨幅已经令人惊喜了，但后来股价实际上涨幅度要更大

本章展示的其他示例中，碟形左右两侧具有很好的对称性。然而这并非是一个必要条件，如图 19-9 所示。在这个例子中，股价的攀升缓慢而充满波折。与上涨过程所耗费的时间相比，更重要的一个事实是 5.64 美元被作为一个阻力位。如果这个碟形突破的更早一些，比如 1990 年，仍然是一个定义良好的形态，但它又持续了 6 年时间才铸造出一个有实质意义的高度。

还需要提及的一点就是，在突破之后，股价曾经于 1998 年出现了比较大幅度的下跌，但这次下跌没有使得股价低于原来的突破点。你所使用的止损价是根据图表设置的，因此不知道你自己的头寸是否在这个严重的下跌中仍然保留了下来。但是那些只要价格位于突破点之上就愿意继续持有头寸的人，将会从这只股票的长期大涨中获益。

图 19-9　这只股票在 20 世纪 90 年代有一次比较大幅的回抽，但是价格并没有跌到原来的突破点之下

有机食品连锁店全食超市在 1992 年上市，从 1998 年到 2001 年该股票形成了一个定义完好的碟形形态，这个形态右侧上涨部分的时间跨度（1999—2001）要比左侧下行部分的时间（1998 年）更长。这个突破令人感兴趣的地方主要在于其回调所花费的时间。

如图 19-10 所示，最初的突破让股价在随后的 8 个月里上涨了 44%。但随后就由于市场的整体走弱而下跌并于 2002 年 7 月 24 日触底，使突破后的股价涨幅又完全烟消云散。令人惊奇的是，这次回调恰好回到原来突破点的价位，尽管是发生在形态突破的很多个月份之后。这为股票的后来者提供了绝好的做多机会，并且也让那些有幸把握了最初 44% 涨幅的交易者再一次从这只股票上获利。通过没有击穿突破线的回调，该股确认了这个价格水平是一个重要的支撑位。

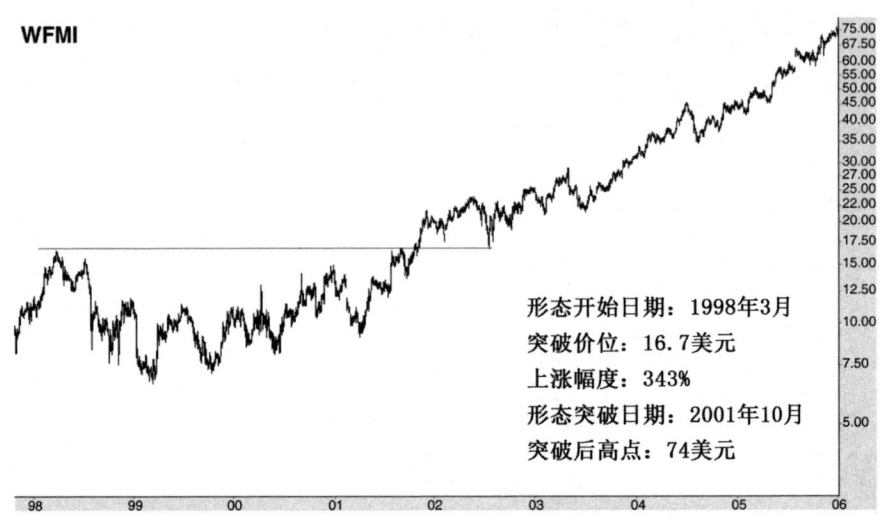

图 19-10 这个示例再次展示了在突破线上出现几乎完美的接触点的情形

小结

在本书所阐述的大量形态中，碟形是比其他大多数更值得关注的形态之一。它很容易识别，能提供一个很清晰的止损位，并且还能产生一些令人瞩目的价格涨幅。同时也要牢记，这个形态不一定总是出现在一个长期熊市的底部。它同样也可能是一个整理形态（也就是说，一只正在上涨的股票可能出现一段时间的停顿，在形成圆底之后继续走高）。最后，密切关注成交量，没有什么比大量投资者的蜂拥买入更能确认一个形态的突破。

第 20 章　圆顶

圆顶这个图表结构正如它的名称一样——一个顶部形态，预示着后面会出现显著的股价下跌，这个结构由一系列较高的高点以及后面跟随着的较低的高点组成，它们一起构成了圆顶效应。

形态定义

圆顶形态的第一个前提条件就是，它必须是出现在股价的急速上涨之后。发现这个形态之后首先要做的事就是卖空股票，关闭做多头寸，或者购买这只股票的看跌期权——不论你的交易目标是什么——因为股价将要下跌。除非股票已经发生了大幅上涨，否则在当前股价之下必然会存在太多的支撑位阻挠股价的大幅下跌。

第一资本投资公司（COF），如图 20-1 所示，在 2003 年初开始构筑圆顶时已经经历了股价的大幅上涨。在 2004、2005 以及 2006 年的上半年，它出现了一系列较高的高点，但是这些高点的上涨幅度每次都在逐渐减小，形成了图中所画出的圆顶的开端。

从 2006 年年中开始，股价微妙地转变方向开始产生一系列较低的高点，同时下行速度在不断加快。从较高的高点到较低的高点，这样一个温和的变化过程是圆顶形态的第二个条件，因为这是形成图中所示椭圆形上半部分的几何形状的需要。

在圆顶的构筑过程中，一条与头肩形态的颈线相似的水平线出现了。假如圆顶已经发展成熟成为一个有效形态的话，当这个支撑线被打破，就意味着卖出信号出现了。

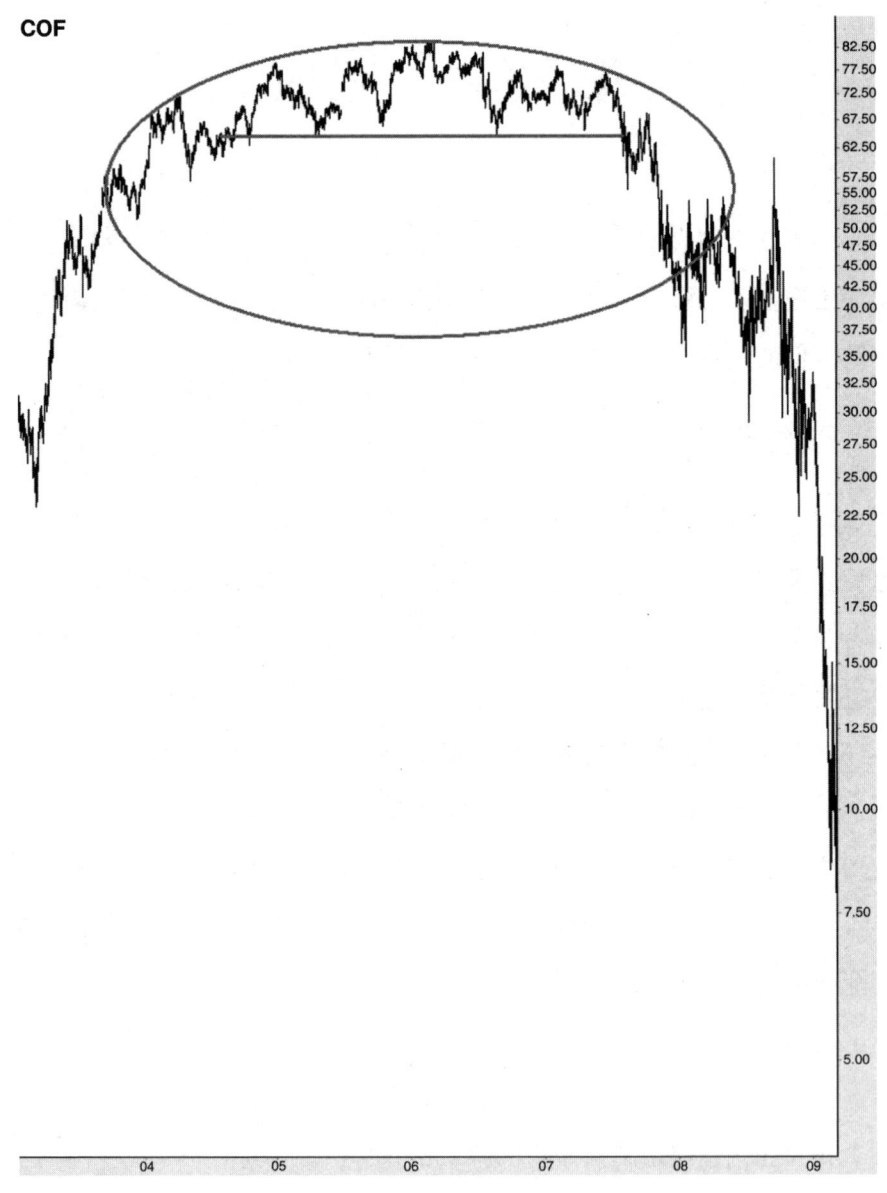

图20-1 在这个形态结束后第一资本股价下跌了88%

有时，但并非总是如此，股价会回调到原先的支撑线，此时对于交易者是一个最低风险的卖空机会。有些情形下股价回调会超过原来的支撑水平，像图20-1中的例子一样。只要股价没有超过那一系列较低的高点，形态就仍然是有效的。

形态背后的心理

想象一只股票已经稳步上涨了两年时间，股价从10美元攀升到50美元。股票持有者对于他们的收益兴高采烈，而且他们对于这只股票的持续上涨已经习以为常。

股价创造了一个历史新高，一些持有者因为各种原因开始卖出获利。一些人可能认为收益已经足够满意了；而另外一些人则可能相信市场将要迎来反转；其他的可能只是需要把利润转换成现金以用作其他用途。因而股价不时地会有小幅下跌，没有太多人注意这一点。

在随后的几个月里，买方和卖方力量不断轮番占据主导地位，尽管大多数股票持有者继续持有他们的头寸，但每当股票下跌时他们变得越来越紧张，因为股价看起来好像耗尽了能量，涨势不再像之前那么迅猛。

在某一点，当时没有人会知道，股价出现了最后的高点。股价开始下跌，跟着再次上涨，但这次出现了之前几年没有过的情形——股价没能再回到它之前的高度。看起来也不像是发生了恐慌出逃——相反，股价仍然位于它前期最高价位附近——但它停止了继续上涨，而是产生了第一个较低的高点。趋势转变发生了。

现在股价继续上下波动，其下探幅度越来越大，但每次上涨却无法回到之前的高度，因而股价的整体下跌步伐开始了。到了这时，一个图表分析人员会发现股价正在形成一个圆形的顶部。如果他能判断出一个代表着支撑水平的价位，他将会密切关注这个支撑，因为当股价具有剧烈下跌风险时这个价位将会是突破点。在这里，我们假设支撑水平是40美元。

某天晚上，公司公布了它的常规季度报表，赢利与预期有一点差距。当第二天股票照常开盘时，开盘价为 39.5 美元而且整天都在下跌，以 38.73 美元收盘。持有者越来越担心他们所持有的曾经一飞冲天的股票可能出现了突变，因而出现了密集抛售伴随成交量放大。

几周之后，股价跌到 34 美元，开始吸引一些人的购买兴趣。股票在接下来的几周开始上涨，股价回升到 35、36、37 美元，并最终上升到 39.5 美元，这当然也归功于大量分析师对该股票所给出的"买入"推荐。

不幸的是，对于那些做多股票的人，这是该股可能达到的最高价位了，因为大量在 39.5 美元以上买入股票的持有者只想快速出逃，因此抛售的重压摧毁了这只股票任何继续上涨的企图。

抛售再次开始出现，因为人们意识到他们在这只股票上的损失只可能越来越大，越来越多的人选择卖出头寸。现在股票开始燕式跳水，迅速击穿近期低点 34 美元，并且直到 25 美元才开始遇到实际的支撑。在圆顶结构所发生的缓慢而微不可察的转变最终用一个暴跌展现了自己的力量，而整个形态事件也宣告结束。

示例

以下是关于这个非常重要的顶部形态的一些示例。

从 2004 年开始，Marinemax 经历了持久的大幅上涨，使股价创造了几乎是其有史以来的最高点（见图 20-2）。后来股价开始下滑，经历一个 V 形底部之后再次上涨，股价甚至比前期的高点还要稍高。股价再次下滑——这次比上次更剧烈一点——然后又一次上涨，时间比上次长一点而且股价高点也比上次高出一点。如此这般，股价经历了三次轻微的较高的高点，这些高点都被很好地包围在图中所描绘的椭圆内。

当抛售开始时，其力度非常大以至于股价的每一个低点比前一个更低一点，即便在股价回升中也没有能够回到图中的椭圆边界上。在这个点之后股价的恶化一直在持续，尽管并不狂暴，但却毫不回头。经过在这个高位区域的几年整固之后，股价打破了 18 美元的支撑位并击穿了椭圆形的下边界。在这个点上股价有一个非常轻微的回升，像我们所预期的那样，使股价上涨到已被击穿的形态（也就是椭圆）下侧，然后当股价突破时就开始瀑布式的暴跌，跌去了市值的93%。

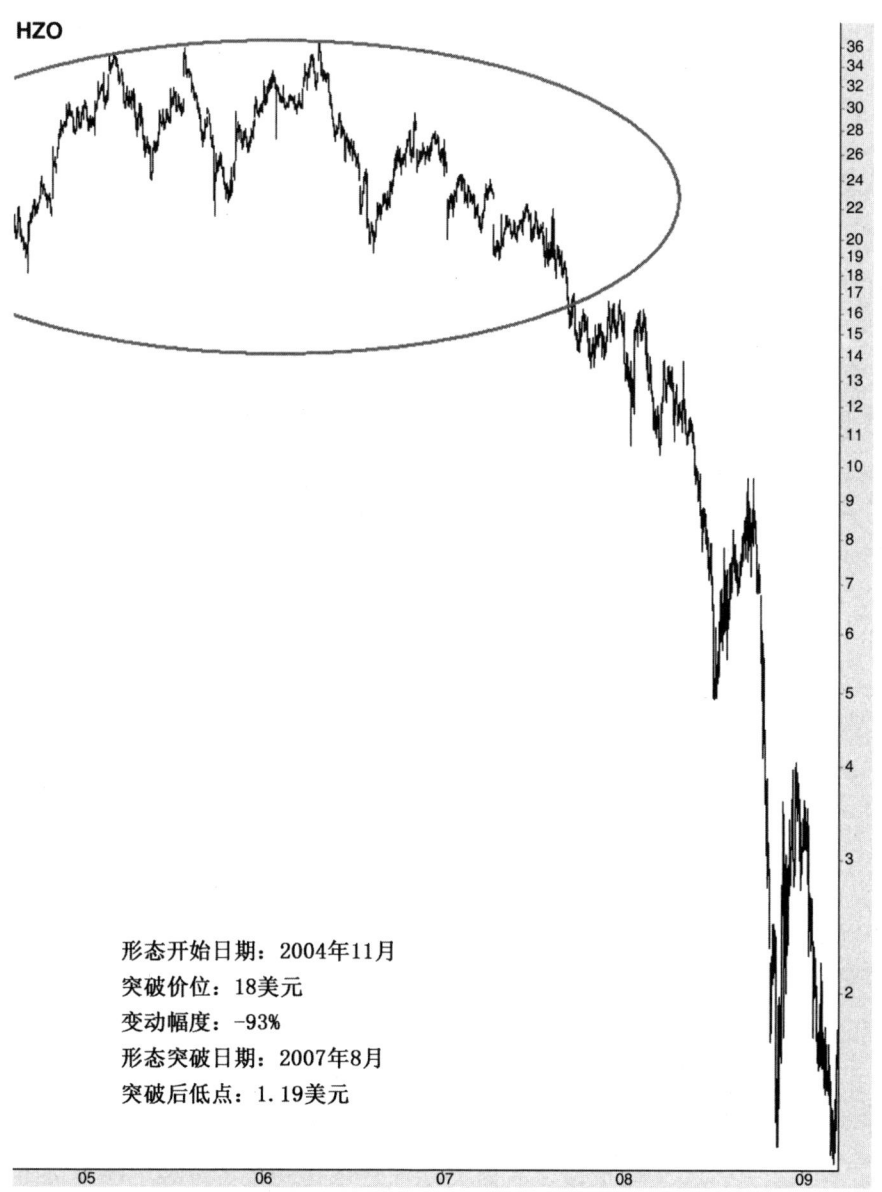

图20-2　由于该股票在2006年末至2007年初的抛售如此严重，其较低的高点远远低于定义的椭圆线

关于这些形态最精彩的事情之一就是，尽管任何一种形态都并非是由市场本身有意识地描绘出的，但在回顾历史走势时可以发现，价格的变动与只能在事后识别出的形态结构是高度一致的。当然那些博学的图表分析者可以在形态完全表现出来之前就预测出它们。

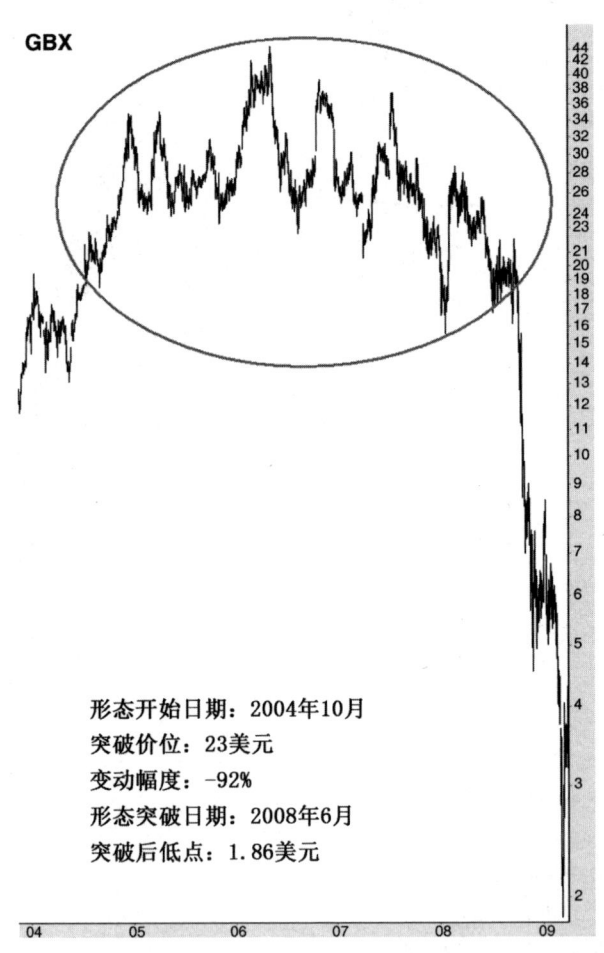

图20-3 关于这个圆顶一个非常有趣的事情就是，在最终的暴跌发生前，定义这个圆顶的椭圆也很好地捕获了第一次下跌和阻力

图20-3展示了一个时间跨度从2004年到2008年的圆顶形态。支

撑水平在大约24美元,随着股价的走弱,较低的低点确实越来越低了。最后的一个较低的低点在大约16美元,刚好碰触到椭圆形的内侧,接下来发生了一些非常有趣的事情:股价上涨到将近30美元(但是并没有打破较低的高点这一趋势),然后再次下跌,并又一次在椭圆内侧停顿下来(价格比定义要高一些)。

对于只是简单观察这个图表的人来讲,这只股票看起来好像转变了进程,因为它在一个比前期低点要高的价位止跌了。然而,如果你通过绘制椭圆的方法(这也是跟踪圆顶的最方便的方法)跟踪这个形态的构建,就会认识到股价只是悬在这个椭圆内的支撑上,一旦价格击穿这个水平,股价就会像鸡蛋被打破一样开始崩溃。

而事实恰恰正是如此。股价打破了这个椭圆形的边界,然后开始以惊人的速度下跌。尽管它在5美元与8美元之间短暂停顿形成了一个旗形(另外一种形态,在本书中多处都有出现),但之后就继续下跌到2美元以下。需要注意的是,这个下跌对于那些学习旗形形态的人来讲也非常有趣,因为其左侧的旗杆与右侧的旗杆非常匹配。

服装零售商A&F(代码ANF)的股票走势提供了一个非常完美的圆顶形态,其支撑位非常清晰地位于64美元(见图20-4)。在椭圆的左侧你可以看到三个较高的高点,在右半部分有三个相似的点,像左侧部分在镜子中的影像一样。事实上,你可以从2007年9月份处将整个图表对折起来,就可以看到上涨部分和下跌部分非常惊人地相互对称。

然而,对比就到这里,因为股票的下跌速度通常都比上涨要更快。尽管这里并没有画出来,注意这只股票在64美元的支撑位。在四个不同的时点,股价挑战了这个支撑位,但当支撑最终被打破时,股价剧烈下跌,在几个交易日就跌去了超过14美元。买方发动了反攻,很快就使得股价回升到恰好是原来支撑位的水平。

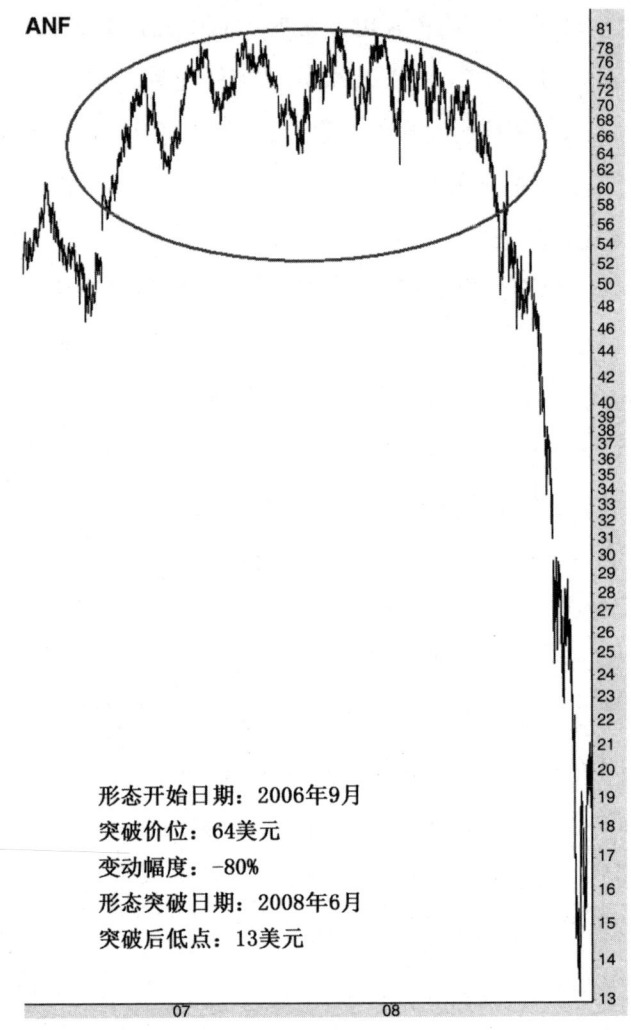

图 20-4　这里所表现出的支撑位在大约 62 美元

那些在 64 美元至 80 美元之间买入的大量投资者在此时迫不及待地想要出逃，这次从原来的下跌后出现的突然回升很快就遭到大量卖单的阻击，使得股价出现了近乎垂直式的下跌。到股价探底时，只有原来突破点价位的 1/5。

让我们看一个支撑线被明确画出的示例。图 20-5 表明 30 美元价位是阿特拉斯管道（代码 APL）在将近两年内的支撑位。这个图表的形状与其他任何一种具体的顶部形态都不相同，例如头肩形态等，但与画出的椭圆形密切契合。对于观察这张图表的人来说，只需要留意两点：（1）较高的高点跟随着较低的高点，这种形式保持完好；（2）支撑价位是稳定的。当这个价格水平被突破时，就是需要采取行动的时刻。

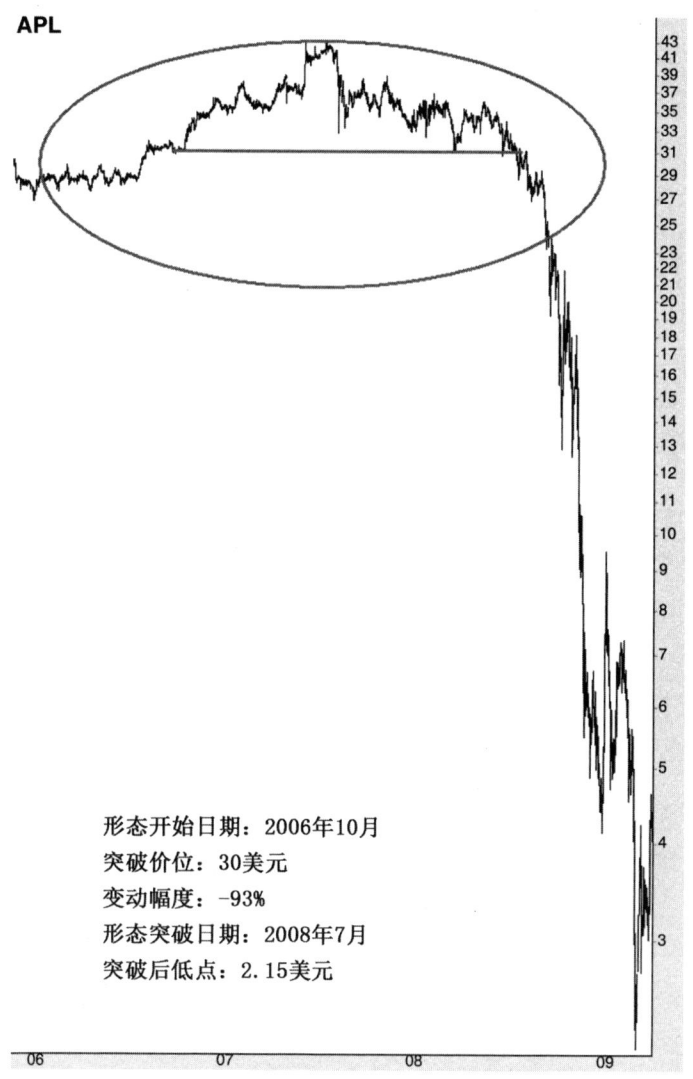

图20-5　并不是所有的圆顶都会有回调，该图就是一个示例

和其他形态一样，向原来的支撑价位的回调并不一定会发生，而APL在30美元价位被击穿后几乎没有什么回调。有几周时间，至少股价的下跌缓慢下来，因此那些想要退出或者做空这只股票的人有充足的时间采取措施，但你有时会见到的突然下跌伴随着之后的剧烈回调情形在这里并没有发生。

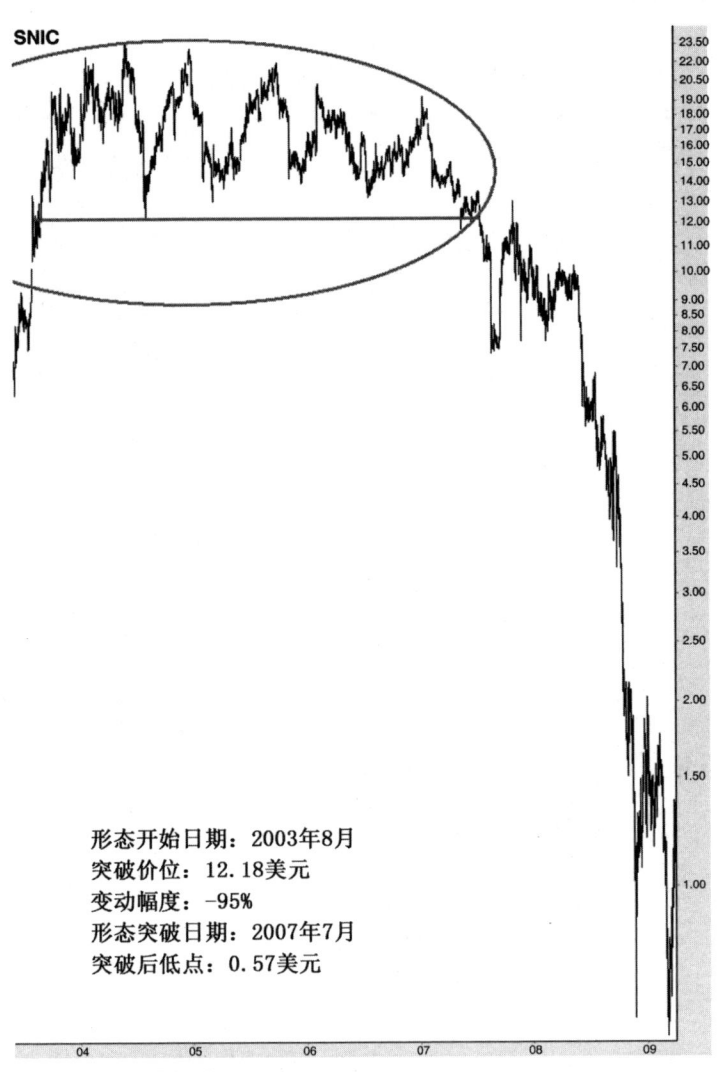

形态开始日期：2003年8月
突破价位：12.18美元
变动幅度：-95%
形态突破日期：2007年7月
突破后低点：0.57美元

图20-6　在第一次下跌之后股价出现了完美的回调，为那些卖空者以及之前没有尽快出逃的多头提供了一个绝好的机会

与前面的例子相反，图 20-6 中的圆顶具有一个非常大幅的回调。这样一种回调具有非常重要的价值，主要基于以下三个原因：（1）它们给那些多头创造了一个在较高价位出逃的绝好机会；（2）它们给那些已经认识到股价将来会有大幅下跌的空头们提供了一个在较高价位卖空股票降低风险的机会；（3）它们确认了前期支撑水平（现在的阻力位）的重要性，对于一个熊市形态，上涨仅仅是股票在购买力量中最后的回光返照。

我们可以发现，SNIC 在突破 12.18 美元的支撑水平之后，剧烈下跌到 7.5 美元，然后又恰好回升到原来的突破点价位。价格实际上在这个 4 美元的价格区间震荡了很多个星期，但是在股价破位的冲击时间之后所出现的第一次回调，是多头和空头们在这样一个高价位上采取措施的最好机会。在 2008 年末，股价严重下跌，到 2009 年股价跌到了几美分。

小结

本章当中的所有示例都是从 2007 年末到 2009 年初之间的大熊市中提取的。原因是在 2007 年之前市场的整体上涨非常强势（尽管在 2007 年夏季有一些波动），而在高峰之后市场逐渐恶化，最终导致完全崩溃。这样，圆顶状的结构——圆顶形态——定义的比较完美。

但这并不是说需要一个世界范围的经济危机才会产生圆顶形态。在正常情况下，定义如此清晰的形态不是非常常见，但你如果确实发现一只股票出现了这些示例中所介绍的圆顶形状，一定要密切注意水平支撑线，这样你就可以准备充足地进入一个具有潜在赢利能力的交易机会。如果你持有多头头寸，你就需要做好快速退出的准备。

第 21 章 支撑失效

支撑失效并不是指某一种特定的形态，而是以多种形式出现的一种事件。总体来讲，就是一只股票在某一段时期把某个给定的价位水平作为支撑。也就是说，股价一直维持在这个价位（可能是一个特定的价格，也可能是在图上所画出的一个对象）之上，直到，不管什么原因，价格跌到这个水平之下。

支撑失效对于多头来讲是退出头寸的信号，而对于空头则是卖空股票或者买入看跌期权的信号。

形态定义

本章中所介绍的支撑失效总体上可以划分成几种类别，它们的外观各不相同，但价格行为却是相似的。

第一个就是价格失效，图 21-1 展示的正是这样一个例子。价格失效是这样一种情形，某一个绝对价格水平或者是相当狭窄的价格区间在某一段时期内一直不曾被跌破。根据定义，它代表着买方和卖方之间的一个均衡状态——或者你可以称之为一种僵局——在这个点上卖方逐渐重新获得了控制权。

对于这个道琼斯公用事业指数的例子，指数在 330 至 350 区间具有非常强的支撑。有五年时间指数都在这个区间之上运行，并上涨到 575，每次指数下跌时，这个价格区间都是一个有效的支撑。2008 年初，在这个价格区间内发生了大量交易，而这个时点之后的反弹比过去更为突然。

最终在 2008 年年中，指数跌到 330 以下，在当年年底之前指数跌去了超过1/3。更有趣的是，即便在这次大跌之后，指数仍然努力回升到原来的支撑区间之下。有些时候，像这个例子一样，价格会在大幅下跌之后产生回调；而另外一些情形下，回调根本就不会发生。

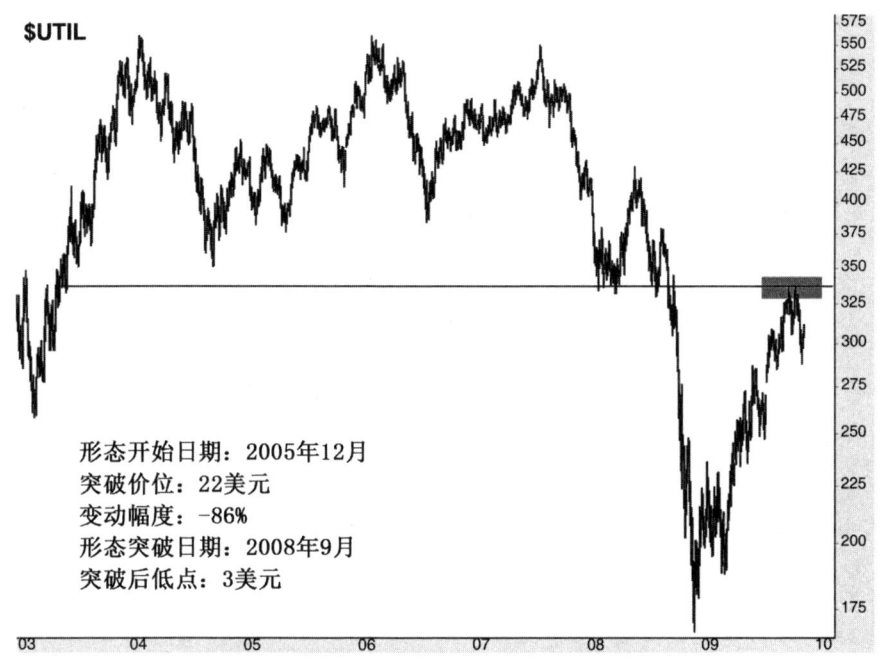

图 21-1　阴影部分是反弹阻力位

支撑失效的另外一种方式就是趋势线的破坏。与某一个具体的价位失效不同，这种情形是指，股价把上升趋势线作为支撑，之前出现过两次以上的价格弹离趋势线上涨的现象，但这次股价跌穿趋势线。与价格失效一样，趋势线的失效也可能产生一个快速的回调，一个深度下跌跟随着一个回调，或者根本没有回调。在本章当中我们将会进一步分析一些趋势线破坏情形。

形态背后的心理

对于价格失效，其背后的心理相当容易理解。大量的买入者和卖出者经历一段时间角逐之后会默默地在某一个价位处形成均衡状态。在此处卖出者无法再使得股价继续下跌，因为这个价格水平——不管什么原因——在潜在购买者眼里已经提供了足够的价值，因而他们愿意大量买入。价格到达这个支撑点的次数越多，在这个价位水平积累的买入者也就越多。

你可以把这个价位视为整个股票买入群体的平均持有价。假设一只股票持续下跌到30美元，然后在这个价位盘桓了一周，而非常多的交易者在这个价格进入交易。交易者在30美元价位上进入的次数越多，则他们整体的平均持有价与30美元就越接近。从心理上讲，对于购买者这个价位即代表着赢利与亏损的分界线。

由于股价持续上涨，绝大多数买入者已经对这个赢利头寸所带来的喜悦习以为常，而如果看着自己的利润逐渐转化成亏损会使他们痛不欲生。他们中的一些人会在这个30美元低一点的价位设置止损订单，以最小化他们可能遭受的损失。

因此，如果30美元的支撑价被打破，那些止损订单就会执行，从而产生更多的抛售压力。另外一些人会根据他们自己的意愿决定以市场价卖出。即便在股价跌到29美元后开始反弹，也会有大量持股成本在30美元的持有者在等待着以尽可能小的损失卖出股票。恐惧战胜了贪婪，因而支撑价之上的抛压盘非常巨大。

趋势线的破坏比较难以解释，因为它不像某个具体的价格或价格区间那样直观。只有一部分交易者会跟着趋势线进行操作。尽管根据定义，趋势线代表着股票价格变化的惯性、方向以及力度，如果出现了比近期以来更多的抛售从而使得这些属性中的任意一个被削弱，股价就很可能转变为下跌趋势。而趋势线的破坏是这种变化的先导指标。

示例

成功识别出支撑失效，能够创造出非常精彩的卖空机会。下面是一些示例，可以帮助我们更好地理解。

图21-2所展示的证券在22美元价位具有坚固的支撑。它保持这个支撑已经多年，尽管期间有四次股价轻微地跌穿了这个价位。当你发现某只股票的价格跌穿支撑位只有几美分，然后又迅速回升到支撑线之上

时，你可以将支撑水平轻微下调，从而将这些击穿点置于支撑之上，也可以将这些击穿点看作短暂的无意义的事件。

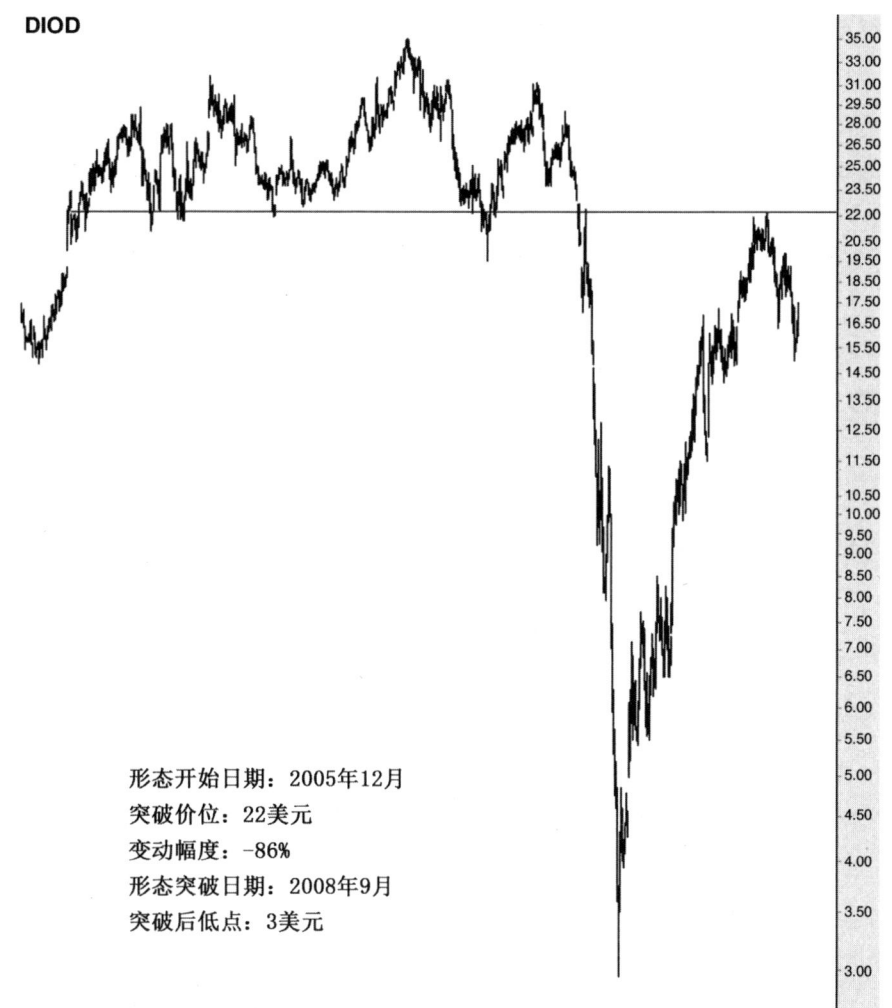

图21-2　即便在股票触底很久之后，股价又回到了这个前期的支撑位。错过这个时点，交易机会很可能就不再出现

第四次下探使股价跌到支撑线以下至19.5美元，但是像过去一样，这次下跌之后又反转上涨。这次短暂下跌很重要的一点就是，创造了19.5美元的低点，预示着一个更大幅度的下跌即将发生。在这个最后

的突破期间,股价从22美元的支撑位下跌了86%,而在很多个月份之后,股价又回升到恰好22美元这个前期的支撑水平。毫无疑问,有大量在22美元买入股票的交易者在发现自己的股票崩跌之后,再次获得(很可能还有些吃惊)了一个以如此小的损失出逃的机会。

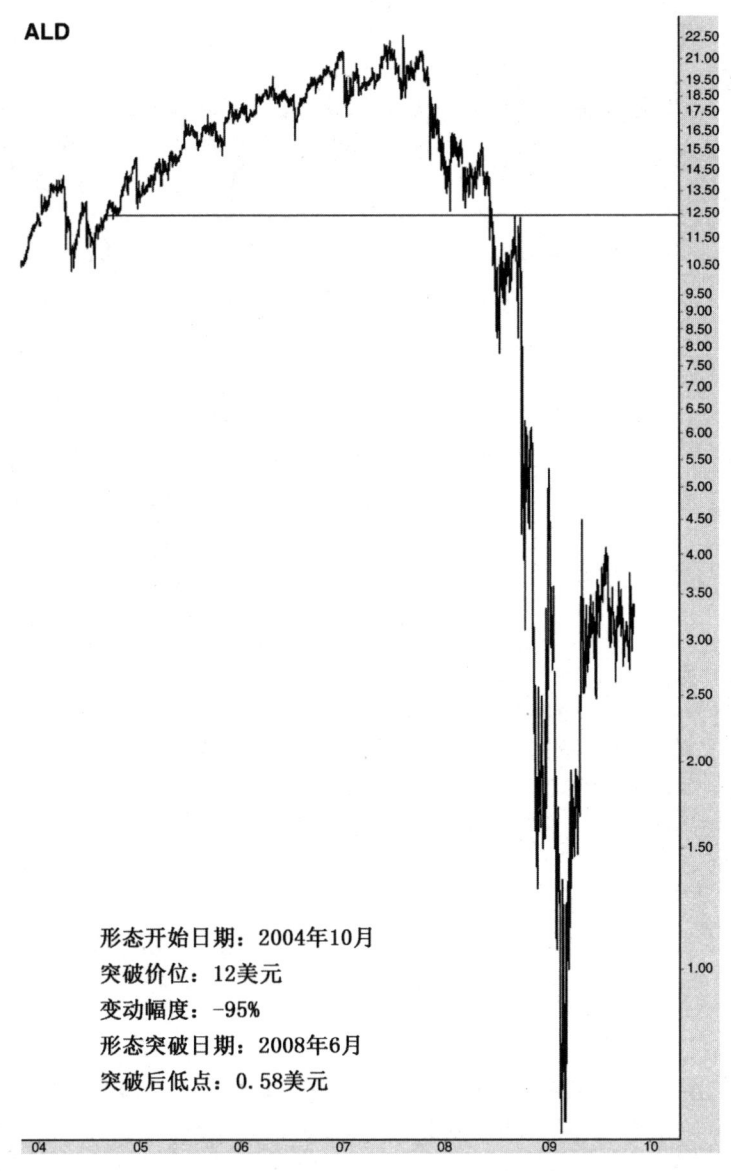

图21-3 该示例展示了一个你所能看到的最完美的回调机会

第21章 支撑失效

对于那些喜欢做空的人，图21-3所展示的图表是非常美妙的。这种事件对于空头来讲几乎相当于白捡钱一样，因为该股具有非常牢固的支撑，股价先是跌到支撑之下，然后又快速恰好回调到原来的支撑水平。

利用这个现实中的图表进行赢利的方法是非常清楚的。如果你正在监控这只股票，并且希望自己的风险最小化，你可以很简单地等待一个可靠的回调出现。这个回调可能出现，也可能不出现。如果它没有出现，你只是没有参与这个交易，如果股价持续下跌，你只不过是又一次错过了一个机会而已，这在交易生涯中是不可避免的。

如果股票确实回调了，你可以尽可能地卖空它，将止损价设置的比进入价格稍高一些（例如，可能是1%）。巨量的抛售压力以及在这个形态中将会出现的恐慌，都会有利于卖空者，只有大量的不同寻常的买入力量或者突然发生的利好事件才可能使多头获得控制权。然而，在本例中没有这样的厄运在等待空头，股价回调完成后下跌了95%，使空头大获成功。

接下来的这个示例中支撑价为684美元，见图21-4，看起来高的令人惊讶。但正是由于股价的下跌如此惨烈，以至于公司进行了股票合并。如果你需要一只股票不出现回调的证明，那么AIG将是一个很好的示例。该股在2008年5月9日跳空下跌，从这时开始直到7月15日，这期间几乎每一个交易日收盘价都低于开盘价，仅仅这段时间股价就跌去了一半市值。

当然这是一个并不常见的例子，因为AIG正处于一场世所罕见的金融地震的震中。然而除此之外，也有很多其他的示例，其中股票的抛售如此密集以至于股价下跌没有出现任何回调。

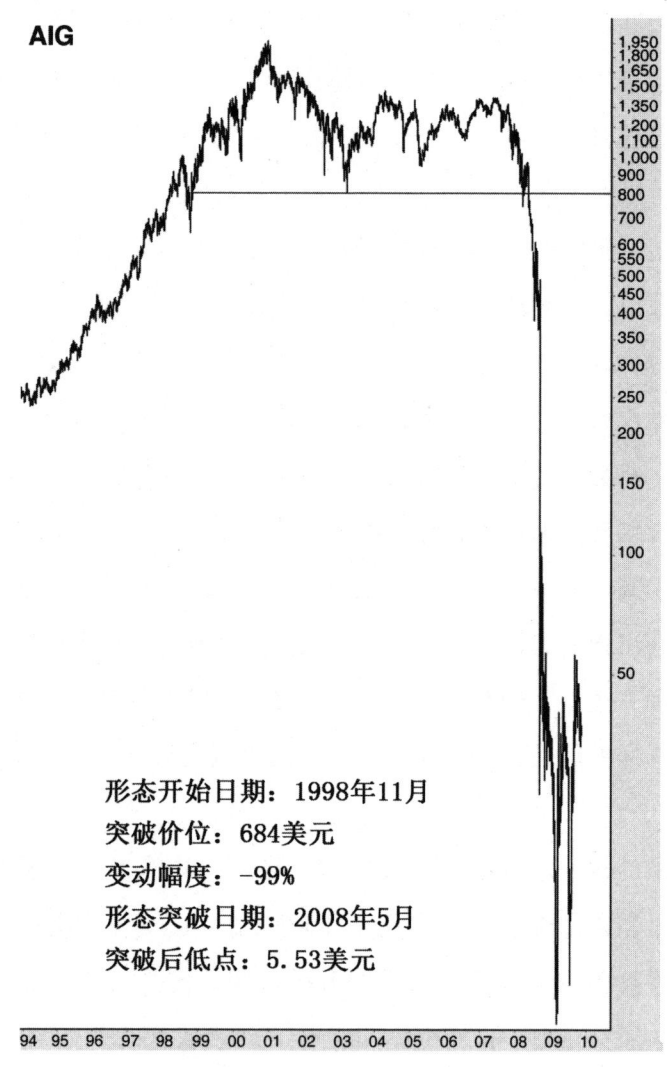

图 21-4 在支撑破坏之后，AIG 股价一路下跌没有出现任何停顿

多头和空头都可以从这里学习到经验教训。对于多头，它强调了支撑的破位是你需要出逃的唯一信号。等待并期望股票出现回调是没有道理的，因为支撑位之下的这个价格很可能是接下来几年中你所能逃离该股的最好价位。

第 21 章　支撑失效

对于空头，教训是一样的，但并没有多头那么重要。那些想要做空证券的人，可能想要在价格失效出现时进入一部分头寸，而期望在股价回调时再介入剩余的部分。之所以讲这个教训相对多头不太重要，是因为相对于空头针对该机会的交易赢利最大化，多头的尽可能出逃更为重要。资金的保护是最重要的，因而根据价格失效信号退出一个高风险的头寸是出现这些情形时最好的决策。

同一个时期，有另外一只金融类股票与 AIG 一样经受了 99% 的崩跌，但它有两次较大幅度的逆势回升。斯特林金融公司（STSA），见图 21-5，打破了拆股调整价 1271 美元的支撑，然后从 2008 年 2 月 4 日到 2008 年 7 月 15 日股价一直没有任何停顿地暴跌。令人难以置信的是，股价又以几乎相同的力度回升上涨了 500%，至 2008 年 9 月 19 日逆势回升的高点恰好到达前期支撑水平下侧。

支撑破位股价发生这种变化的股票，会将那些在不好的价位买入股票的人置于巨大的危险中。想象一下，假如你在 500 美元价位卖空该股并且一直看着股票跌到 150 美元——这种下跌会让任何一个空头激动不已——但是想象一下股价在仅仅两个月之后就攀升到 1146 美元时你的震惊。当然，对于一个卖空股票的人来讲悬在一个比进入价格翻了一倍多的头寸上是非常疯狂的，这里我们想要说的是，在金融风暴期间试图交易一只上蹿下跳的股票是绝对充满了高度风险的。

这些股价的破位变动也强调了止损订单的价值。在这样一只股票的交易中，任何一个人恐怕都不希望采用心理止损；设置一个基于技术分析的止损位是非常明智的，尤其是在交易者处理诸如这种证券时情绪剧烈波动从而难以遵守自己的心理止损。

在 STSA 的下跌结束时，它不得不进行了 66 比 1 的并股（这也是图表中的价格与拆分调整价差异如此巨大的原因）。股票经受如此惨烈下跌的情形非常少见。

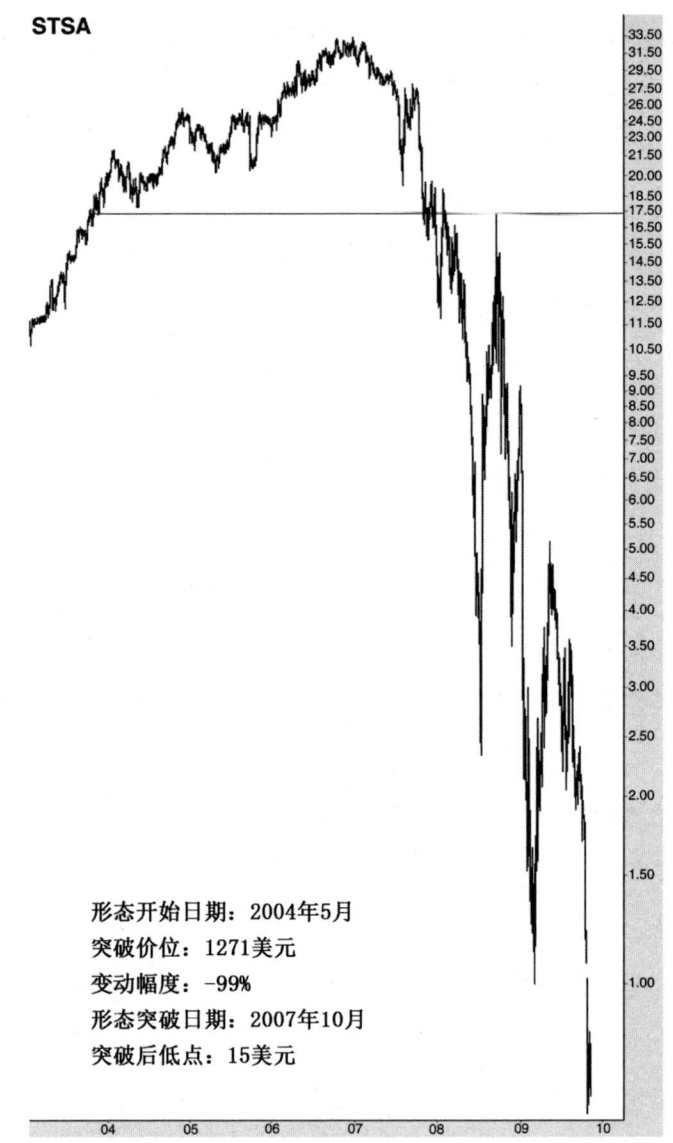

图 21-5　这个极端的回调是相当令人吃惊的

当一只已经经历严重下跌的股票发生回调时,卖空这只股票的机会很可能已经过去,因为这个回调有可能代表着股票基本价值的真实回升,而不是一种情绪化的逆势反弹。

第21章 支撑失效

例如，假设一只股票支撑价为100美元，当它打破这个支撑并下跌到90美元，而两周之后又回升到99美元，那么这只股票很可能呈现出一个令人兴奋的卖空机会。价格失效是新近发生的，有很多紧张的股票持有者在考虑着出逃，而从90美元上涨到99美元很可能只是那些趁机抄底的人导致，而并非是股票基本价值的改变。毕竟一只股票不太可能在进入熊市之后仅仅两周就完全恢复。

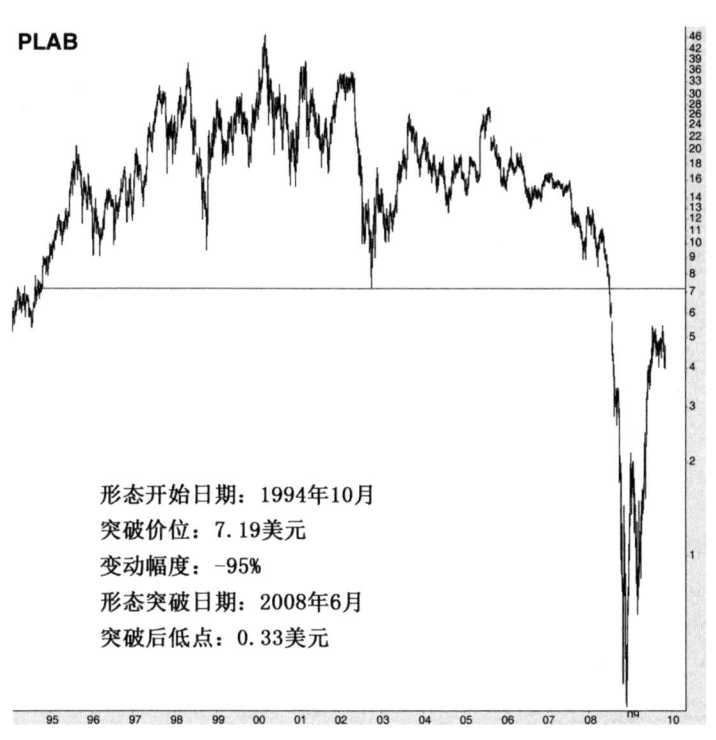

图21-6　股价之上的阻力决定着它可能需要几年甚至几十年时间才能恢复前期的繁荣

以图21-6为例，股票没有任何停顿地一路下跌了95%，随后的回调补回了这个跌幅的绝大部分，但这个回调用去了超过一年时间。虽然这种情势视为可以卖空的回调，却显得时间太久了。公众有大量的时间去消化这只股票周围的信息，尽管前期的支撑水平确实代表着随后几年的重要的阻力位，股价也不太可能在临近阻力线时突然掉头下跌。

事实上，这只股票继续曲折上涨，到2010年12月完全修复了之前的下跌幅度。一个交易者如果仅仅根据股票严重下跌之后出现的回调在5美元价位卖空，他将会发现自己陷入严重的挫败中，因为股价继续攀升到超过进入价格的40%。

这里的经验教训就是，试图利用距离最初的破位超过几个月的回调进行交易，是很不明智的。你可以利用市场的情绪化的反弹——仅仅只持续几周时间或几个月——而不是冒着股票在可持续基础上修补自身的风险，这会导致股票出现长期的价格回升。

当你正在监控一只股票的支撑位时，它跌破了这个支撑，你是否应当立即卖空呢？如果股价回到了阻力线之上，会发生什么？你是否立即轧平空头头寸呢？

这些交易决策只有你自己才能做出，但是有一点是肯定的——仅仅因为股价下跌到支撑价位以下，并不能保证它不会再回升到这个价位之上。股票价格可能会重复地跌破支撑而后再上涨上来，将空头戏弄的团团转。如果股价的这种现象出现的太多，你可能需要将支撑线向下调整，因为当前支撑线附近的噪声意味着真实的支撑可能要稍微低一些。

图21-7提供的示例中，股票跌到支撑线之下，但仅仅两个交易日之内就返回。如果你认为该股的支撑破位会导致快速下跌从而持有卖空头寸，将是一个巨大的错误。事实上，DYN在2001年9月27日支撑失效之后回升上涨了45%。

一个比较聪明的做法就是，如果你认为某个价位之上已经不再是理性的，那么就把这个价位设置为止损价。不管这个价位是3%、5%，或者其他你认为合适的数字（当然它应该比10%要小，因为你不想让自己承受太高的风险）。通过设置止损，一个交易者在一两天之后就会从

DYN 的头寸中退出，他们将会看到幅度高达 45% 的上涨，而自身不必承受更多的亏损。

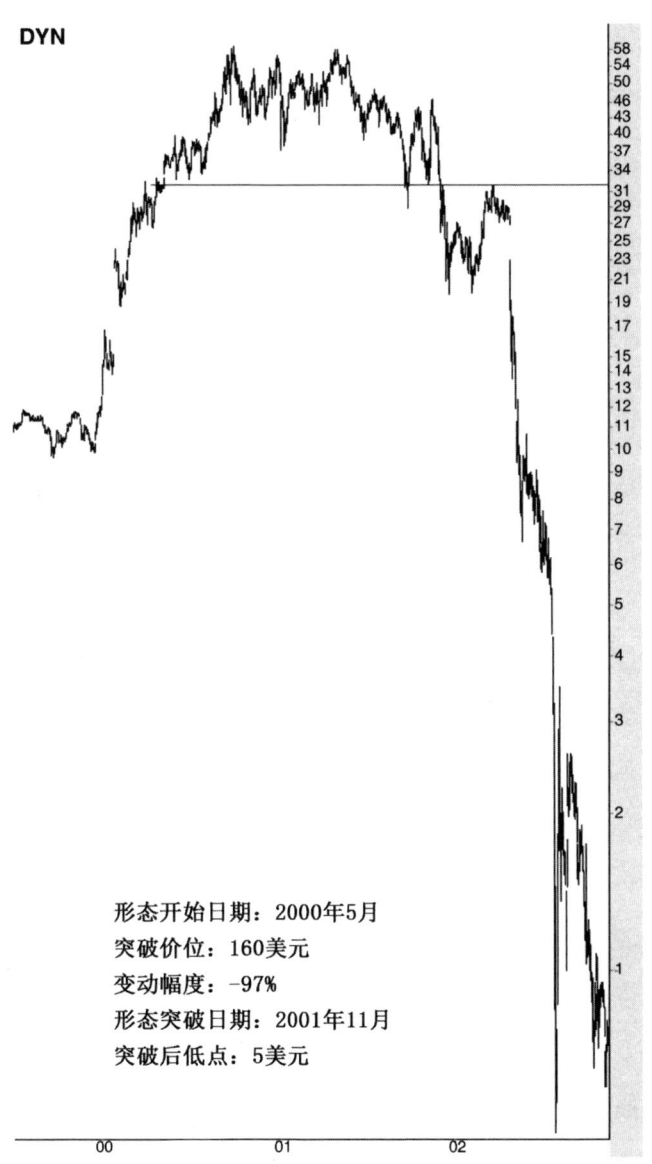

图 21-7 在真正的破位之前有一个非常短期的虚假破位，但是一个设置了合理止损的交易者持有头寸的时间不会超过几天

后来该股又发生了比较有趣的事情，在同年11月30日，DYN再次跌破了160美元的价位（由于后期大幅的股票合并，这个例子中的Y轴与现在的文字描述并不相同）。这次，它不再是一个虚假的破位。大约4个月之后，股价下跌然后回升到相同的水平线附近，随即股价的崩溃就开始了。

与人一样，股票也具有自己的个性，而股票的个性会在长期的价格行为中清晰地表现出来。有时这种个性会通过非常精彩的方法表现出来，例如一只股票其上涨和下跌的途径高度相似。股票在既有上涨又有下跌的时期，有时其价格走势会像镜像一般具有对称性。

接下来的两个示例，图21-8和图21-9，是这种不寻常现象的两个精彩示例。大多数股票形态背后的定义参数都是支撑和阻力，原因是多头和空头之间的拉锯战可能导致一个顶部形成也同样可能导致一个底部形成。

霍尼韦尔，见图21-8，支撑位在50美元。当股价击穿这个水平之后，并没有大幅下跌而是像钢铁被磁铁吸引一样，附在50美元价位区域。股票看起来并不想从这个价位下跌，在将近3个月时间里股价几乎完全限定在46美元至50美元的价格区间内。一只非常活跃的股票在如此长的时期内股价锁定在这样小的一个价格区间，这种现象相当反常。

终于，股价的下跌开始了，从50美元跌到22美元，损失了56%的市值。这里比较有趣的是股价先是经历了一个多顶形态，该形态由四个在60美元左右的主要高点构成，很久之后又形成一个双底形态。正像50美元价位在以前代表着支撑一样，现在35.5美元价位成为一个支撑区域。

就像股价击穿50美元之后并没有突然崩跌一样，股价向上突破33.5美元价位后也没有立即飞涨。相反，股价附着在阻力线附近，而当它最终在2010年2月打破这个区域后，股价开始扶摇直上。

第 21 章 支撑失效

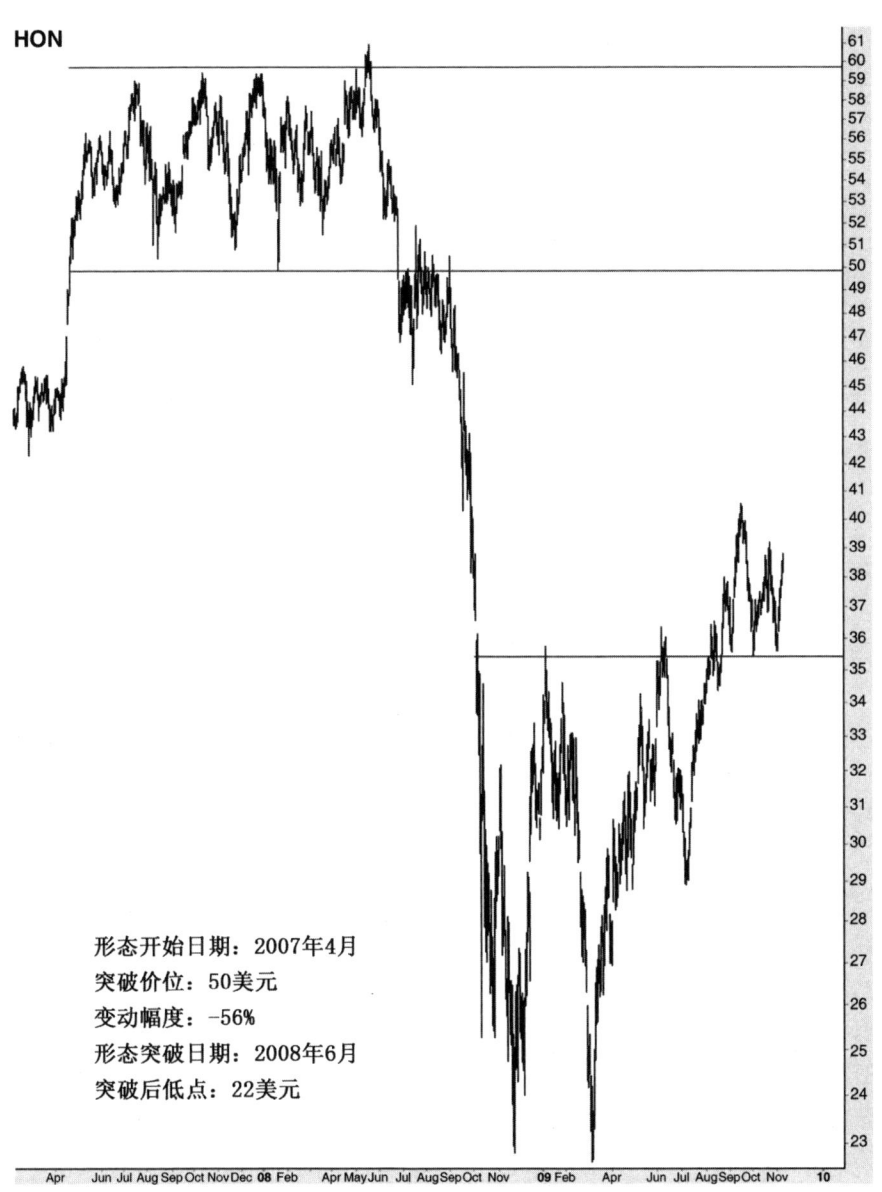

图 21-8 这只股票既具有一个熊市形态——支撑失效——同时也具有一个牛市形态——克服阻力

从这个示例中我们可以得到的一个收获就是，霍尼韦尔的股价表现在两个方向上具有高度相似性。拟人化地去看待一只股票是比较冒险的，事实上每一只股票背后都有大量人群，他们对于该股票的集体意识的变化可能会导致股价产生相似的变动，不管是上涨还是下跌中都是如此。选择少数几只活跃的股票进行交易，可以让你了解这些股票的个性特征，从而让你对正操作的股票的价格变动具有先见之明，也可以让你找出那些与你自身的交易个性相匹配的股票。

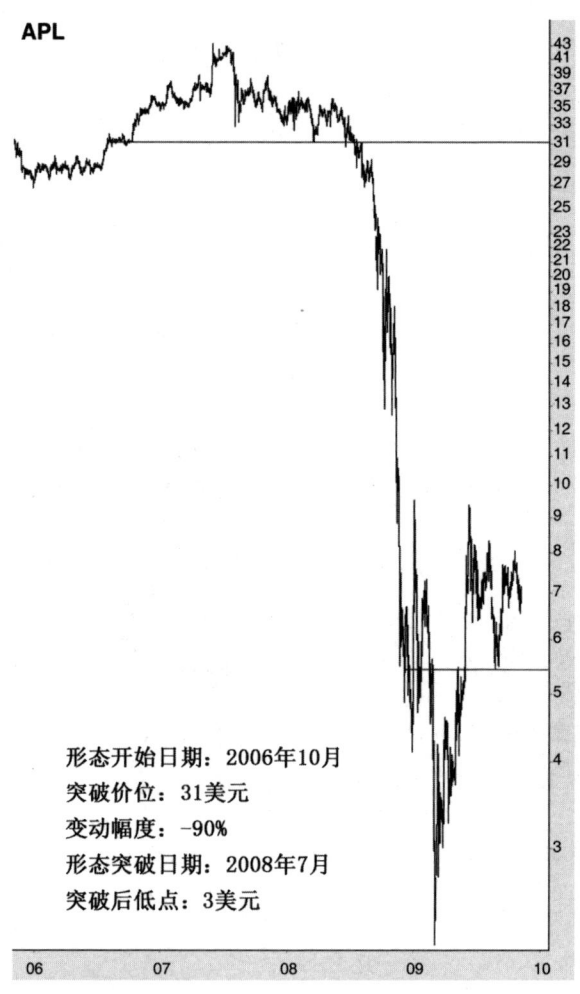

图21-9　本例中的股票同样先是下跌导致股价损失殆尽，然后又形成了一个牛市形态

图21-9所展示的示例与霍尼韦尔的经历非常相似,阿特拉斯股票经历了95%的大幅下跌,之后又得以回升。股价击穿了31美元的支撑位,然后开始剧烈下跌,在2008年末有一次停顿,而到2009年初整个下跌才完全结束。然后股价就形成了一个倒头肩形态,该倒头肩的主体部分在图中也有出现,之后股价的回升高度几乎到达了前期的支撑位。

这种情形之所以会发生,原因之一就是股价自由落体般的下跌导致后面的回升几乎没有遇到阻力。也就是说股票自由下跌之后的价位上几乎没有什么买入者。在APL的例子中,股价从31美元到3美元的下跌非常迅速,期间很少有交易行为发生,因而股价试图上涨时相应地也没有什么阻力。

另外,股价如此剧烈的变动,下跌背后的原因更多的是恐慌而不是现实。在2008年末和2009年初下跌的最后阶段是由大量的恐慌抛售导致的,一旦人们有时间去评估这些股票的真正价值,他们就会发现股票价格严重偏低从而大量买入。

现在我们把注意力转移到趋势线的破坏上来。当然,要识别出趋势线被破坏,股票首先要具备趋势线才可以。一个定义完好的趋势线具有如下特征:

1. 它连接了股价图中至少两个点(因为这是支撑趋势线,这两个点应当是股价低点),线上的接触点越多,其有效性和作用也就越大。

2. 在起点和终点之间,股价不能有任何突破该线的情形出现。也就是说,股票价格要么一直是在趋势线之下(该线是阻力线时),要么是在线条之上(该线是支撑线时)。

趋势线的目的取决于你对一只特定股票的头寸。当你拥有某一只股票的头寸时,趋势线的价值就在于确保股价的变动趋势没有被破坏,因此当趋势被突破时,你要在尽可能保持利润的情况下退出头寸。如果你并没有进入一只股票的头寸，趋势线的作用就是告诉你什么时候股价的趋势可能要发生变化，从而你可以考虑介入该股票。

对于大多数人来讲绘制趋势线是非常简单的，因为画出一条直线以描绘出股票的上涨或下跌趋势，是相当直观的。然而，其中的艺术性就在于识别出何时需要重新绘制趋势线。随着股价的变动，把更完整的股价数据包含进来重新绘制趋势线可能会更为合理。当然，你可能会有弄巧成拙的危险。如果你的趋势线是如此有弹性，不管股价朝什么方向变化它都能跟着灵活调整，那么它对于你也就基本上失去了价值。

然而，当股价击穿了趋势线时，通常需要多加留意。为了说明这一点，想象一下你自己正在一条无人的高速公路上开车。因为你想要很好地理解趋势线的概念，你决定不看前方的路面而是打开车门，眼睛一直盯着路面中线。你不知道前面的公路是会转弯还是继续沿着直线行走。

过了一段时间，这条黄线在车子的飕飕声中基本上仍在原来的地方。它有时会离车子稍远一点，但很快就又回到驾驶位的车门外。突然，黄线移到了你的车子之下，从视线里消失了。你最好快速抬头向前看发生了什么事，因为公路很可能正在转弯。

而趋势线与这种情形非常类似（尽管没有这么危险——至少从物理感觉上）。趋势线是一条直线，而股价一直位于其上（支撑线）或其下（阻力线），如果股价穿过了这条线，则事情肯定发生了变化。与你的车子一样，虽然前方不一定会发生撞车，但你最好开始多小心留意。

保险公司 Aflac，见图 21-10，其股价在 8 年时间里一直维持在一条支撑趋势线之上。因为这条趋势线的构筑是如此完美，它具有极端的重要性。在趋势线被破坏之前，股价出现了最后一次上涨，几乎创造了历史新高，随后于 2008 年 10 月 3 日跌穿了趋势线。趋势线的长期性使得这次的破位后果非常严重，在所有的金融类股票下跌中该股跌去了 80%。

第21章 支撑失效

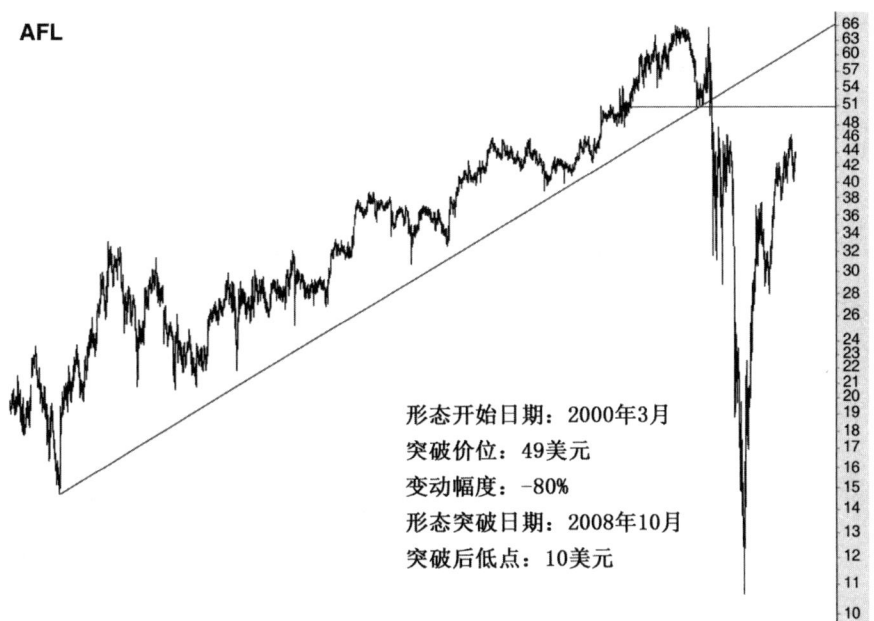

图 21-10 趋势线的破坏跟随在最后一波试图创造历史新高的上涨之后

与其他形态一样，趋势线的破坏有时候也会产生回调。时尚零售商 A&F（见图 21-11）的股票就展示了这种情形，这也是现代股市历史中最清晰的回调示例之一。股票在 2008 年 6 月 26 日打破趋势线，跌去了市值的 23%，然后出现了非常完美的反弹，距离趋势线的下侧仅仅几美分。这个区域在图中用圆圈加以标示，作为强调。

这种破位然后回调如此清晰的情形非常少见，但是如果你确实遇到了，你应该庆幸遇到了一个令人兴奋的交易机会。在这个价位的反弹面临着如山一般沉重的抛售压力，而突破趋势线则是一只股票将要下跌的信号。在突破点之后这只股票确实出现了下跌，损失了市值的 79%。

趋势线在指数上的作用和有效性，与其他金融工具基本相同。指数比大多数股票具有更长的历史，从而可以画出更长期、更具潜力的趋势线。

图 21-12 展示的是经纪商指数，其代码为 $SBD，该指数具有一条

— 285 —

长达13年的趋势线。

1999年末的熊市，甚至2001—2002年期间更大的熊市，以及这期间的上下波动都没有摧毁这条趋势线。然而这条趋势线最终在金融危机中未能幸免，它在2008年1月的200美元价位上被破坏，比危机导致的剧烈下跌提早了8个月。这对于市场，尤其是金融类证券，是一个非常强烈的警告信号。

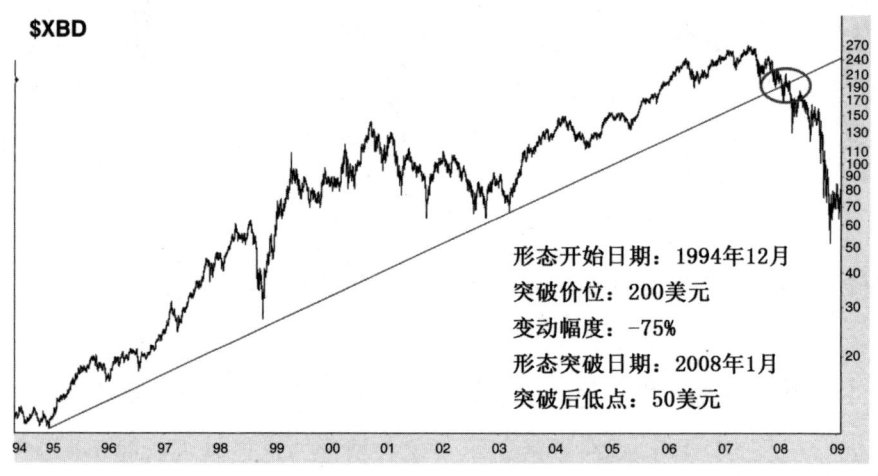

图21-12　趋势线越长，其失效时力量也就越大

我们下一个趋势线破坏的示例是另外一个指数，摩根士丹利高科技指数（代码＄MSH），如图21-13所示。这个趋势线的长度有5年多时间，在2008年1月被打破。

关于这个图表最重要的一点就是价格回调到了趋势线的下侧，而与价格失效不同，趋势线的回调可能会导致股价超越最初的突破点价位。趋势线根据其定义，在不断走高。因此，当股价击穿趋势线，而在几个月之后攀升回到同一趋势线下侧时，股价绝对会比当初突破点的价位更高。

第 21 章 支撑失效

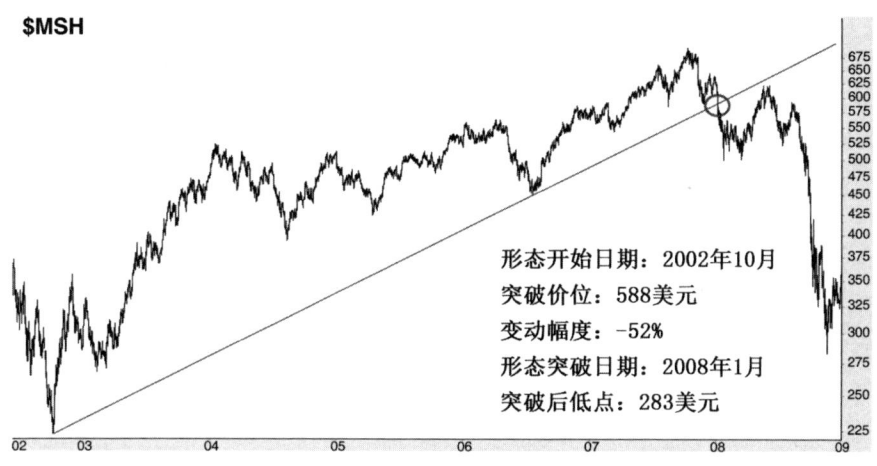

图 21-13 在这个示例中，价格回升到已经失效的趋势线下侧

在本例当中，股价在 2008 年 1 月 4 日在 587 美元价位上打破趋势线。股票下跌到 3 月 17 日，然后开始回升，于 5 月 19 日到达 622 美元的高点，与趋势线失效时的价格相比上涨了 6%。当你根据趋势线的破坏卖空股票时，一定牢记这一点，因为在股价回升时你很可能仍然处于有效交易中，从而蒙受损失。股价可能会黏附在趋势线下侧很久，导致你的损失不断增加，即便你本身的技术分析没有出任何问题。

当然，你不可能永远待在这样一个交易之中，尤其是在股价创造了一个新的历史高点的情况下。那些通过看跌期权的方法交易 $MSH 的人，不需要面对这样的困境，因为指数在 5 月 19 日之后就开始继续下跌，直到股价跌至破坏点的一半才停顿下来。

小结

当市场趋于疲软时，如果根据支撑失效进行交易会是一个赚钱的很好方法。那些仅仅通过市场的上涨趋势获利的人，会把自己排除在熊市赢利的交易之外，而这种熊市每隔几年都不可避免地发生。

在本章所阐述的两种类型的支撑失效之中，价格失效更容易跟踪和交易，因为当你有一个特定价格去监控时，你困在一个亏损卖空头寸中的风险要更小。然而，趋势线失效和价格失效都是卖空交易的盟友，只要图表分析者仔细关注相应的趋势线和水平价格线即可。

第三篇　交易和你

第 22 章　设置止损

为你资产组合中的每一个头寸设置一个止损订单，在我看来，对于一个负责人的交易来说是非常关键的。一些交易者会忽略止损，认为它们无关紧要。也许他们认为一个心理止损便足够了（心理止损是你自己所下定的一个决心：当情况变糟时你会退出头寸）。而另外更多的阴谋论者则相信，做市商会竭力搜集止损订单，利用他们对止损水平的了解把散户交易者踢出头寸。

这些观念都很天真。利用心理止损代替实际止损订单只不过是自欺欺人而已，而后一种观点认为做市商无事可做只是全能地操纵股价上下震动从而摧毁散户投资者，这更是荒唐。

一般准则

在你不了解止损订单时，它的作用看起来只是等待在某种条件满足时去执行一项交易。而这种条件通常是价格向上突破（对于做空头寸）或向下破位（对于做多头寸）。一个止损订单可能在你的账户里待上几天甚至几周也不会执行，但是其全部思想就是如此：它只是用来应对某些事情的发生，可能它永远都不会执行。

当止损订单被制定时，它可以是市价订单也可能是限制订单；而后者是以某一个特定价格来执行。这里我不再讲述它们的细微差别：使用限制订单作为止损订单是很愚蠢的行为。止损订单的全部目的就是尽可能快地退出一个头寸,而把这种退出寄希望于市场出现某一特定卖出价,是很不明智的。我自己使用市价订单,也建议你们这么做。

你为止损订单设置的价格应当基于这样一个问题:你持有这个头寸的基础是什么价位?换句话说,什么价格意味着你持有这个头寸的逻辑已经不再有效?这个价格当然依赖于图表以及头寸是做多还是卖空的。各种类型的头寸分别适用于何种止损,以下将会分类为你提供一些指导。

支撑线之下

基于向上突破的多头头寸,应当根据支撑失效来设置一个止损。换句话说,如果头寸跌破了支撑,就应当退出。本书当中与这种止损相关的形态包括:

1. 上涨三角形
2. 杯柄形态
3. 旗形
4. 头肩底
5. 三角旗
6. 碟形

例如,如果一只股票处于圆底形态中,其阻力线为 30 美元,它向上突破阻力后,头寸的止损位就应当是新的支撑线 30 美元。需要注意一点,在所有这几个形态中阻力转变为支撑,而支撑转变为阻力。这就是突破的本质特征:会有一个角色的颠倒,小心不要将表面语义混淆。

因此,当我们想要设置一个支撑线之下的止损时,我们所指的支撑线就是原来的阻力线,现在形态已经突破,它又被定义为支撑线。当然,如果价格(满含希望的)上涨得越来越高,你就不会把止损一直维持在这个水平。也就是说,在前面的例子中如果股价不断上涨,达到了 50 美元，那么原来 30 美元的支撑价作为止损就不再适合了。你将要使用下文讲述的方法更新止损位。

阻力线之上

对于基于支撑失效的卖空头寸，设置一个高于阻力线的止损是一个合理的选择。适合于这种止损方法的形态有：

1. 下跌三角形
2. 头肩顶
3. 圆顶
4. 支撑失效

在前面部分所提到的解释，低于支撑，在这里同样适用。因此，作为一个示例，如果一只股票跌破了原来 40 美元的支撑线，你的止损价应当是 40.01 美元（或者再稍微高点，如果你想为自己的证券提供一点波动空间的话）。如果股价继续下跌，你应当把止损价向下调整到一个更保守的水平，以增加保证利润的可能性。

趋势线之上

趋势线之上的方法稍微有一点复杂：止损价是处于匀速变化状态，因为它是基于一个非水平线而设定的。适用于这种类型止损的形态有：

1. 上升楔形
2. 通道（区间顶部）
3. 钻石顶

这里的观点是说，股价不应当上涨到趋势线（代表着阻力）之上。某一天止损可能是 32.55 美元，而下一天它可能是 32.75 美元，再后一天可能是 32.95 美元。根据上升趋势线做出的止损价有一个比较奇怪的现象，即便头寸背离你越来越严重，你仍然可能维持在头寸中（很可能是一个卖空头寸）。当然，你不可能永远这么做，在价格持续上涨时你可能会寻找一个其他的止损标准。

趋势线之下

这里我们把止损设定在价格刚刚向上突破的趋势线之下，适合于这种止损风格的形态主要有以下几种：

1. 通道（区间底部）
2. 下降三角形
3. 钻石底

让我们以钻石底为例：如果股价在 25 美元价位向上突破了趋势线，那么止损价应当是 25 美元之下的某个价格。如果你沿着时间轴向右移动，钻石形态趋势线的价格水平会越来越低。与趋势线之上部分一样，你很可能也会另外选择一个标准以决定何时退出亏损无法接受的头寸，因为你不可能永远挂在一个头寸上仅仅是因为它位于一个无限下行的趋势线之上。

最近的低点

在某种程度上，这是你最喜欢要的一个止损标准，因为它是以一个价格不断强力上涨的做多头寸为前提条件的。有两种形态，适合于这个方法：

1. 总体价格上涨
2. 多重底

一个完美的多头头寸就是其价格不断上涨。作为一个假设条件，想象一下你在 20 美元买入一只股票，而随后它上涨到 25 美元。假设股价在 24~26 美元之间形成一个微型的碟形形态，然后继续上涨到 30 美元。然后股价在 29~31 美元形成一个小型的碟形，之后继续上涨到 35 美元，以此类推。

每次股价上涨时，你将把止损位更新到最近的低点。对于这个简单的例子，你的止损价应当是 19.99 美元、23.99 美元、28.99 美元以及最后的 33.99 美元。当然，这是一个极端简单的示例，然而问题的关键是这样做你可以获得两全其美的效果：（1）一旦股价从你的进入点向合理的方向移动，你就无形中保住了利润，尽管不是最大利润；（2）同时，通过实时更新调整你的止损位，可以把风险保持在一个合理的可接受的程度。

如果股价一直上涨到 500 美元，这是相当令人惊喜的，而你不想让你的止损价保持在 19.99 美元的水平。止损订单可以帮助你尽可能多的保护利润，而同时让你维持一个聪明而冷静的头脑。

最近的高点

这种类型的止损是与卖空头寸相关的，适用的形态如下：

1. 总体价格下跌
2. 多重顶

在最近低点中的绝大多数阐述在这里同样适用，只不过颠倒了一下。如果持有一个卖空头寸，你希望价格持续下跌。你可以从大量价格里把最近的高点找出来作为止损订单的基础。如果价格上涨超过了这个高点，那么你想要看到的形态——一系列较低的低点和较高的高点——已经被破坏，你需要立即退出头寸。

特殊情形

还有一些类别的形态，它们的止损规则需要特别阐述。

缺口就是其中之一。你会把最初的止损价设定在比缺口回补高一点的位置。例如，假设周一的收盘价是 45.4 美元，而在周二以 42 美元开盘随后在当天上涨，你在 44.75 美元卖空该股。你将会把止损位设置在 45.41 美元，因为这个价位不但回补了缺口而且还高出一点点。

简单地说，你想要避免缺口被完全回补的情形出现。第二个例子是关于上涨缺口的：假设一只股票在周一以70.50美元收盘，而在周二以74.25美元开盘。股价在周二又跌了一点，你在72.75美元买入。你最初的止损应该是70.49美元，刚好在缺口下边界低一点。

另外一种需要特殊对待的形态就是斐波纳契形态，因为这些形态的止损水平是由构成它们的线条所定义的，而止损的设置就依赖于股价在什么地方与那些线条发生联系。例如，斐波纳契回调是由一系列水平线构成的，它们根据以下两个标准绘制出来：（1）你是做多还是卖空；（2）价格在什么地方与这些线条发生联系，这两条决定了合理的止损水平。这与前面所描述的在阻力线之上和在支撑线之下这两种策略非常相似。

不管在什么情形下，关于止损最重要的事情就是要保持止损价的不断更新。如果你有时间的话，最好每个交易日都把所有的头寸浏览一遍并更新你的止损设置，因为市场行情是不断变化的。保持你的止损持续更新，将会在利润最大化与风险最小化之间达成完美的平衡。

第 23 章 如何做空头

在这一章里面,我将转为第一人称,因为做空头是一个有点私人的话题。在我的交易中,我擅长卖空(也就是说,打赌某一只股票将会下跌),从多年的卖空经历中,我也学到了一些东西。我将在这里拿出一些与大家分享。

卖空的智慧

正像本书前面所提到的一样,卖空一只股票就是卖出一只你并不拥有的股票,并承诺你将在以后的某个日期(希望是在一个比较低的价位)买回这同一只股票。有非常多的金融产品都可以用来卖空(也有很多种方法可以让你通过买入来做空市场,比如买入看跌期权)。但在本章中,我将使用股票作为主体,因为股票是最简单也是最流行的方法。

很多年以来我一直在从事交易并撰写博客,人们经常会问我为什么会首先倾向于做空头。让我首先陈述一下,我很清楚一个人不应当做空头的原因:

1. 整个世界都在你的对立面。从美联储到投资银行,到美国全国广播公司财经频道(CNBC),到 Jim Cramer,到经纪行,这个星球上的每一个似乎都希望市场永远保持上涨。在永恒上涨的市场中,有大量的投资兴趣。因而作为一个空头,你会永远位于所有群体的对立面。

2. 没有人通过做空头而致富。像巴菲特的巨额财富都是通过投资于那些上涨了几十倍的股票而获得的。在本书的很多章节中你都可以看到，那些惊人的、足以改变人生的收益都是通过多头头寸而获取的。而最成功的卖空头寸也就下跌了99%，这种情形却极少发生。在福布斯400强中，几乎没有人是通过做空头而成功的，尽管有大量的大型对冲基金经理也做空头。

现在请允许我解释一下为什么我自己喜欢做空头，希望能为大家提供一点启示。我有四个主要的原因，其中一些是理性的，而另一些则不是：

1. 缺乏耐性：我不是这个世界上最有耐心的灵魂。而事实是市场下跌要比上涨快得多。例如，在2月27日市场在仅仅几个小时之内就下跌了超过500点。而要上涨这么多则通常需要几周时间。从2007年末开始并贯穿2008年的金融危机是一个很好的例子：危机使股市在15个月时间里就跌去了过去十年才达到的涨幅。因此，我被快速变动的市场所吸引。

2. 自寻烦恼：我本质上是个自寻烦恼的人。我并不是说自己是个悲观主义者，但我通常更容易发现那些将要变糟的事情，而不是那些将要变好的事情（当一个人在养小孩时，这会是一个非常方便有用的技巧）。

3. 不走寻常路：在某种程度上，我想要让自己不同寻常。我喜欢让自己独立于群体之外。而做一个空头，天生就是古怪而不同的。如果你恰巧在20世纪80年代至90年代这样做的话，几乎是无利可图的。

4. 社会观察：从高中四年的拉丁语课程中，我所能记住的为数不多的动词之一就是speculare，从这个词派生出了英语中的"投机"一词。这个动词并非像一些人猜测的那样是"赌博"，而是指"观察"。我是一个投机者，因而我也是一个观察者。我在当前环境中正在关注的信息，根据我对市场的长期分析，表明市场会有一个多年的下跌，然后会是引人注目的长期增长。

卖空的实践指导

用最简单的方法描述，卖空与通常的买入股票并卖出没有什么差异，只不过所做的前后次序是颠倒的。多头希望低价买入然后高价卖出；而空头则希望高价卖出然后低价买入。

然而对于空头来讲，他们面临着多头所不会遇到的退出障碍。你必须要清楚这些缺点：

1. 定位股票：如果你想要买入股票，你的经纪人总是会很乐意效劳。但如果你想卖空一只股票，他们首先必须要找到它。通常，券商规模越大，也就越容易为你找到相应股票。有一些券商会有一个他们比较容易出借的股票清单供你咨询。一般来说，一只股票交易的越广泛，它就越容易被找到。如果你发现自己经常由于券商缺少库存而十分沮丧，而卖空股票对你又非常重要，你可能要考虑更换券商了。

2. 报升规则：在写作本书时，这个规则已经不再适用了，但是也有传言说它很快会以另外一种形式出现。在以前的形式中，报升规则规定，人们只能在股价出现报升之后才可以卖空相应股票；也就是说，股票在一个比以前更高的价格上交易时，意味着至少有一定水平的买入。这也是市场的构建站在空头对立面的一个例子——注意书上没有"报跌"规则——但是背后的逻辑是市场不允许来自空头的无休止的卖空压力而导致股票剧烈下跌。

3. 补偿买进：一旦你进入空头头寸之后，你的经纪人可能会强制你平仓，即便当时价格不是你所期望的。这种情形叫作补偿买进。回顾卖空的概念，为了卖出你并不拥有的股票，你需要首先从其他人那里借来相应的股票。然而，借出股票的人可能想要收回股票了；更常见的是，当你的券商对于该股票的库存降低到了一定位置时，他们就不得不收回之前卖空的股票，从而导致你退出头寸。

4. 股利：如果你持有一只分派股利的股票，你会定期地从公司获得股利收入（通常比较小）。当你卖空该股票时，情形刚好相反：你需要代替公司从自己腰包拿钱去支付股利，因为此时股票的持有者同样有权获得股利回报。如此一来，当你卖空某只特定股票时就产生了现金成本（这意味着你可能要首先关注那些不支付股利的股票）。

5. 夹仓：你以前很可能也听说过夹仓一词，但你也许并不确切地了解它的含义。当大量的个人投资者同时卖空某一只特定的股票时，在某个时间点上他们有义务买回该股票。但是让我们假设一只股票表现良好，股价不断推向新高（或者至少是涨到损害空头的水平）。那些卖空该股票的人为了避免损失扩大不得不关闭他们的头寸，这将会给该股票带来更多的购买力量。而这种购买力量反过来又会导致更多的空头选择平仓，如此这般形成一种循环。这就是所谓的夹仓，因为逐渐的该股的所有空头都会争相出逃，而具有讽刺意味的是，这正是多头喜闻乐见的场景。因此，最好避免那些已经被严重卖空的股票（有大量的网站都致力于跟踪股票的卖空兴趣，相当程度上，它们展示出了某一给定股票的卖空数量）。

6. 紧急规则：有时候股票市场上会有不同寻常的情形出现，需要采取不同寻常的措施。因为市场管理机构倾向于上涨的市场，不愿意见到市场的下跌，这些措施几乎无一例外的都是针对空头而设计的。在2008年9月15日开始的历史性的一周中，SEC出台规则禁止了几乎全部金融类股票的卖空交易。这造成了市场的大规模骚动，尤其是那些基于卖空金融头寸的证券。因此在市场动荡的日子里，一定要警惕法律和规则的调整很可能会应在你的身上。

当谈到卖空时，还有另外一种经常被提到的风险，就是潜在的亏损幅度是无穷大的。换句话说，如果一个人用 10 美元/股买入股票，那么他所承受的最大风险就是每股 10 美元，因为股票的价格永远不可能是负值。然而，如果一个人卖空一只股票，股票价格的上涨没有限制，因而其卖空风险在理论上是无限大的。

我认为这些观点有一定道理，但总体来讲是相当天真的。我记得自己在学习水肺潜水时的情境，有些人会由于对无垠海洋的恐惧而精神错乱。海洋非常辽阔深邃，在有些地方可能会有几英里深，而即便是在普通的潜水点，你身下的海水也会有几百英尺深。是的，这些都是真的，但是你是漂浮着的，把浮于海底之上几百英尺等同于离地几百英尺的高空，是非常荒唐可笑的。

同样的道理，尽管一个人的潜在亏损风险是无限大的，但如果能够合理使用三个基本的风险管理工具，这个潜在无限大的风险将会变得没有意义：

1. 头寸规模：任何一个头寸如果占据了你资产组合的很大比例，都是没有道理的。我个人倾向于持有很大数量的头寸，因而即便我在某一只股票上遭遇了非常恶劣的损失，对于我的整体资产组合来讲只会产生很小的影响。

2. 止损：如果一个人不设置止损订单，任由一只他已经卖空的股票永远上涨下去，那么他的损失确实会远远超过最初的投资总额。但那是非常愚蠢的行为：如果你想成为一个明智的投资者，你的每一个头寸都应当一直维持一个止损订单。

3. 价格区间：一个简单而重要的事实就是，即便是遇到赢利井喷或者公司接管，一只股票（除非是价格几美分的股票）也很少能在一夜之间上涨百分之几百。即便一个卖空头寸价格出现上涨，损失的百分比通常也是比较轻微的。我会将自己的每一个头寸的风险尽量控制在 10% 以下，这个风险度要远远低于"无限大"从而使我能轻松应对。

交易所交易基金

回到1993年之前，那时并没有交易所交易基金（ETF）之类的东西，但截止到本文写作时，已经有超过1500只这类基金了。这些是与股票交易风格非常类似的金融产品，但是它们能从非常广泛的层面上反映整个金融世界，包括部门、国家和逆向基金（在本章中很令人感兴趣）。

ETF的大部分功能都被在其之前产生的共同基金所覆盖，但是共同基金对于比较活跃的投资者来讲具有一些很大的缺陷。其中很重要的一点就是共同基金只能在每个交易日结束时进行买卖。而ETF则整个交易日都可以交易（对于最流行的基金，也需要在结束几小时之后），一些ETF已经成为整个世界范围内最受欢迎的一种投资工具。

对于那些寻求做空机会的人来讲，ETF还具有额外的优点：由于反向基金的存在，一个人可以通过一个多头头寸来实际上做空市场。这对我是很有帮助的，比如在2008年，我想使用自己在401计划中的资金来进行做空，但是监管部门禁止任何空头头寸交易。但那年我利用反向基金的存在而获得了非常巨大的收益（令人遗憾的是，为了进一步保护投资者不受他们自己的伤害，监管部门在2009年连同ETF基金也一并禁止了）。

有几个公司提供反向基金，其中就包括Rydex和ProShares。只要有一个常规的经纪账户，你就可以买卖现存的大量ETF基金，即便你被要求只能建立多头头寸，你仍然可以做空市场。

很少有基金在所有的时间一直都存在，但这里有几个如何利用ETF进行做空交易的示例：

1. 指数ETFs：这是第一批产生的ETF基金，其中SPY是在1993年第一个产生的。例如，SPY跟随着标普500指数的变动，QQQQ跟随着纳斯达克100指数的变动，而IWM则跟随着罗素2000指数。大多数指数ETF基金交易量都非常大，因而具有很高流动性，这些都代表着做空整个市场的最直接的方法。例如，你可以卖空SPY，以做空标普500指数。

2. 行业ETFs：这些基金涵盖了整个行业，例如半导体、消费品等等。这些基金提供了一个针对某个行业建立头寸的好办法（不管是对多头还是对空头），而不是针对一只单个股票或市场整体指数。

3. 商品基金：大多数股票交易者都没有兴趣去开通一个期货账户进入商品市场；这些基金允许你利用商品的价格波动进行获利，例如黄金、白银、农产品，或者其他一揽子商品等。例如，如果你想对黄金进行做空，那么GLD和GDX都是成交量非常大的黄金基金。

4. 反向基金：这些与其他的ETF基金很相似，只不过当标的金融产品的价格下跌时，它们的价格是上涨的。例如，代码DOG是道琼斯30指数的反向基金。因此，当某一天道琼斯30指数下跌2%时，DOG将会上涨4%。

5. 杠杆基金：最后一个，杠杆基金是常规ETF基金的超级增压版本，因为它们的价格变动幅度超过了标的资产的变动。各种系数的杠杆基金都有，如1.5、2、3，甚至4等。例如，代码TWM是一个针对罗素2000指数的双倍反向基金，因此如果罗素指数在某天下跌1.5%，则它的TEF基金（IWM基金）也将下跌1.5%，但TWM将会上涨3%，因为变动幅度翻了一倍。同样，如果罗素指数上涨1.5%，则TWM将会下跌3%。

现在让我们花一点时间去回顾一个关于杠杆基金的非常重要的观点。关于杠杆基金，有一个非常隐晦的事实大多数人都并不了解：除非一个给定的指数或部门（ETF基金的基础）的变动与你所预期的非常一致，否则即便在长期中你所预期的变动方向实现了，你的ETF基金价值仍然会受到损害。

让我们来看一个非常简化的示例：假设你有一只针对某个特定指数的双倍反向基金，其价值是 100 美元。在周一，指数上涨了 5%，意味着你的 ETF 价值下跌到了 90 美元。在周二，如你所愿，指数下跌了 5%，那么这个方向与前一天相反但幅度相同的指数变动，是否意味着你回到了交易起点呢？答案是否定的，因为你的 90 美元的 ETF 基金在上涨 10% 之后变成了 99 美元。因而，尽管在这两天内指数并没有发生变化，但你的基金价值下跌了 1%。

现在想象这个过程不断重复下去，你很快就会意识到基金的价值在缩水，尽管市场总体上在朝着你预期的方向前进。如果指数持续日复一日地这样上下波动，经过 10 个交易日之后 ETF 将会下跌 40%（这还没有考虑基金费用和其他的市场下滑情形，这些都将会造成基金价值下跌更多）。

非常多老练的投资者在买入杠杆基金时并没有意识到这个问题，因为不论是多头导向还是空头导向的杠杆基金都会承受这种损失，除非它们的变动与预期的方向相对比较一致。在 2008 年末，两个基于金融股票的新型金融产品被引入市场：它们的代码分别是 FAS（三倍做多）和 FAZ（三倍做空）。一个不同寻常的现象就是，尽管它们是相反的，但它们的价值都损失殆尽。业余的观察者将会认为，一个受损时另外一个必定会繁荣，但这两个基金表现都很糟糕（当它们推向市场时，非常睿智的交易者尽他们的最大能力同时卖空了这两只基金）。

看跌期权的杠杆化赢利

如果你对期权并不熟悉，这里做一个简单的解释：期权给予你权力（但不是义务）在一定的时间内按照某一个特定价格，去买入（看涨期权）或卖出（看跌期权）某一只特定的股票。期权是一种衍生工具，意味着它们是基于其他的金融资产而产生的（可能是某个指数，某只股票，某种商品或类似的东西）。

一个期权的价格基本上是由两个部分构成的：它的内在价值和它的时间升水。让我们以一个基于苹果电脑的看涨期权为例，假设期权在某年的6月到期，而当前的时间是4月份，期权让你可以用200美元/股的价格买入100股苹果的股票。我们假设苹果股票当前的价格是210美元，而这个期权的价值是15美元。在这个例子中，这个看涨期权的内在价值是10美元（因为用200美元买入市价为210美元的股票，其价值就是10美元），而其时间升水是5美元（因为在4月至6月之间，苹果股价具有不确定性，而人们愿意为这个不确定性付出升水）。而这个期权合约本身的价值将是1500美元，因为它控制100股股票而不是一股。

一个看跌期权是相似的，只不过它是给予你以某个给定价位（也被称为执行价格）卖出某种东西的权利。让我们还用苹果公司作为示例，不过这次我们是在分析看跌期权而不是看涨，假设期权的价格是5美元。这时，期权没有内在价值，因为当市场价格是210美元时有权以200美元价格卖出苹果股票，这对于任何一个理性经济人都不具有任何吸引力。事实上其内在价值是负10美元，这意味着时间升水是15美元。

正如你可能猜测到的一样，期权令人心动的一个方面就是他们所提供的杠杆。一般来说，市场越平静，杠杆就越高。原因是，在一个剧烈波动的市场中时间升水将会大大升高，因为人们的恐惧导致他们愿意支付一个很高的升水，而平静的市场则相反。佛罗里达州的飓风保险与爱荷华州的飓风保险成本相差无几，但升水却具有非常大的差异。

让我们再次回到苹果公司的例子上，假设我们认为股价将会下跌。我们进一步假设，市场行情一直以来都非常好，而苹果股价的上涨轨道已经在投资者中深入人心，因此一个执行价格在 200 美元的 6 月份到期的看跌期权价格仅仅只有 10 美分（股票价格，与例子的前面部分相同，仍然是 210 美元）。价格在 10 美分的期权意味着每份合约（控制 100 股股票）是 10 美元，假设你采取非常激进的做空策略，买了 1000 份这种期权合约，成本为 10000 美元。

第二天早上，苹果公司公告了非常糟糕的利空消息，其股票下跌了 20 美元，到 190 美元每股。你拥有执行价格为 200 美元的看跌期权，而现在每股期权的内在价值为 10 美元。另外，因为人们突然变得非常紧张，期权有了 5 美元的时间升水，从而每股期权价格是 15 美元。你现在是 150 万美元苹果期权的所有者，卖出之后你就能获得令人狂喜的收益。那天之后，你为所在小镇中的每一个买了最新的 iPod。

现在，这是一个有点天真的示例，但它向你表明了杠杆的力量。因为，如果你用这相同的 10000 美元卖空了 48 股苹果股票（每股 210 美元价格决定了你的现金账户最多可以卖空这个数额），即便每股下跌了 20 美元，你将获得 960 美元的净收益——与之前的 150 万美元相差之大令人咋舌。当然现实是，你的 10000 美元期权如果遇到市场上涨，其价值将会为 0，如果你一直持有到期的话将要承受 10000 美元的损失，但有时期权持有者确实能够获得惊人的回报。

如果你已经决定了要尝试一下期权交易，下面这些忠告要送给你：

1. 不要水中捞月：像前面讲到的苹果公司的例子确实是振奋人心，但这个就像买彩票中奖一样。绝大多数的时间，那些购买高风险期权的人最后都血本无归。一开始最好小试一下，别期望太高。

2. 避免虚值期权：尝试着购买具有一定内在价值的期权。买入便宜的虚值期权虽然可能会获得很高额的回报，但成功的机会却非常小，你所支付的时间升水要高得多。买入实值期权则要更安全，更保守，而且（至少在买入的时候）你可以确保你所买入的东西至少是有一定价值的。

3. 回避即将到期期权：与虚值期权一样，即将到期的期权非常廉价，对新手交易者颇有吸引力。在期权定价中有一个现象叫作θ燃烧，本质上是指时间升水的损耗与到期日距离之间的比率。在期权到期日即将到来的最后几周，期权价值的损耗看起来就像一个下冲的过山车，因此最好选择买入那些距离到期日还有几个月的期权，这样你的头寸才有机会发挥其潜在能力。

与将要到期的虚值期权相比，买入实值状态的、最新的期权更为保守，也更为安全。这样做可能会使你有时错过"全垒打"的交易机会，但你也会避免大数额的亏损。综上所述，杠杆是一把双刃剑，同样的力量可能会导致你获得惊人的回报，也可能会导致你血本无归。

卖空的智慧

善与恶的本质、定义以及表现方式，是我经常仔细考虑的一个主题。所有的文化、哲学和宗教对于这些问题都有他们自己的观点。其中有一些甚至忽略了邪恶的存在。这是我所不能同意的。

最打动我的关于邪恶的定义就是"摧毁生活和生机的东西"。但是一个人如何理解什么是善呢？我们是不是可以把前面的定义颠倒一下，得出"创造了生活和生机的东西"？

我认为这是朝着正确方向迈出了一步。但是在我看来，善的定义还具有一系列其他的属性。我能想到的是如下这些，并没有什么特定的顺序：

1. 平衡
2. 和谐
4. 秩序
4. 爱

5. 忠诚
6. 同情
7. 慷慨
8. 和善
9. 正直
10. 勇敢
11. 镇定

这些品质不太会受到质疑。但是在人的本性和行为中有一些细微之处，使得关于善的话题变得更为复杂。

自我认知

大多数人被置于善与恶的统一体上进行评价时，他们都无法做到用行为和准则的标准尺度来评价自己。在我看来，人们都是自利的生物，当他或她与其他人不相似或世界观有差异时，都倾向于把别人视为恶。

我严重质疑，本拉登还活着的时候，他会凝视着洞穴墙壁上镜子中的自己，邪恶地咯咯笑着说"我是多么的邪恶啊"。我也不能想象希特勒或斯大林会认为他们自己是邪恶的。他们沉迷在自己的世界观和动机中，那些妨碍他们计划的人要么让路要么被消灭。

然而，绝大多数的人将会同意希特勒和斯大林事实上是邪恶的。而做出这种声明所需要的是一定比例的人群对该观点的广泛认同。

你会选择英雄主义吗？

什么构成了一个英雄？

经常地，报纸和电视会报道一些与某些个人相关的故事，他们在自己或所爱的人面临危险时，以无与伦比的勇气和力量，力挽狂澜。一个人冲进燃烧的大楼去挽救陌生人的生命；一个妇女跳入冰冷的湖水中解救一个儿童；一个受伤的士兵把另外一个重伤的士兵拖离战斗区域以避免他被杀害。

这些都是令人感动的故事，而作为性情中人，我很可能比其他很多人更深刻地被这些故事所打动。但是这些英雄们是自己选择了"善"呢？还是这种行为只是他们本身的身体反应？如果是后者，那么与那些先天基因所造就的人（比如拥有金发或甜美歌喉）相比，这些英雄是否值得我们给予更多的赞扬？

我不认为一个人会长期去关心那是一种理性的选择还是一种自然反应。事实是他们确实那么做了，行为本身给予了他们英雄的属性。对于公众来说，正是由于这种选择通常是在一刹那间做出的，它才越发令人钦佩。也许我们内心深处都在思考，易地而处我们自己是否会那样去做；我们怀疑自己内心是否会有那么多的"善"。

这与卖空有什么关系？

我之所以提出前面的问题，是因为我相信关于交易者的行为以及这些行为所代表的内涵会产生很多误解。尤其是，公众看起来好像普遍认为购买股票（作多头）是善的，而卖空股票（做空头）是恶的。

让我们从几个基本的事实开始吧：

1. 除非你的交易规模相对于给定证券的总量是如此巨大，以至于你能够推动市场价格大幅上涨或下跌，通常你的交易行为对市场的影响都是完全可以忽略的。

2. 除非你积极有效地传播某个组织或证券的恶意虚假信息，否则你的交易行为都是道德的。

3. 你在二级市场的参与活动并不会帮助或损害一家上市公司。

让我们留意最后这个观点。如果你买入 5000 股 AAPL 的股票，苹果公司并不关心。你并没有帮助他们、他们的雇员、他们的销售、他们的客户，或者他们的管理费用。如果你卖空 5000 股 AAPL 的股票，苹果公司同样也并不关心。

然而，如果回到 1976 年，史蒂夫·乔布斯和斯蒂夫·沃兹尼亚克找到你寻求启动资金，而你给了他们，苹果公司会非常关心。因为你给他们提供了创业所需的资金支持。如果在1980年，你作为投资银行同意承销他们的股票发行，苹果公司也会非常关心，因为你为他们提供了帮助他们成长的资金来源。

一旦公司的股票公开发行之后，你作为交易者的行为与公司确实没有任何关系。当然，一个公司（尤其是，其持有股票的雇员）希望看到自己的股票价格上涨。但是作为一个交易者你的行为不会为那个组织带来任何好（或者坏）的影响。因为你完全是在该组织边界之外的领域进行操作。

创造与破坏

一些人认为空头都是一群恶意的、肮脏的、卑鄙的人，他们时刻在期盼着市场的破坏和崩盘。我不能说对所有的空头，但至少对我自己——我认为最心智健全的人——这个想法是完全荒谬的。

一个客观的技术交易者：

1. 检查一个图表。
2. 得出一个结论。
3. 根据这个结论采取交易策略。

以上交易过程完全没有任何恶意成分。如果我认为百度的股票将要下跌，然后我选择卖空它，那么我只是采取了希望能为我自己带来赢利的措施。我在承担风险。是的，我在希望这只股票下跌，因为这会使我获利而且与我的分析相一致。证明自己是正确的感觉很好，赢利的感觉也很好。但这个希望与期望着其他人遭殃没有任何关系；这只不过是根据分析所做出的推测而已。

另外一些人可能会说，空头想要美国陷入失败，或者空头憎恨美国。这同样是毫无道理的。我爱这个国家。我创建了公司，创造了就业、产品和利润——我把它出售给了更大的公司。我在这里抚养了自己的家庭。没有哪个地方比这里更让我留恋。

但是我觉察到这个国家正在变糟并不意味着我不是美国人了。如果有什么不同的话，我愿意察觉并谈论这些问题，只是让我更加超越了一般的美国人。我希望看到这个国家完好无损地出现在这次混乱的对岸。我反而认为那些盲目乐观主义者，仅仅因为良好的愿望而把事情描绘得更好是不爱国的，因为他们对现实情况无动于衷。

至于企业：如果你真的想要摧毁一家公司，那么就去创建另一家更为强大的竞争公司！

你认为以下哪个才是对雅虎公司更有破坏力的：（a）卖空股票；（b）Google公司的创建者？我认为即使100万个空头也不如Google公司的两个创建者给雅虎带来的损害大。因此，熊彼特的"创新性的破坏"理论在今天大行其道。

交易的超道德性

对于99.99%的交易者，交易时超越道德的行为。你不会因为买入而变得"善"；你也不会因为卖出而变得"恶"；做多头并非一种善行，而做空头也并非一种恶行。

如果你的赢利是其他人受损的直接结果，这种情形又如何呢？

让我们假设，在2001年9月，你坚决认为航空股票将要下跌，因而你把自己所有的交易基金都投入到美国航空、联合航空等公司的看跌期权上。9·11事件发生了，然后当市场于9月17日重新开放时，你的看跌期权价值上涨了百分之几百（我不知道期权在那个月到底如何，但我猜这个假设与事实是非常接近的）。

在你的交易中有邪恶的故意吗？你参与了这个邪恶事件的推动吗？你帮助了恐怖分子吗？没有，你当然没有这么做。

你因为这个恐怖分子的行为而获利（无意识地）了吗？是的。这让你变得邪恶了吗？根据我所描述的假设情景，答案是否定的。

现在，如果你处在这个空头位置，当然很容易遭到非议（联邦当局不会因为好奇你的先见之明的择机能力，而请你去配合调查）。你的赢利在你看来像是沾满了鲜血——你也许会将所有的利润捐给红十字会，因为这样做可能让你更为安心。

我认为，你没有任何的罪恶需要去补偿，尽管我也同意捐出你的利润以抹去你灵魂中的不安是比较合适的，因为这个情形确实太不寻常了。

但是，让我们面对它，十之八九，一个有利可图的卖空交易或看跌头寸会因为一个导致人类遭殃的事故而表现良好。但我认为聪明的空头会对从公司的麻烦事件中获利之事闭口不谈：不管一个交易是多么的道德中性，这个世界上传统和一般共识仍然很重要。

对我来说，底线可以这样简单地来描述。

你、你的交易以及市场都是中性的。是你与市场之间的关系导致了你的赢利和亏损。这些边界之外，什么都不重要，不需要去关心。

第 24 章 现实交易指导

本书的目标是通过使用现实中的例子来研究各种常见的图表形态，从而理解它们的行为方式以便在你自己交易时加以应用。为了强化这方面的知识，有一些针对各种交易的基本指导原则，它们对大多数决定参与交易的人（不管是职业的还是偶然的）都会有所帮助，我们在本章中对这些指导原则加以回顾。

交易规则

人们经常会制定一系列他们自己的交易规则，尤其是当蒙受了令他们极为后悔的损失从而希望以后的交易中能够避免时。坚持写交易日记是一个很有价值的练习，但是这些规则经常会不断积累而变得十分冗长，而且晦涩难懂，几乎没有什么作用。有个古老的谚语说你永远不可能两次踏进同一条河流，这对于交易来讲是完全成立的，不管你交易了多少年月，你所面对的环境总是千变万化的。

我也有自己的交易规则清单，但它很短小精悍——只有 7 条规则。我有时会忽略一些规则，但每次这样做时，我都会后悔。如果有一天我能够完全按照这些规则进行操作，我将会是一个更好的交易者。下面所列出来的这些规则的首字母缩写为 SOB FEES，考虑到学习它们的时候我所付出的泪水，这个名称是相当贴切了。

1. 止损：所有的头寸在所有的时间都必须要有止损价。
2. 开盘钟声：不要在每个交易日开盘的 30 分钟内建立新的头寸。

另外，开盘几小时之后的交易也应当避免，因为这两种情况下成交量都非常小，因而价格更容易被操纵。

3. 平衡：这个规则是最难定义的，然而，由于你无法提前确定市场价格的变动方向，在多头头寸和空头头寸之间达成一个平衡是最聪明的做法。如果你太多地侧重于多头或空头中的一个，而且在当天市场沿着你期望的方向强力移动，你应当考虑建立一个较大规模的相反的日交易头寸作为保险，以防止当日股价出现反转。

4. 更新：头寸应当定期地更新止损设置。当市场已经朝着你预期的方向发生较大幅度变动之后，这一点尤其重要，因为比较紧的止损可能让你锁定利润。

5. 头脑清醒：把头脑清醒作为你的优点，要知道恐惧经常伴随着你所喜欢的价格反转，而盲目乐观则经常伴随着不利于你头寸的反转。

6. 退出：唯一可以接受的退出要么是止损退出，要么是具有清晰的技术依据的目标价格已经实现。而即便在后一种情况下，分部退出也要优于立刻完全退出。

7. 规模设置：最初的头寸规模设置必须与金融产品的类型相一致，而与预期的机会无关。

与这些规则保持一致并不容易。但每年我都会有一点进步，而在我的交易中我每年都会做得更好一些。我也建议你把这些规则作为你交易生涯中的重要组成部分。

现在让我们用三个简单的交易环节从不同的角度，对这些规则中的一部分进行检验：如何建立一个头寸，如何持有一个头寸，以及如何关闭一个头寸。

如何建立一个头寸

当一个人开始建立头寸时，正是他最乐观的时候。对于一个投资者，有多种赢利的方法可以使用：经典的买低/卖高；经常被忽略的买高/卖得更高（比如有些表现非常抢眼的股票在投资公众看来可能会太贵了）；还有，对于空头，卖高/买低。

不管你在一个股票上的计划是什么，有五个非常容易遵守的规则很可能会帮你节省大量金钱并减少很多麻烦。它们是：

在交易日的前30分钟，不要进入一项交易

尽管你可能会在市场刚开盘时就迫不及待地想要进入一项交易，不这样做会是明智的选择。事实上，在交易日的头30分钟会有大量的噪声。令人惊奇的是，相当部分的股票订单是在股市开盘之前发生的。如此一来，每个交易日的最初时间段内市场都非常紊乱。

当然，在前30分钟内让一个止损订单发挥作用为你关闭某个头寸是合适的。毕竟，在需要的时候让你退出头寸是止损订单的根本目的。但是，在你进入任何一个新头寸之前，等待市场上的烟雾散去是非常关键。即便你因为这半个小时的等待而付出的价格高了一点，这对于一个本来良好的头寸的影响是可以忽略的。

在好的价位买入

"在好的价位买入"可能听起来是一个可笑的建议，正如"绝对不要亏损"一样。但这个观点是有道理的：当你检查一个图表时，你有机会看到什么才是这个证券有吸引力的价格。这严格取决于图表，因此不存在预先确定的适用于所有证券的规则。例如，如果一只股票从一个底部形态突然爆发，快速地从之前的阻力位15美元上涨到25美元，你可能会等到股价为17美元或稍低一些时再进行买入。这个价位可能永远不会再回来，这样你会发现自己错过了一个从未来增长中获利的机会。但是发现股价出现较大上涨之后立即冲进去，可能会使你的头寸承受不必要的风险。

关键就是要为你自己做出一个决策（最好不要在市场交易时间段

内，这样你才能冷静而理性地决定合理的价位是多少），你愿意为这只证券付出什么价格。你想要找到一个比较好的风险/收益比。风险的测度，可以用你愿意支付的价格减去你准备止损退出的价格进行计算；而回报则是证券的目标价位与你愿意的购买价格之差。

例如，假设你愿意用 16 美元买入某只股票，其目标价位是 36 美元，止损价是 14 美元。风险是 2 美元，而潜在回报是 20 美元，那么风险回报比就是 10。换句话说，你所寻求的每 10 美元回报承受的风险是 1 美元。这是一个相当具有吸引力的比率。另一方面，你不太可能想要在 34 美元价位买进一只目标价 40 美元、止损价 15 美元的股票。尽管也有潜在的赢利机会，但是风险回报比使得这个机会没有什么价值。

你无法控制股票以后可能上涨的高度，但你肯定可以控制自己在什么价位买入。因此相对于你可能获得也可能无法获得的回报而言，你对于自己愿意承受的风险有更多的影响力。因此，提前决定你的买入价格，不管股票多么有诱惑力，都不要以更高的价格买入。等待股价回到你希望的水平，通常对你都是有利的。

只交易活跃的证券

尽管在美国资本市场中有上万只股票和期权可以交易，但其中只有几千种的交易量足够大，值得参与。尽管你可能会找到一个图表具有非常诱人的形态，一定要检查它的平均日成交量，以确保你没有陷入一个市场成交非常惨淡的证券中。

市场成交惨淡带来两个方面的问题：首先，买入/卖出价格比。换句话说，交易量非常大的证券其买入/卖出比会很小。例如，QQQQ，其交易买入价可能为 36.02 美元，而卖出价则可能为 36.03 美元，因为有如此多的人共同形成了该证券的交易市场，一美分的买卖价差就足够了。相反，如果一只证券每天只有几千股的成交量，那么它的买入价可能是 43.2 美元，而其卖出价则可能为 45 美元。这意味着在你进入头寸的时刻，你手上的股票每股就已经损失了 1.8 美元。

另一个问题就是，你更容易由于止损订单而受到某些人股价操纵的伤害。后面你将会看到，设定止损对于一个负责人的交易来讲是非常关键的。但是如果一个市场非常惨淡，其他人就会比较容易地根据现存的止损订单人为操纵股价上涨或下跌，以此进行获利。而对于成交非常活跃的证券，就不会存在这种问题。

至于什么才是成交活跃——最好是每天的成交量在一百万股以上，至少你应当回避那些每天成交在 25 万股以下的证券，除非其图表形态太过诱人，值得你去冒额外的风险。

提前设定止损和目标

正像你需要提前决定你愿意买入的价格一样，你同样应当测算出你的止损价和目标价。

回忆一下，止损价是这样一个价格，当市场价低于（如果你是空头头寸，则为高于）该价时市价卖出订单会自动执行。例如，假设你在 350 美元价位买入 5000 股 AAPL 股票，你把止损价设定在 347.99 美元。只要 AAPL 股价位于 348 美元或以上，你的订单不会被执行。如果任何一个时候股价达到 347.99 美元或以下，将会有一个即时订单提交给市场，以当前可能的最好价格卖出你的头寸。

止损非常关键的一个原因就是它能让你非常冷静地退出已经变糟的交易。你永远都不要持有一个没有止损的头寸。事实上，在你建立头寸的那一刻就应当设定止损订单。不设置止损而是心中暗暗决定一旦股票下跌就会卖出，这种想法非常有诱惑力。通过将这个过程自动化，你可以在需要退出一项比较糟糕的交易时，排除个人情绪的影响。

目标价相对没有那么重要，因为你很难判断出股价到底会达到什么程度，如果股价朝着你所预期的方向变动，你很可能会不断更新目标价。但是对于一个潜在的头寸，目标价是判断风险/收益比的重要因素。

如果你在交易期权，还有很特殊的一点需要留意。只是依据期权价格自身去设置止损订单，并不是一个明智的行为。期权的成交往往太过清淡，以至于无法使用这个方法。一个比较好的办法是寻找一个提供或有订单服务的券商。或有订单意味着当标的资产价格超过或低于某个价位时，该期权的平仓订单将会自动执行。股票的成交量远远超过相应的期权，因而这绝对是保护你期权头寸的最好方法。

只交易已经完成的形态

形态并不是在一夜之间形成的。它们的构建需要几周、几个月，甚至几年时间。当它完成了70%~80%的时候，就很容易看出该形态的最终类型。

在这种情形下，很多人会认为形态即将完成从而经受不住诱惑进入交易。例如，你可能在观察一个头肩形态图表，该形态的左肩、头部和右肩的一半已经形成。如果这个形态能够按照预期完成的话，你现在就可以很清楚地看出来它的全部形状。你也可以看出如果现在进入头寸，你会赚得更多，因为颈线和当前股价之间的距离对你而言就代表着更多的利润。换句话说，你想在大多数人发现形态突破之前进入交易，跑赢他们。

尽管这个想法很有诱惑力，你还是应当等待形态完成之后再采取行动。一个没有完成的形态根本就不是一个形态——它只是一个可能变成形态的东西。你会发现这样的抢跑举动往往事与愿违，那部分可能的额外利润根本不值得这样做。因此，等待趋势线的跨越，颈线的击穿，以及阻力水平的克服。在图表没有完成之前，不要进场。

如何持有一个头寸

在你坚定不移地遵循着前面的5条规则建立头寸之后，接下来怎么做？最简单的办法就是坐下休息，让你的头寸自己照顾自己。如果你的股票达到了目标价，很好，你可以把它们卖出获利。如果你的股票止损退出，也很好，因为你已经管理了你的损失把它控制在了合理的范围内。但是更常见的情形是人们会经常调整资产组合造成他们自己没有想到的损失。为了避免这种情况，我们来看下面三条规则。

让赢利股票走得更远

这是提供给交易者的一个最基本的规则：除去亏损股票，继续持有赢利股票。显而易见，每个交易者都应当让自己的利润不断增长。但人们经常无法做到这点，原因是人类的一种冲动，可以用那个古老的谚语很贴切地描述——"获利了结，你永远不会破产"。

人们喜欢获利了结，他们经常操作得太急。对于每一个从股票上获得百分之一千回报的人，都有几百个人与他同一时间，买入同一股票但在10%涨幅之后就获利了结并认为自己是金融天才——他们的自我陶醉在股价持续上涨之后被打破。获利了结的感觉很好，因为它不但意味着你的口袋里多了额外的现金，而且也首先消除了你持有头寸所承受的风险。

不幸的是，人类的本性没有中断亏损让赢利继续，相反却让亏损继续而赢利终止。持有亏损股票的人总是会找到各种各样的理由以继续持有头寸，盼望着股价将会回升。而一个赢利的人则会有理由尽可能快速地获利了结。但小幅赢利永远无法弥补大幅的亏损，使用这种方法最终将会导致资产组合的缩水。

因此，你要做的很简单，就是一直挂在你的头寸上，除非它跌破了你的止损位（或者它达到了你的目标价）。这就是获得百分之几百回报的方法。

让止损订单管理你的亏损股票

止损订单是你的朋友。在进入头寸的那一刻就设定止损订单，会为你带来几个方面的好处。首先，它可以让你从持续盯着电脑屏幕监控头寸的疲劳中解脱出来。如果股价触及止损位,你会自动立刻退出。第二,它为你的交易注入了负责人的元素。以冷静的、理性的以及客观的思维设置一个止损价在长期当中将会为你保存财富。

有几年时间了,每天深夜都有一个厨房用品的电视广告,里面主持人对听众说"把它设置好,就忘掉它吧"。这句话,在大多数时间里对于你的止损订单管理是完全正确的。

保持你的止损价不断更新

当你最初设置一个止损价时,你所设置的价格是在股票当前市场价格之下(如果是空头头寸,则是在当前价格之上)。然而,如果股价朝着你所预期的方向不断发生变动,这个止损价会变得越来越没有意义。与头寸相匹配,止损价的功能也应当从最小化损失转变为保护你的利润。

例如,如果你以20美元价位买入1000股股票,止损价设置为18美元,你的风险就是2000美元。如果后来股价上涨到100美元,继续保持18美元的止损价将是非常愚蠢的行为。在股价上涨这么多之后没有理由拿你所有的利润进行冒险。

相反,定期检查你的图表,根据最新的价格变动来更新止损价对你是有好处的。例如,我们仍然用上面提到的例子,股价在进一步上涨之前的几周一直维持在25美元左右。你可能会决定将止损价设置为24.99美元,因为看起来25美元已经形成了一个新的支撑位。因此你可以锁定每股5美元的利润,然后继续持股等待股价进一步上涨。

有一些券商会提供跟踪止损,即根据股票当前价格的某个百分比设定止损价。这很像是在图表顶部计算一个移动平均数,而当股价低于这个移动平均数时就卖出股票。如果你没有充足的时间去定期更新止损,这是一个很好的折中办法,因为它可实现止损的自动化更新并能为你锁定一部分利润。唯一的问题是,跟踪止损并不是真正根据形态本身来设置的,因为它们与股价近期的移动平均值差不多。但它们肯定比保持最初的止损价永远不变效果要好。

如何关闭一个头寸

圣女,阿维拉的特蕾莎曾写到,"获得回应的祈祷者,流的眼泪也会更多"。一个交易者可能会将这句话改写为"与亏损相比,赢利会产生更多的泪水"。原因是,被关闭退出的头寸经常会是一个继续大幅赢利的头寸,而大部分利润都被你错过了。

我提供了5条建立头寸的规则,3条持有头寸的规则,但对于关闭头寸却只有1条规则:当你的目标价位已经达到或者止损价被击穿时,再关闭头寸。这个规则非常简单。

永远不要临时关闭头寸。换句话说,不要在某一个时刻出于任何原因而决定退出头寸——这个原因可能是突然获利的喜悦,或者是突然亏损的震惊,或者是两者之间的任何其他情形。只要你的止损仍在,让头寸继续下去,如果你的目标已经实现,很好——关闭头寸吧。在这之前,任由你播下的种子继续成长吧,不要干扰它。

当你确实关闭头寸时,你可能想要匆匆记下一些在这个特定交易中所学到的经验。如果你亏损了,你能否搞清楚你的分析是否有错?如果你赚钱了,是否有一些事情你做得很好想要记下来供未来的交易中参考?从一个合理退出的头寸中,总是会有一些东西需要学习,不管你是赢利还是亏损。经过一段时间之后,这些交易体会将会拼成一副对你未来生涯很有帮助的经验图。

时间与金钱

做一个交易者,既吸引人又让人头疼的一个方面就是,交易的结果纯粹是他们天赋的一种反映。换句话说,天赋与结果几乎是完美相关的。

第24章 现实交易指导

这与大多数其他的努力都不相同。我们假设，你是一个5年级的学校教师。你拥有与这个工作相适应的一定的天赋——耐心，纪律，知识，与年轻人相处融洽，与他们的父母关系友好，能够按时起床去学校，等等。有很多的品质决定了你在这个职业中的成功潜力。

如何去测度结果呢？这是一个非常困难的问题——可能用学年初与学年末的考试成绩变化来进行测度，或者用这个班级与同学校相似班级的相对绩效来测度，或者用学生所填写的满意度调查结果来测定，或者用父母的满意度。像你所看到的，在这个职业中定义什么是成功，非常困难。

同样，在测度律师、牙医或者泥瓦匠的成功时，也会遇到类似的挑战。

另外，投入（技能）和产出（结果）之间的关系也受到个人和环境之间的交互作用的影响。在教师的例子中，环境主要是指学生和学校的文化；对于律师，环境可能是客户与合作者；对于泥瓦匠，环境可能是工作地点、工具，以及与其他承包商之间的互动。

因而对于任何一个给定职业的成功的认识，都可能会有点捏造和虚假。你可能是一个很糟糕的议员，但仍有可能表现出相当的竞争力而屡次获得选举。你可能是一个低劣的教师，但是仅仅由于学生喜欢和钦佩你而做得风生水起。

一个交易者，尽管只有一样资产：他或她在一个特定市场的无休止的动荡中，应用自己优势的能力，不管其优势是什么。可能是技巧高超的图表分析能力，具有洞察力的基本面分析能力，也可能是对某个行业的深刻理解。

但是由于交易者的成功测度非常简单——他们的利润或亏损表现——没有其他扭曲的因素涉及进来。所有你能用到的就是天赋，所有你能展示出的结果就是一个数字。

让我们假设你接受雇佣，坐在检修孔的盖子上以防止僵尸从里面出来。你的工资全部都是来自你的工作时间。这个职业你不需要任何的天赋——你唯一需要投入的就是你身体的重量（你可能认为即便在这个方面，也有一些人的天赋比另一些人要好一些，但我们没必要考虑这么复杂）。

如果你是一家高端服装店的收银员，你的工资中一部分是来自你的工作时间（需要有人打开商店营业并保护商品不被偷盗），但另一部分来自你的天赋（你关于服装的知识，对于某个特定的人穿什么衣服好看，等等）。

没有人会为股票交易者的工作时间支付工资。你可以整年坐在那里，忙得焦头烂额，但没有天赋的话，你得不到任何的薪酬。事实上，你如此努力的工作只会换来亏损。

当然，市场行为也会对你的天赋的产出具有直接影响，但这是所有人都面临的问题：不断磨砺你的技能，最终会导致市场行为不再影响你的获利能力。

没有圣杯

我的交易哲学具有一个重要的前提：所有一切都取决于你自己与市场之间的关系。然而，没有人能够控制市场；你只能在一定程度上控制你自己。是你自己的复杂性而不是千变万化的市场，使得做一个交易者的事业变得既令人深深着迷，又令人愤怒交加，殚精竭虑。

没有专注于某一种交易方法，相反我有几年时间，使用了好几种方法，我把它们全部放到一个我自己的独特的交易组合中。并且我在一直不断地改善这个交易组合——或多或少地监视和调整着这些方法向量和权重。但是这个混合的方法只对我是最适合的，对于大多数其他人可能效果并不好。

包容一个人的无知非常重要。我一直以一个渴望知识的笨学生自居来不断追求精深熟练。我一点也不建议把规则和方法一个又一个地堆砌在一起。在我看来交易行为就像制作一系列不断前进的面包片。每次我都会稍微调整一下食谱，我在不断揉着面团（也就是我的头寸，以及头寸的权重和止损）以期望得到想要的结果。这产生了一条美味的面包——或者说一次很好的巨额的利润。

学习成为一个卓越的交易者，是一个非常个人的过程，因此很多年前开始我就不再购买商业书籍了。在我十几岁和二十出头的时候，我总是会买很多商业书籍。我认为它们会帮助我成为一名更成功的商业人士，但它们没有。

我的这些方面的书籍堆满了书架，我不认为我从它们中的任何一本里学到了什么东西。这并不是因为我没有认真阅读它们。但事实上，大多数"如何去做"的书应该把名字改为"如果你像这个人一样做，你就会像这个人一样"。但是你知道吗？那个人就是那个人，他或她不是你。那个人（不管我们是谈论杰克·韦尔奇，汤姆·皮特，史蒂夫·乔布斯，还是马克·扎克伯格）成长的环境是独特的。如果你想读一本传记，很好——读传记吧。但是如果你想成为那个人一样——然而，那个地点已经被占据了。

这并不是说我们从书本中学不到任何东西。但是我认为关于商业和交易方面的书籍最好应用到这些方面：(1) 交易技术及其应用的现实机制；(2) 将其他人的成功和失败与你自己的个人经历对比，以从中学习经验教训。我从来没有幻想着成为保罗·都铎·琼斯，但他从失败中崛起的经历，以及将过去市场的经验应用到当前的成功，确实使我从中汲取了很多灵感。

最后的想法

在这个市场中赚钱并不容易。要想成为一个优秀的交易者，必须克服很多根植于人类本性的糟糕的交易习惯，而这是非常困难的。

　　然而你也会有属于自己的优点。既然你在阅读本书，说明你有志于提升自己，想要成为一个充满知识的交易者。你已经看到了几百个基于现实图表的技术分析范例，因而可以理解如何去观察和应用这些经验。你也知道了一些非常重要的交易规则，它们会带领你走向成功的交易之路。

　　祝你在以后的交易中好运，一定要经常重阅本书以温故而知新。我希望它能指引你在以后的交易中获取更多利润。

价格行为交易系统（PA，裸K）三部曲

○ 阿尔·布鲁克斯是华尔街技术分析大师，在价格行为（PRICE ACTION，简称PA，又称裸K）分析领域做出了很多开创性贡献，被尊为"鼻祖"，在全球股票、期货、外汇交易领域都拥有极大的影响力。

○ 在数十年的交易实践和研究中，阿尔出版了三部著作：

微信扫码
了解详情

○ 《高级趋势技术分析》的最大价值在于它阐明了如何理解价格行为，以及逐根K线分析走势图的意义，如何追踪由主力机构所推动的形态，通过小止损、早入场的策略，让主力机构为散户"抬轿"并最终获利。该书精髓包括：如何交易趋势、交易区间、突破和反转；讲述了可用于识别趋势和交易区间的趋势线和趋势通道线这两个基本工具；每一种类型K线的重要性，以及交易者下单时应该了解的一些数学原理。

○ 《高级波段技术分析》讲述如何对价格行为进行技术分析以识别交易区间，并从中获利。
该书精髓包括：交易区间向趋势的过渡，理解缺口，理解支撑和阻力，理解市场突破，趋势向交易区间的过渡，交易区间的常见特点和交易案例，订单和交易管理技术，精准入场和离场。

○ 《高级反转技术分析》详细讨论每种反转类型的特点，便于读者在日常交易中灵活运用。虽然价格行为分析在各种周期中都有效，但对于日内和日间、周线和月线还是有不同的运用方法。
该书精髓包括：如何处理市场波动和剧烈反转；如何运用期权去交易特定的形态；如何处理交易中的各种情绪。

威廉·江恩经典名著套装

◎ 威廉·江恩,充满神奇色彩的技术分析大师、投资家、哲学家,与杰西·利弗莫尔、理查德·威科夫并称为20世纪前半叶"华尔街三巨头"。在纵横华尔街的53年交易生涯中,江恩在股票和期货市场的胜率无人能及,获取了巨额财富。

◎ 江恩所使用的分析技术和方法极其神秘,是以古老数学、几何学和星象学为基础,其预测具有超高的准确性,因此江恩理论在过去100年里倍受全球交易者追捧。

微信扫码
了解详情

◎《江恩商品期货教程》+《江恩股票市场教程》本套装囊括江恩理论绝大部分重要内容,包括江恩投资法则、3日转向图、几何角度线、时间与价格成正方、江恩九方图、江恩六边形、江恩圆周图、螺旋图表、行星经度与价格变化等,是有史以来公认的权威技术分析经典之一。

本套装附赠江恩技术讲解视频。

◎《江恩教程图表册》后来者对江恩商品期货和股票市场教程的学习都是基于一系列丰富的具有极高价值的江恩图表。如果离开了对应的图表,很难准确理解原文。这些图表都是江恩大师留下的珍贵手稿,我们只能选取少部分可以缩小的图表加在书中,而大量的手绘图、彩图、全幅大图和超大尺寸高清图,没有办法全部装订在教程中,因此我们将它们单独印制,封装在特别设计的精美包装盒中,并附上相应的中文说明。

◎《江恩技术研究(江恩手稿精解)》是比利·琼斯在购买了江恩遗留下来的大量原始手稿资料版权之后,十年潜心研究江恩技术的成果,挖掘出很多江恩本人用过但尚未公开的技术方法,被誉为"隐秘的财富之书",能帮助江恩爱好者解决学习和实战应用中的疑惑。

◎《江恩技术手稿解密:晋源解读版》该书对江恩各个时期的原著手稿进行了梳理,从一线实战交易者的视角出发,将江恩原著中那些跳跃度极大的知识点条理化,将图表讲透,方便交易者学习使用。

◎ 该书作者晋源先生将通过视频讲解+江恩天书智能版软件+社群陪跑等"三合一"的方式,为渴望成功又能潜心研究的江恩理论爱好者提供周到的支持,帮助大家突破江恩研究的瓶颈,能够在交易市场的激流中开始冲浪。